經典人物 01

范仲淹

一位政治家、行政院長、企業CEO的典範

師　晟、鄧民軒　著

高談文化

目次

第二章　人不可以無品 43

第三章　政治家的基本要求 99

第五章　政治的管理方略 211

第七章 軍事家的兵韜

出版序

規劃出版「經典人物」系列，是高談文化的重點工作之一。過去，我們一直在藝術、音樂、文學的領域中精耕，現在我們將「精緻出版」與「精緻閱讀」的觸角，延伸到經典人物的領域中。

所謂的經典人物，並不侷限在「古人」這個框架中，過去我們也出版過包括：「史奴比與花生集」的創作家查爾斯·休茲、「空中飛人」麥可·喬丹、「喜劇泰斗」羅賓·威廉斯、「歌劇天后」卡拉絲、「音樂大師」舒曼與克拉拉·舒曼、「詩人夫妻」希薇亞與泰德·休斯、「集中營的音樂家」艾瑪·羅澤……等等，膾炙人口的人物傳記。但「經典人物」系列，更講究在閱讀當中「見賢思齊」的精神。

現代人的資訊爆炸，訊息流通快速，但如何能在短短的閱讀經驗當中，思索生活、生命、思想的原創精神，帶給我們不同的觀點與經驗，並且凝聚成個人的智慧。

《范仲淹》是本系列規劃的第一本書。今天，世界上已經不可能存在一位，令人景仰的政治家、企業家兼文學家。但是在八百年前，范仲淹就是這麼一位在中國歷史上稀有的、不同凡響的人物。

他若是生在今天，作爲一位政治家，他必定是一位十分清廉、懂得分配資源、改革開創、有魄力的政治家或行政院長；他若是生在今天，作爲一位全球大企業的CEO，他也必定是一位能掌握全球經濟脈動、胸懷遠見，縱橫商場、重信講義、受人敬重的企業家。

政治家范仲淹爲官清廉，大公無私，出將入相，以國家社稷爲重，關心民生疾苦。在各地任上，治水、辦學，恩澤世人，生活卻極其儉樸，人格特質鮮明。

他從基層做起，處在詭譎多變的政治環境中，雖然屢次被拔擢至高峰，卻也數度被貶官，但他敢於進諫、無畏生死、「苟利於國，知無不爲」的志向；「不以物喜，不以己悲」、知所進退的大智慧，在歷史上也並不多見。

儘管生在封建時代，無法充分發揮所長，但范仲淹輕官重德，寄情於文學的修爲，佳句如潮、傳唱不絕。「先天下之憂而憂，後天下之樂而樂」的名句，道盡他的性格與情操，更贏得後人世世代代的景仰。

閱讀范仲淹、傾聽范仲淹、研究范仲淹、師法范仲淹，無論你是政治家、企業家、還是文學家，范仲淹永遠是標竿與典範。相信讀者在閱讀本書時，會有不一樣的領略與感動。

高談文化社長
許麗雯

楔子

一個人如果智商很高、ＥＱ很好，代表他的資質優秀，在任何時代、任何情況下都會有突出的成就。

所謂的資質，包括一個人的文化素養、邏輯思維、明辨是非的能力、英明果斷的個性，以及意志、毅力、責任和操守。這些因素會影響所有的處事方法。

范仲淹，是封建時代一個智者的典型。既有才謀，更品格高超，具備道德觀，可以說是集政治家、改革家、軍事家、文學家於一身，既是詩人、畫家，也是書法家。

一、仁民愛物　爲民興利

大中祥符八年（西元一〇一五年），范仲淹考中進士，入朝爲官。入仕後的最初十年，一直擔任地方上的小官員。他每到一地總是堅持做一些有利於國計民生的事，尤其重視興修水利和興辦學堂。宋眞宗天禧五年（西元一〇二一年），范仲淹在泰州（今江蘇泰州市）西溪鎭任鹽倉監官，掌管鹽稅。他看到附近幾個州縣在唐代所修建的海堤年久失修，早已頹壞，每年秋季海潮泛濫，災情就十分嚴重，人民流離失所，這件事雖不是他的職責，但愛民心切的他仍積極向上級建議修復海堤。

宋仁宗天聖二年（西元一〇二四年），朝廷任命范仲淹主持整個海堤的修築工程。經過將近四年的努力，長達一五〇公里的海堤終於修好，解除了這一帶的潮水災害，保護了農田和鹽場。外移居民紛紛返回家園，原來葭葦蒼茫的荒地，又長滿了綠油油的莊稼，當地人民爲了紀念范仲淹的功績，爲他修建了祠堂，並將海堤取名爲范公堤。

由於心繫百姓，范仲淹雖三次被貶，任所經常更動，但每到一個地方，都像以前一樣興利除弊。景祐元年（西元㖠〇三四年），范仲淹調回故鄉蘇州，擔任知州，他看到蘇州暴雨成災，農田淹沒，秋收無望，數萬家農戶，面臨饑餓死亡的威脅。走馬上任之後立即提出疏濬五河，導太湖之水入海的計劃，並親自督修工程。太湖水道的疏通，對保障太湖周圍的蘇、常、湖、秀四州的農業，具有重大貢獻。

關乎百姓生計的治水之舉，成了范仲淹爲官一任，造福一方的主要政績。

除了治水，范仲淹十分重視教育，他從小刻苦求學，深知教育對國家的重要性。在蘇州任內，他在南園買了一塊地，風水先生說這是塊能出公卿的寶地。於是范仲淹在此建了郡學，聘請相知的名人任教，將學堂辦得有聲有色。

當然，范仲淹也十分重視民間疾苦，皇祐二年（西元一〇五〇年），六十二歲的范仲淹以戶部侍郎轉任山東青州。他爲政清廉，愛民如子，深受當地民眾擁戴。當時青州流行眼疾，范仲淹聘當地名醫，親自從泉池打水，配製藥丸發放給患者，爲了紀念范仲淹的善舉，人們把泉水稱爲范公井。還有，當時范仲淹爲了賑濟災民，不懼失官，毅然打開官倉，把糧食無償發給災區民眾，救人無數。

由於范仲淹政績斐然，又被仁宗皇帝召回京師，授天章閣待制，任吏部員外郎，權知開封府事（現在的河南開封，爲宋都）。

范仲淹在京城大力整頓官僚體系，剔除弊政，僅僅幾個月，開封府就「肅然稱治」。范仲淹還大膽抨擊宰相呂夷簡等人互相勾結，朋比爲奸，安插親信、黨羽，爲此得罪了呂夷簡一幫人。於是呂夷簡向皇帝進讒言，反責范仲淹離間君臣，引用朋黨，范仲淹又一次被降職到饒州（今江西鄱陽）

任知州。

范仲淹雖然三起三落，名望卻越來越高。除了受民衆愛戴外，還得到志向相投的同僚們擁戴。慶曆三年（西元一〇四三年）四月，范仲淹因才能與威望卓越，調回京城，升任爲參知政事（副宰相），與樞密副使富弼、韓琦等人共同主持朝政。當時，宋朝財政危機日益加深。「冗官」、「冗兵」和「冗費」與日俱增，使整個國家陷於積貧、積弱的局勢當中。

隨著貧富差距和種族衝突日益加劇，朝政陷入危機，局勢越來越混亂，士大夫們都感到必須採取非常措施，才能擺脫困境。因而有些人對當時死氣沈沈的官僚弊政提出批評與改革的主張。其核心人物就是范仲淹。

在改革呼聲中，仁宗「遂欲更天下弊事」，於是讓宰相呂夷簡退職養老，對范仲淹、富弼等人特別禮遇，三番五次召見，賜予親筆詔書催促他們立即提出改革方案。范仲淹認眞總結從政二十八年醞釀已久的改革想法，立刻提出改革主張《答手詔條陳十事》，主要內容是：選擇賢明的人作州郡長官、舉薦有政績的人當縣令、排除社會上遊散懶惰的習氣、裁汰官員並取締過度浪費、嚴密控管選舉制度選賢與能、培育將帥以加強邊防等。此各項改革，當年陸續頒行全國，號稱「慶曆新政」。

范仲淹認爲，當務之急是整頓吏制、裁汰朝野內外老朽病、無能無德之人。在他的嚴格考核下，大批尸位素餐的冗員被淘汰了，有才幹的人被提拔，官府辦事效能提高了，財政、漕運等也有所改善，暮氣沈沈的北宋政權開始有了活力。朝廷上許多正直的官員紛紛賦詩讚揚新政，人民看著改革詔令，讚不絕口。但是，由於這場改革直接觸犯了既得利益者，限制他們擴張權力，許多人對此恨之入骨，於是集結在一起攻擊新政，反污范仲淹、富弼是「朋黨」。

所謂的「朋黨」是朝臣中的派別，是極爲敏感的問題。爲維護皇帝的統治權力，宋初以來設立了許多防微杜漸的政策，其中之一就是嚴禁臣僚們結成朋黨，他們以唐代牛李黨爭爲鑒，明令禁止科舉考試中，主考官與考生之間有任何關係。

在這種情況下，仁宗曾於寶元元年（西元一〇三八年）詔百官提防朋黨，並對范仲淹起了戒心。只是當時國內外局勢險惡，出於政治考量，他不得不重用范仲淹。但這時，呂夷簡一派並未停止對范仲淹進行攻擊，他們拉幫結派，串通宦官，不斷向皇上進讒言。一開始贊同改革、支持改革的仁宗，看到反對革新的勢力這麼強大，也開始信心動搖了。

到了慶曆五年（西元一〇四五年），一年前慷慨激昂、勵精圖治的宋仁宗迫於壓力，終於下詔廢棄一切改革措施，除去范仲淹參知政事的職務，將他貶至鄧州（今河南鄧縣），富弼、歐陽修等革新派人士也相繼被逐出朝廷。堅持了一年零四個月的「慶曆新政」終告失敗。

慶曆新政觸及北宋政治、經濟、軍事制度各層面，改革雖然失敗，但卻開創了士大夫議政的風氣，推動改革思想，成爲王安石「熙寧變法」的前奏，功不可沒。

慶曆新政失敗後，范仲淹又輾轉任職於杭州、青州等地，皇祐四年（西元一〇五二年），他調往潁州（今安徽阜陽），行經出生地徐州時，不幸病逝，享年六十四歲。

作爲一位政治家，范仲淹爲官清廉，大公無私，以國家大局爲重，關心民生疾苦。在各地任上，他治水、辦學，恩澤後人，自己的生活卻極其儉樸，常常拿錢出來周濟窮人，並創置「義田」來養活族人，減輕國家負擔。《宋史》本傳上說他「其後雖貴，非賓客不重內，妻子衣食僅能自充」，因此很受老百姓敬重。

二、開啓北宋理學研究通途

以范仲淹爲中心所發起的「慶曆新政」，結合了一批當時著名的知識份子，如：歐陽修、孫復、胡瑗、石介等人。在北宋國勢衰微、積貧積弱的情勢下，這批具有憂患意識的傳統知識份子，積極要求進行政治和社會改革，雖然最終未能成功，但卻促使北宋儒學思想的復興。

在五代十國的分裂、戰亂中，儒家以「仁義忠信」爲核心的道德觀幾乎被粉碎殆盡。北宋統一後，爲維護社會秩序，又重新對儒學進行研究。范仲淹等人特別重視教育，開設太學，使講學之風大爲盛行，胡瑗、孫復、石介就是此時先後進入太學的。他們格外推崇《六經》中經世致用的精神。這個理論，與范仲淹所致力推動的改革有著密切的關係。

宋代對儒學的研究更趨理性化，此時的一些學者認爲不能墨守漢代儒學舊說，於是對神化過的儒家經典權威提出批判與質疑。這種理性主義精神與兩漢直至隋唐儒學神化、迷信經典的風氣形成鮮明對比，被稱爲「疑經」思潮。如此創新的主張啓發了人們自由發揮的想像空間，並召喚學術界以「義理」來解經。後來的理學家們正是因此而卓然有成。諸子紛紛借《周易》發揮哲學思想，宣傳學術觀點：范仲淹著《易義》，歐陽修著《易童子問》，胡瑗著《周易口義》，孫復有《易說》，石介也以《易》傳授弟子。易學的興起，爲儒學思想的復興開創了新局。

范仲淹根據《周易》天、地、人三才之說，提出了「天人會同」的想法。他把《周易》中天道之元、亨、利、貞，與人道之仁、義、忠、信連結起來，把儒家的道德觀、人性觀與天道本體結合。同時，根據《中庸》，把倫理道德衍化爲人性的自然表現，確定了道德實踐的原則。歐陽修也以「天人會通」爲理論框架，強調修人事以合天道。主張以理節欲、以性導情。

《易經》和《中庸》的天人觀，總結了孔孟的人文思想和荀子的自然主義，顯得更充盈、完整。雖然這些學者並未對這些想法，作出更有系統的論述，卻直接催生了理學。其後，以北宋五子周敦頤、邵雍、張載、程頤爲代表的理學家出現，開始了新儒學的理論建構，理學思潮正式成形。

三、禦敵方略有勇有謀

仁宗寶元元年（西元一〇三八年）冬天，宋朝西北邊境局勢突然緊張起來，原本臣屬於大宋，居住在甘州和涼州的黨項族首領元昊，公開稱帝，建國號大夏，並且把國內十五歲以上的男子都徵召入伍，沿宋朝邊境部署了十萬人馬。面對西夏突如其來的挑釁，武備廢弛的宋朝措手不及，朝中主戰主和的爭吵不休兩派，仁宗皇帝更是一副文弱之相，舉棋不定。由於三十多年無戰事，宋朝邊防不修，士卒未經戰陣，平日缺乏訓練，帶兵的將帥多是皇帝的親戚故舊，根本不懂軍事，再加上將領更換頻繁，軍紀鬆弛，戰鬥力極弱。

康定元年（西元一〇四〇年）正月，元昊親率西夏大軍突破邊境進逼延州（今陝北延安）。延州一帶地闊寨疏，兵力薄弱，知州范雍又是一個志短才疏的膽小鬼。他一聽說夏軍來犯，嚇得緊閉城門不敢出戰，忙遣人去找救兵。不料援軍剛到，延州附近的三川口就陷入重圍，死傷甚眾。元昊一面包圍延州，一面將延州以北的三十六個寨堡全部剷平。在這樣嚴重的局勢日下，仁宗想起范仲淹。連忙召他入朝，恢復天章閣待制之職，讓他出任陝西路永興軍的知軍州事（今陝西西安一帶），又任命他和韓琦爲陝西經略安撫招討副使。此時范仲淹已經五十二歲，他不顧鞍馬勞頓，一連數日視察地形和邊防守備，聽取守邊將士的意見。並且廢寢忘食地謀慮對付西夏的戰略，提出了一整套以防守爲主的禦夏方針。但是卻被不少人認爲是怯懦的表現，就連與范仲淹交情很深的韓琦也不能理解。韓琦主張進攻，而急於求成的仁宗採用了韓琦的主張，命令韓琦和范仲淹同時出兵。范仲淹連上三表無效後，只好請求留下一路兵力備用，宋仁宗勉強答應了。

慶曆元年（西元一〇四一年）正月，韓琦貿然決定出征。當大軍行至六盤山時，中了元昊的埋伏，經過一場浴血激戰，宋軍死傷萬餘，僅千餘人力戰逃脫。之後，元昊又在定川砦再次重創宋軍。

兩役相繼慘敗，證明急攻難以收效，這個無情的事實，迫使宋仁宗改採范仲淹的守策。於是他積極修築邊城、精練士卒、招撫屬民，認眞檢閱了延州的軍隊，淘汰了一批怯懦無能的將校，選拔了一批經過戰火洗禮的才幹之士。他從本地人中召募熟悉山川道路、驍勇善戰、鬥志較強的士兵。更以身作則，將士沒水喝他從不說渴，將士沒飯吃他從不叫餓，朝廷賞賜給他的金帛也全數分發給將士。他賞罰分明，獎勵勇猛殺敵的士兵，提拔重用立功的將領，當衆斬首苛扣軍餉的貪污者，毫不留情。如此一來，西北軍在他的帶領下湧現許多像狄青等有勇有謀的將領，訓練出一批強悍敢戰的士兵，成爲宋軍中最精銳、最頑強、最勇敢的主力。直到北宋末年，這支軍隊仍是宋朝的一支勁旅。

在禦敵方略上，范仲淹大力收服宋夏交界的羌族，一方面築堡立寨，切斷他們與西夏的聯繫，並用兵保護他們的安全；另一方面竭力招撫他們，撥給空地，發放糧食、農具等幫助他們恢復生產。這一政策受羌族的擁護。於是羌族部落紛紛歸附宋朝，擔任宋軍的嚮導，並出兵助戰，成為宋軍有力的支援。

在范仲淹勵精圖治之下，終於扭轉了宋朝被動挨打的局面，使已經破壞的邊防又重新鞏固起來。宋夏雙方從慶曆三年開始議和，隔年正式達成和議，兩國重新恢復久違的和平。西北局勢自此得以轉危為安。

四、詩書畫卓然成一家

范仲淹在文學上亦有不凡的成就，他的散文擲地有聲，多是披露時弊、借景抒懷之作。他還擅長寫詩，部分作品反映了當時農民生活的痛苦情形。他也精於塡詞，意境開闊，風格豪放。儘管他的詞作傳世的很少，但都是宋詞中的上乘之作，充分地顯露過人之資。

慶曆五年，他倡導變革被貶後，恰逢另一位被貶在岳陽的朋友滕子京重修岳陽樓竣工，要他寫一篇樓記，為了激勵逆境中的朋友，就在鄧州的花洲書院裏揮筆寫下了《岳陽樓記》這千古名篇。范仲淹借樓寫湖，憑湖抒懷，文中多用四言，雜以排偶，善鋪陳而富於變化，氣勢磅薄，抒情言志，為後人所傳誦。然而這篇散文並非范仲淹登樓而發，而是借助少年時的印象，在鄧州寫岳陽，將想像併入景觀，以景觀化作文章，文中洞庭湖水的陣陣波濤，把文章的氣勢張揚得振耳欲聾。

范仲淹的詩，存世者僅有寥寥數首，但題材多樣。鬥茶是文人雅士在閒適的茗飲中鬥茶品、鬥水品，比賽煮茶技藝的一種高雅品茗活動，這種活動在北宋文人騷客中十分流行。范仲淹的一首《鬥茶歌》詠誦的便是武夷山鬥茶的熱鬧場面：

年年春自東南來，建溪先暖冰微開。溪邊奇茗冠天下，武夷仙人從古栽。新雷昨夜發何處，家家嬉笑穿雲去。露芽錯落一番榮，綴玉含珠散嘉樹。終朝采掇未盈襜，唯求精粹不敢貪。

另一首《贈棋者》，表面看是寫給下圍棋的人的一首詩，但字裏行間可以感受到范仲淹內心的波瀾壯闊他所描寫的棋局，就像對陣的將士在戰場上廝殺，氣勢恢弘。

何處逢神仙，傳此棋上旨。靜持生殺權，密照安危理。持勝如雲舒，禦敵如山止。突圍秦師震，諸侯皆披靡。入險漢將危，奇兵翻背水。勢應不可隳，關河常表裡。南軒春日長，國手相得喜。泰山不礙目，疾雷不經耳。一子貫千金，一路重千里。精思入於神，變化胡能擬。成敗繫之人，吾當著棋史。

除了文學創作外，范仲淹的書法也頗負盛名。據行家分析，歷來書畫同源，詩書畫一體。范仲淹與同朝代的范成大，元代的倪瓚、黃公望，明代的沈周、王原祁、王鑒等，都是詩人、畫家兼書法家。在宋代，范仲淹的書法「醉和沈著」，以書墨遺懷，自成一家。

五、苟利於國，知無不為

范仲淹在政治、軍事、文學各方面的非凡成就，不是天生的，而與他青少年時期的刻苦努力有著密切的關係。

范仲淹祖籍陝西影州，後舉家遷至江蘇吳縣。曾祖父范夢齡，曾任吳琥國中吳節度判官（蘇州錢糧官）；祖父范贊時，曾任吳越國秘書監。父親范墉，也曾任職於吳越王幕府，後隨吳越王一同投宋，端拱初年（西元九八八年）赴徐州武寧軍節度掌書記。次年八月二日，范仲淹出生，隔年父親不幸逝世，范家失去了依靠，范仲淹之母謝氏貧而無依，只好帶著尚在繦褓中的范仲淹改嫁山東淄州長山縣一戶朱姓人家。從此，范仲淹改名為朱說，在朱家長大成人。

范仲淹從小讀書就十分用功，二十一歲獨自到長白山上的醴泉寺讀書，經常一個人伴燈苦讀，每到東方欲曉，僧人們都起床了，他才和衣而臥。那時，他的生活極其艱苦，自己每天只煮一鍋稠粥，涼了以後就劃成四塊，早晚各取兩塊，拌上一點兒韭菜末，再加點鹽，就算是一頓飯。這件事，後來被人們用「劃粥割齏」的成語流傳下來。不久，他又毅然辭別母親，獨自前往南京應天府書院求學去了。

應天府書院是宋代著名的四大書院之一，聚集了許多節操才智俱佳的師生。范仲淹在此閱讀了大量書籍，又拜著名學者感同文爲師，學習經邦治國之道，立志報國爲民。

入學後，范仲淹連皇帝來了也不出去觀看，晝夜不停地苦讀，五年未解衣就枕。而當疲乏到了極點，就用冷水澆臉，來驅除倦意。經過五年寒窗苦讀，終於成爲一個精通儒家經典，博學多才，又擅長詩文的人，並通過科舉考試考中進士。

范仲淹爲官一生，逆境多，順境少。但他凡事運用智慧，竭盡全力。儘管范仲淹生在封建時代，無法充分發揮所長，但他輕官而重德，嚴守分際，把責任放在第一位，展現他的胸襟和道德情操。他「苟利於國，知無不爲」的報國之志，「先天下之憂而憂，後天下之樂而樂」的情操，贏得後人世世代代的景仰。

本書根據史料，借鑒了近年許多專家的研究成果，全面而有系統地介紹范仲淹的德操和才智，並分析其背景與根源。相信對讀者來說是不可多得的佳構。

師晟 戴克 二〇〇一年五月

鄭州 村子工作室

第一章 人不可以無志

人可以清貧，但不可以無志。有了志向若能化為行動，便能跨越江河、穿越莽林，攀援萬丈險崖，登臨風光旖旎的人生巔峰。青年范仲淹的志向具體而實在，願景中充滿令人敬佩的浩然正氣。

一、繼承先祖遺風，弘揚苦學精神

范仲淹的曾祖、祖父及父輩，均是博學而有作爲的人物。范家在當地無疑是名門望族，雖至范仲淹這一代已家道中落，但他仍從輝煌的族譜裡，看到了先祖的遺風，那就是立志苦學，自強不息的精神。這是范仲淹後來能成爲傑出政治家的重要原因。

在進士及第步入仕途之前，范仲淹的少年和青年時期大都是在非常艱苦的生活中度過的。歐陽修撰《范公神道碑銘》時，說范仲淹：「去之南郡，入學舍，掃一室，晝夜講誦。繼起居飲食，人所不堪，而公自刻益苦。居五年，大通六經之旨，爲文章論說，必本于仁義。」

南都五年，范仲淹發現自己的身世，負氣離開朱家，在應天府書院自力求學，那是最艱苦的五年。這五年在「人所不堪」中的刻苦努力，使范仲淹對他後來力行的儒學精神，有了更深切的體會。他的苦學精神，含有博大的理想，這理想源於先祖的顯赫功績帶來的強烈震撼。

關於苦學讀書，歷史上有許多類似的事蹟，懸梁刺骨的蘇秦便是其中最著名的一位，這位縱橫家在未得志之時，由於遭到兄嫂辱罵，發憤苦讀，成就一番事業。而在范仲淹身上，蘇秦的精神得到了進一步的繼承與發揚。

洪應明說：「貧家淨掃地，貧女淨梳頭，景色雖不豔麗，氣度自是風雅，士君子一當窮愁寥落，奈何輒自廢弛哉！」

洪應明的意思是說，一個貧苦的家庭要經常把地打掃得乾乾淨淨，貧家的女子要經常把頭梳得乾淨俐落，穿著雖算不上豪華豔麗，但是卻能保持一種高雅脫俗的氣度。因此君子一旦際遇不佳而處於窮愁潦倒時，為什麼要萎靡不振、自暴自棄呢？

法國的拿破崙堪稱英雄，但他的幼年生活卻十分清苦。當沒落的貴族父親節衣縮食地將他送進貴族學校去時，他常因破衣敝履襤褸不堪，而受到其他同學的恥笑。但他不顧這些恥笑，勤奮苦學，以優異的成績畢業。後來，父親去世，家中生活更為窘困，他毅然參軍。在軍隊中，也因貧困而被人輕視，但他不顧一切地學習所有對他有益的知識，在孤寂、嘲諷、嚴寒、酷暑中苦學數年，靠著才華和勤奮受到上級賞識，終被拔擢，創下傲人的功績。環境雖惡劣，他卻不屈不撓，就這樣一步步地開創自己的人生之路。

在人的成長過程中，經歷一些憂苦災患並不是一件壞事。孟子說：「人之有德慧術知者，恒存乎疢疾。」又說：「生於憂患，而死於安樂。」對范仲淹來說，正是青少年時期清貧儉約、攻苦食淡中的力學精神，造就了他「不以物喜，不以己悲」，「事上遇人，一以自信，不擇利害為趨舍」的心性，成就了他身為布衣卻心憂天下的大志，樂道忘憂、惟道而行的至真與至誠，同時，也造就了他許國忘家敢掇齏粉之患，直言立朝，不避雷霆之誅，屢遭挫折而無怨悔的堅韌與執著。

二、羞憤是自立的動力　堅忍是成功的必經之路

人生命定千變萬變，但有一個條件是永遠不會改變的，這就是人的生身父母及家庭、故里、國家和所處的時代。

十九世紀俄國作家托爾斯泰在其代表作《安娜．卡列尼娜》的扉頁上，寫過一句非常著名的話：「幸福的家庭都是相似的，但不幸的家庭卻各有各的不幸。」現在，我們將這句話用在距今千年前的范仲淹身上，也是非常貼切的。

北宋太宗端拱二年八月丁丑日（即西元九八九年十月一日），范仲淹誕生在淮北古城徐州，此時，他的父親范墉擔任在徐州武甯軍節度使掌書記。一個州府的節度掌書記實際上是位不高、祿不厚的小吏，自然比不得王侯貴胄之家，不過豐衣足食還是沒問題的。

范家世代為官，最遠可以追溯到他的十世祖，約西元六八五年至六八八年任唐朝武則天時期的宰相——范履冰。范履冰後代世居邠州，隨後，范仲淹的第四代世祖范隋在唐懿宗咸通十一年（即西元八七〇年），從幽州良鄉縣（今河北省房山縣）主簿調升到處州麗水縣任縣丞，舉家南遷渡江，後來因為唐末「中原亂離，不克歸，子孫遂為中吳人」。

就在范仲淹兩歲時，他的父親因病去世了。母親謝氏這時還很年輕，迫於生計，改嫁長山人

朱文翰，范仲淹的姓名也隨之改為朱說（音同「悅」）。這個突如其來的轉折對范仲淹來說，同樣也是無可改變。無獨有偶，繼父朱文翰也是一位朝廷小官，先後擔任過澧州安鄉（今湖南安鄉）縣令和淄州（今山東淄博市南）長吏。由於官低祿少，加上朱文翰當時已有幾個子女，在這種情況下，生活的艱辛程度可想而知。

隨著一天天長大，范仲淹漸曉人事，也慢慢品味到人生的艱難。他先後隨繼父官遷，遊歷過許多地方，雖然到處奔波，但一直沒有中斷過學業。《范文正公集》附錄《褒賢祠記》卷二《文正公讀書堂記》中，便記有朱文翰任澧州安鄉縣令時，范仲淹「侍母偕來，嘗讀書於老氏之室，曰興國觀者，寒暑不倦」。

景德至大中祥符二年前後，朱文翰任淄州長史，范仲淹隨他到淄州，在長白山的醴泉寺求學。據《范文正公》附《年譜》記載：在長白山苦讀時，范仲淹日常所食，也就是「日作粥一器，分為四塊，早暮取二塊，斷齏數莖，入少鹽以啖之」。每天煮兩升粟米粥，攤涼之後切成四塊，早晚各吃兩塊，而配粥的菜肴則是少許切成碎段的生韭菜拌鹽。這是怎樣的一種艱苦生活！但這種苦讀生活，范仲淹一過就是好幾年。

對范仲淹而言，貧困的境遇算不得了什麼，最難受的是寄人籬下的委屈。在朱家，范仲淹一向生活節儉，對朱氏兄弟花費無度的作風很看不慣，屢次加以勸解，因此引起他們的不滿。一次范仲淹又好言相勸，朱氏兄弟卻反唇相譏：「我們花的是朱家的錢，關你什麼事？」范仲淹聽了大吃一驚，再三追問根由，才知道自己的身世，他的內心受到很大的衝擊，立誓發憤自立。這年他已二十三歲。

明白自己的身世之後，范仲淹像變了一個人。他收拾行囊，佩上琴劍，毅然離開朱家，前往南京（今河南商丘）求學。生母謝夫人含淚追出去，再三挽留，他卻回答說，以十年為期，待功成名就，就來迎接母親。

自立畢竟是不容易的。據《范文正公集》附《年譜》所載，范仲淹在應天府書院「晝夜苦學，五年未嘗解衣就枕。夜或昏怠，以水沃面。」范仲淹每天讀書讀到深夜，在應天府學習五年，竟沒有脫過衣服睡覺過，晚上讀書倦怠想睡時，就用冷水澆臉。

當時南都（即應天府學院所在地，今天的河南省商丘市）留守（當地最高長官）的兒子，也就在應天府書院求學。有一天，范仲淹正在吃飯，留守的兒子來訪，發現范仲淹的伙食非常糟糕，他於心不忍，拿出錢來，讓范仲淹加菜。范仲淹很委婉，但十分堅決地推辭了。留守的兒子沒辦法，第二天又送來一些雞、魚之類的食物，范仲淹這次礙於情面，勉強地接受了。然而幾天後，留守的兒子再度拜訪范仲淹，他吃驚地發現，上次送來的菜餚范仲淹不僅沒吃，而且都發黴變質了。留守的兒子便有些不高興，問道：「希文兄（范仲淹的字，古人稱字不稱名，以示尊重），你也太清高了，送一點吃的東西給你，你都不肯接受，豈不讓朋友傷心嗎？」范仲淹聞言笑了笑說：「仁兄誤解了，我不是不想吃，而是不敢吃。我是擔心自己吃了魚肉，再也咽不下清粥和鹹菜了。」留守的兒子聽了范仲淹的話，更加佩服他的人品。

留守的兒子對范仲淹清苦的生活很是同情，也很敬佩，就把他在書院苦讀之事告訴了自己的父親，南都留守讓兒子把官府爲自己備辦的飯菜送一份給范仲淹，范仲淹仍然謝絕。范仲淹認爲貧窮並不可怕，不過是暫時沒有錢財，衣食無著，在物質生活、居住環境方面遭受一些磨難罷了。可怕的是被貧窮壓倒、屈服而不能自拔，甚至成爲貧窮的奴隸，出賣自己的人格和尊嚴，這是最可悲的。

《論語》憲問篇中講述了一則孔子的弟子顏回安貧樂道的故事：顏回居住在一條陋巷中的茅草棚住，棚頂不蔽風雨，地上潮濕無比，門破窗爛，除了一張睡床，連一件家具都沒有，但他卻每天很有規律地讀書、思索，自得其樂地彈琴、吟誦。孔子的另一位高足騎著壯馬，衣著華麗，氣宇軒昂來看顏回，見他如此窮困，還以爲他得了精神病。顏回說，我只不過沒有錢財，生活簡約一些罷了，哪裡有什麼病。

宋眞宗祥符八年，在應天府苦讀五年，「大通六經之旨」之後，范仲淹一舉考取進士，走上了能夠讓知識分子「匡世濟民」的人生大道。

三、身微不忘立志，刻苦方能成才

凡想成大事，能成大事者，都必定擁有大志向、大胸懷、大自信，這是一個千古不變的事實。「自信人生二百年，會當水擊三千里」，這該是怎樣一種豁達與豪邁的人生態度！

《宋史》列傳上記載，范仲淹「少有志操」，從少年時代起，就慨然有志，懷一腔「利澤生民之志願」，而要「行救人利物之心」。他認為，「思天下匹夫匹婦有不被其澤者，若已推而內（納）之詞中。」另據宋人趙善潦《自警篇》的一則傳說，范仲淹小時曾在一座祠廟中禱告神靈，他問神靈：「我將來能當宰相嗎？」神說不能。他又問：「不能做宰相，做個良臣如何？」在范仲淹看來，「夫不能利澤生民，非大丈夫平生之志也。」又據說范仲淹於少年時期，凡有人問起他的志向，他便會回答：「不是當個好郎中（醫生），就是當個好宰相，好郎中為人治病，好宰相治理國家。」

青年時期的范仲淹，就已經抱定了上安社稷，下撫生靈的壯志。他在南都應天府書院時曾作了一首叫做《睢陽學舍書懷》的詩，詩中寫道：「多難未應歌鳳鳥，薄才猶可賦鷦鷯……但使斯文天未喪，澗松何必怨山苗。」從這些句子中，我們能真切地感受到他希望有功於當世的遠大胸懷。

《年譜》中記載，景德年間，宋真宗趙恒為鞏固地位，曾導演過一幕所謂汴京左承天門神降

「趙受命，興於宋，付於恒」的天書鬧劇。以此爲由，眞宗東封西祀，大興土木。大中祥符七年正月，又親奉天書，經亳州至應天府朝拜供奉著趙宋始祖玉皇聖祖天尊大帝的聖祖殿。這時范仲淹正就學於應天府書院。眞宗到達應天府時，府學中的學生都跑到大街上去等候，希望能一瞻「聖顏」，但范仲淹卻留在學舍安坐讀書。他的同學問他爲什麼不去看皇帝，他回答說，皇帝終歸是要見的，將來再見也不晚，眞可謂一語見志。後來，范仲淹果然等到這一天，官升至參知政事，即當時的副宰相，倡導並協助皇上推行「慶曆新政」，以挽救宋朝積弱不振的形勢，救民於水深火熱之中。正如前人所說，「立大志方能成大器」。縱觀古今，成大事者無一不是少懷大志。比如孔子求「老者安之，朋友信之，少者懷之」的遠大理想，孟子所謂「萬物皆備於我」、「當今之世，如欲平治天下，舍我其誰？」再如曾一度推翻秦王朝的西楚霸王項羽，年少時見到巡遊的秦始皇浩浩蕩蕩的車隊儀仗，想當帝王的雄心油然而生，他叫道：「彼可取而代之。」後來，項羽建立了自己的帝國，雖然短暫，也算成就了大業。與項羽同時埋葬秦王朝的劉邦也是年少時即大志在胸。當亭長的劉邦去咸陽出公差，路上見到秦始皇威風凜凜的車隊，也情不自禁地在人群中說：「大丈夫當如是也。」劉邦在後來戰勝項羽後，建立了漢朝。

正因爲這樣，歷史才得以記下一頁頁慷慨豪邁的壯麗史詩。

四、懂得珍視個人體魄，否則不足以成大事

健康是事業發展的本錢。范仲淹在求學時期，亦特愛好武術。在南都學舍期間，范仲淹雖晝夜不息地讀書，每晚至夜半才和衣而眠，但每天清早仍聞雞起舞，在淩晨舞上一回劍，從春至夏，經秋歷冬，寒來暑往，從不間斷。

范仲淹酷愛武術，一方面反映出他對個人體魄的重視，另一方面也反映出他希望以文武雙全之才來報國的遠大抱負。

在封建專制的社會體制下，歷來的中國知識份子，大多都只重視思想的增進，而忽視了健康的重要，因此給人的印象往往是滿腹經綸卻手無縛雞之力。

爲此他們在遠行時還得帶著書僮負笈，而被人們譏笑爲「腐儒」。他們的孱弱之驅往往使得他們難以完成大業，在事業如日中天之時，身體卻經不住病痛折磨，英年早逝。如輔佐劉備三分天下的諸葛亮，在蜀國地位岌岌可危時病逝，爲後人留下「出師未捷身先死，常使英雄淚滿襟」的感慨。若天假以年，諸葛亮能多活些許年月，蜀國的結局終不至那樣慘澹。

提起初唐四傑王勃、楊迥、盧照鄰、駱賓王，幾乎全是短命鬼，他們的才華往往還未充分展露出來就夭亡了，據說王勃僅因被水淹過就驚嚇過度而死，盧照鄰身體更弱，青年時代起就患了一

身病，以至貧病終身，終日只得坐臥哀歎「命兮命兮若如此，死兮死兮奈若何」。天才詩人李賀，年僅二十七歲便飲恨而逝，眞是「虛負淩雲萬丈才」。多數古代知識份子之所以如此短命，一方面固然是精神和物質受統治者壓迫；另一方面卻也是重文輕武。

由於「萬般皆下品，唯有讀書高」，人們對讀書人是較爲尊重的，而對於雄糾糾氣昂昂的武將，往往不屑一顧。因爲社會上普遍（尤其是宋代）尙文崇文，所以士大夫樂於勤奮苦讀，以博科名，卻厭惡習武，認爲那樣有損讀書人的形象。因而只重視知識的汲取，忽視身體的鍛鍊。如此一來，當然不可能長久，於是英年早逝便成了古代知識份子的普遍現象。另一方面也導致了國家人才的匱乏和國力的削弱。一個國家的強大與否，人才是決定因素，那些有著經天緯地之大材的俊傑們皆英年早逝，對一個國家的政治、經濟、文化各方面無疑會產生影響。

范仲淹習武的目的，一方面是爲了鍛鍊自己的身體，加強自己的體魄，使一生少受疾病之苦。更重要的是要做一個文武雙全的優秀人才，文能筆掃千軍，武能一當萬師。

古代知識份子中，文武雙全的人實不多見，李白仗劍行吟，獨步天下，千古稱奇。他文韜武略，樣樣精通，雖終身未能施展抱負，但他的文武全才還是令後人讚歎不已。李白可說是有史以來第一個在文武兩方面都登峰造極的人。由於文才武略相互融合與滲透，造就了他出乎常人的博大氣魄和浪漫情懷。范仲淹也希望自己能像李白那樣，在文武方面均有建樹。

在封建時代，軍事與政治、文化等要職各由不同的文武官員來擔任，但隨著他們之間聯繫日益密切，需要文官與武官協調一致，這就迫切需要時代造就一批文武雙全的人才，以擔負國家之大任。但全才的人實在太難得了。一般知識份子對親臨戰場殺敵報國心存畏懼，他們只願紙上談兵，以博得他人讚賞，作爲升遷之資。范仲淹鄙視這些平庸之輩，他並不想只從書本上「學得文武藝，貨與帝王家」，而希望能親自領兵打仗，爲國分憂。是他「先天下之憂而憂」精神的一部分。

范仲淹重武的原因與他的憂患意識相伴而生，他生在北漢滅亡，宋太宗趙光義統一南北大局的十年以後，當時契丹還佔領著燕雲十六州，前年又攻佔過易州，三年前，大將曹彬率軍北攻，大敗於岐溝關，名將楊業苦戰力求陳家穀口，被俘後三日不食，壯烈犧牲。國家之憂患，強烈激發了范仲淹的愛國心。

正因爲范仲淹在求學時代「文武兼備」，培養自己軍事戰略的才能，爲日後屢立戰功、安境保民奠定了基礎，同時他也促成他在文學上的創作成就。如在他的名作《漁家傲》中寫道：「塞下秋來風景異，衡陽雁去無留意。四面邊聲連角起。千嶂裏，寒煙落日孤城閉。濁酒一杯家萬里，燕然未動歸無計。羌管悠悠霜滿地，人不寐，將軍白髮征夫淚！」

這樣落筆千鈞、無限蒼涼悲壯的詞句，若不是對邊塞軍人生活的深刻體會，是難以寫出來的。

范仲淹的重文修武，對後來的文人影響重大，陸游、辛棄疾、岳飛等人紛紛繼承並發揚了他的精神，對國家的安定有極大的貢獻。

五、讀書要廣，見識要深，此爲成器良方

范仲淹自小隨繼父遊歷許很多地方，增長了不少知識，也豐富了自己的人生閱歷。關於他繼父工作的頻繁調遷，得從宋朝特有的官吏制度說起。

北宋是唐末長期混亂之後，建立起來的政權，開國君主趙匡胤深知五代以來，地方藩鎮割據擅權爲政局帶來的不穩定，以及對皇權的威脅。因此，趙匡胤黃袍一加身，就立刻鞏固中央政權的統治，削弱地方藩鎮的勢力。

在宋太祖執政時期，凡是遇到地方節度使死亡、遷徙或來朝，就派文臣代替其職，接手地盤。文官出外守州郡，稱爲「權知軍州事」。權知就是暫且管理之意，在差遣中冠上「權知」二字，使他們感到「名若不正，任若不久」，這樣就可以防堵他們盤踞專權的野心。此外，太祖明確規定他們的任期以三年爲限，期限一滿，便另調他職。由此不難看出，趙匡胤害怕藩鎮擅權似乎到了神經過敏的地步。然而他在那個時代背景之下，這樣做是可以理解的。在這種制度下，范仲淹的繼父朱文翰每隔兩三年，就會調換一處任所。當朱文翰調到澧州安鄉縣今天的湖南安鄉縣在作縣官時，在洞庭湖西邊。范仲淹也隨繼父越過洞庭湖前去。路上，他被「浩浩湯湯，氣象萬千」的洞庭湖所吸引，並且對洞庭湖所在地岳州留下了深刻的印象。幾十年後，他的好友滕宗諒在岳州重建岳

陽樓後，請他寫一篇《岳陽樓記》。文章中的名句，「先天下之憂而憂，後天下之樂而樂」，穿越時空，傳誦至今九百餘年。而范仲淹對湖景的描寫：「至若春和景明，波瀾不驚，上下天光，一碧萬頃」，「而或長煙一空，皓月千里，浮光躍金，靜影沈璧。」這段文字所勾出的意境像畫，也像詩。

范仲淹少年時，估計頗爲「銜遠山，呑長江，浩浩湯湯，橫無際涯，朝暉夕陰，氣象萬千」的洞庭湖景致所陶醉，所以到了晚年，他筆下的湖光依然是那麼賞心悅目。除了這回去過安鄉外，此後范仲淹便再也沒有到過湖湘，在湖邊重吟古代詩人屈原「嫋嫋兮秋風，洞庭波兮木葉下」的千古絕唱。

之後隨繼父工作調遷，又來到池州。池州是今天的安徽貴池，在長江東南岸，西隔鄱陽湖不遠，也是山明水秀之地，著名的九華山就在境內，後來滕宗諒即葬於此。景祐三年，范仲淹被貶到池州西南的饒州，他在饒州的《郡離即事詩》中曾說：「有負雲山賴有詩。」饒州的雲山，和池州長山的相仿。池州之東的青陽縣（今安徽青陽縣）附近，有座長山，終年雲霧瀰漫。范仲淹來到池州後到這裏讀過書，胸中自然有丘壑。

景德初年，范仲淹又隨繼父到淄州（今山東淄博市南）。當時淄州的醴泉寺，辦了一所學校，范仲淹便在此就讀。寺廟所在長白山，是隋末農民戰爭大風暴的發源地，其著名領袖王薄活躍於此，《無向遼東浪死歌》也曾在這裏傳遍九州。三百多年後，范仲淹到此山求學，對歷史的滄桑感慨，對市井百姓的疾困、心聲、力量有深刻的認識，對前人的「水可載舟，亦可覆舟」的思想有所領悟。

隨著社會閱歷和知識的增長，范仲淹覺得不能久居一地，否則必成井底之蛙。因此，在長白山讀了幾年書之後，他決定到文化氣息最濃厚的關中一帶漫遊。

大中祥符元年（西元一〇〇八年），也就是范仲淹二十歲這一年，他獨自到關中。關中是漢唐故都所在地，有很多文化遺址。以前在書中讀到的東西，現在可以親眼目睹了，因站在波濤洶湧過後的歷史長河岸，對歷史上「秦皇漢武」留下的遺產不免感慨萬千。

這次遊歷，范仲淹還結識了一些有識之士。其中一位就是後來被他稱爲吏隱的王衮。王衮擅長寫詩，有正義感，曾任彭州（今四川彭縣）通判，公開斥責知州的不法行爲。此外王衮還喜歡喝酒，雅好音樂，「有嵇阮之風」。王衮的兒子鎬，和范仲淹成了好朋友。范仲淹也迷上音樂，曾經向大音樂家崔遵度學琴。王鎬有兩位好朋友，一個叫周德寶，一個叫屈元應，都是道士，都擅長彈琴。當時，他們都很年輕，朝暮相從，對任何事都喜歡議論一番。王家在雩縣（今陝西戶縣）有別墅，這一帶是關中的風景勝地。王鎬戴著小帽子，穿白麻織的衣服，騎一頭小白毛驢，和這幾位朋友無拘無束地放歌吟詠，令范仲淹記憶深刻。三十七年後，范仲淹爲王鎬作墓表，寫下這樣的回憶：「山姿秀整，雲意閒暇，紫翠萬疊，橫絕天表。及月高露下，群動一息，有笛聲自西南依山而起，上拂寥漢，下滿林壑，清風自發，長煙不生。」眞是一處人間仙境。山光秀麗，白雲飄飄，重重重疊疊的青紫色山巒，連接到天邊。等到露水降臨，明月高升時，萬物都停止了活動，這時悠揚的笛聲從西南邊依山而起，向上響徹星瀚，向下充滿深谷叢林之中。清風伴隨笛聲徐徐升起，夜空中無一絲雲煙。讀罷這段文字，再浮躁的心情也立即會因詩中如畫的情境而安定下來。

回到長白山之後，范仲淹得知了自己的身世，便辭母到應天府求學。

應天府是碩儒戚同文的故鄉。戚同文經歷了五代的戰亂，「絕意祿仕」，認爲「人生以行義爲貴」，因得到一位叫趙直的將軍的贊助，戚同文曾在應天府「築室授徒」講述儒家經典。到了大中祥符二年，曹誠又在戚同文的故宅旁增築學舍，藏書數千餘卷。朝廷派戚同文之孫戚舜賓主持學務，以爲府學，宋眞宗皇帝題名爲「應天府書院」，後來和岳麓、嵩陽、白鹿洞等書院合稱宋代四大書院。范仲淹在這裏求學歷時五年，隨後一舉及第進士。

六、身邊無人賞識，就要設法顯露自己

范仲淹於宋眞宗大中祥符八年考中進士，踏上了施展自己才華的舞臺。然而宋代滿朝朱紫，文才衆多，考中進士後，他被授與廣德軍司理參軍，擔任的只是一個小小的幕僚，負責輔佐首長處理一些刑獄案件。三年之後，他調任亳州（今安徽亳縣）任集慶軍節度推官。天禧五年，又調至泰州任西溪鹽監，負責監察鹽稅。

范仲淹踏入仕途，剛開始的六年，一直在低職上徘徊，並且也沒有多少事情可做，與他當年讀書時立下的宏願相差太遠！他實在難以忍受這種「志不得伸，才不得展」的局面，他分盼望能早日「簪纓奉國」，弼輔朝政。

乾興元年，眞宗死。這一年的十二月，張知白以尙書右丞成爲樞密副使，進入權力中樞。

他是一位以清廉著稱的宰相，《宋史》稱他「在相位，愼名器，無毫髮私。常以持滿爲戒。雖顯貴，其清貧如寒士。」據說張知白因病去官後，皇上親臨探望，他的妻子出迎時的穿著也是十分破舊，而他的病榻上更是只有一條破氈毯和一床細絹套著的薄被。就連皇帝看了也於心不忍，「亟令具輦帳臥物以賜。」

范仲淹早已聽聞張知白的名聲。所謂聲氣相投，對於這樣一位清廉自律的宰相，「不以一心之戚，而我天下之憂」且一生「獨能忍苦」的范仲淹，自然是「景行行止」，心裏非常嚮往投靠到他的門下，以施展自己的才華和抱負。於是，范仲淹於乾興元年直接上書自薦於張知白，坦率敘志，表明自己希望得到知遇，以「有益於當時，有垂於後世」的心跡。他告訴張知白，自己此時身處「窮荒絕島」，只能「于國家補錙銖之利，緩則羅胳，猛則賊民」實在是「人不堪其憂」。他說丞相對「稼穡之難，獄論之情，政數之繁簡，貨殖之利病」都比較瞭解，希望能聽教於他門下，「朝夕執事子前」，而能「以一言置左右」，且使「右丞之道傳而不朽」。眞的是其望也殷殷，其言也切切！秦末漢初，曾輔佐劉邦打得天下的韓信，早年也有相同的經歷。韓信出身貧寒，無人可以依靠，鬱鬱而不得志，空有一身帶兵打仗的本領，想謀求一用武之地。秦末項梁起義後，韓信帶劍投奔項氏去，沒想到項梁不識人才，並未重用韓信。項梁敗死之後，韓信轉為項羽的部下，項羽也只是讓他做了個郎中。

郎中只是管理車、騎、門戶、內充侍衛，外從作戰的一般職務，胸有韜略的韓信，曾幾次向項羽獻出敗敵的作戰計策，卻不為項羽重用，於是他決定棄走項羽。劉邦入蜀之後，韓信出走來到蜀地，投奔劉邦。哪知劉邦也只讓他做了一個小小的連敖。韓信時常感歎自己懷才不遇，甚至憤憤不平地發表一些激動的言論，為此差點成為刀下魂。後來，韓信尋找機會與蕭何談了幾次話後，終於得到蕭何賞識，史書上寫：「何奇之。」

韓信認為蕭何，一定會向劉邦稟報他的情況。然而過了些時日，仍未看出劉邦對他有特別重用的意思，他只好捲起鋪蓋走人，打算到別處去謀職。聽說韓信出走之後，蕭何大驚，來不及向劉邦報告，就騎了一匹快馬，往韓信離開的方向一路追下去。這就是京劇麟派的代表作《蕭何月下追韓信》故事的由來。

久不得志的韓信在被蕭何追回來之後，命運有了重大的轉機。在蕭何的進諫之下，韓信被劉邦拜為大將軍，並築壇拜將，授以帥印、軍符、令箭，在楚漢戰爭中如魚得水，為劉邦統一天下立下了汗馬功勞。

由此可以看出，「用武之地」對於一個有抱負、有才華的人來說是多麼的重要，有用武之處，方能顯露英雄本色，否則縱使「學富五車」，也只能「紙上談兵」。身處低位時，范仲淹並不會只感嘆自己「懷才不遇」，而是積極進取，主動出擊。能否積極地創造機遇、把握機會是一個人成功的關鍵，守株待兔，怨天尤人，再好的機運也會擦肩而過。

七、繼承先輩遺風，懷憂民濟世之志

有道是：「洞庭天下水，岳陽天下樓。」

巍然聳立於岳陽古城西門城頭的岳陽樓，下瞰洞庭，碧波萬頃，遙對君山，氣象萬千，好一派「巴陵勝狀」。

唐代宗大曆三年（西元七六八年）正月，詩人杜甫攜家出川，同年暮冬，乘一葉孤舟漂泊到岳陽。當時，他已經五十七歲，窮愁潦倒，痛病纏身。這位一生坎坷，屢經磨難，經歷過「安史之亂」的衝擊和動蕩的老人，在登上這座他嚮往已久的名樓時，憑欄遠眺煙波浩渺，橫無際涯的八百里洞庭，百感交集，既感歎自己落寞淒苦的境遇，又想到西北吐蕃入侵，烽火又起，國土不寧，爲國家人民的前途擔憂，禁不住潸然淚下。寫出了感人至深的詩篇：

昔聞洞庭水，今上岳陽樓。

吳楚東南坼，乾坤日夜浮。
親朋無一字，老病有孤舟。
戎馬關山北，憑軒涕泗流。

以饑寒之身而懷濟世之態，處窘迫之境而無厭世之想的詩聖，在垂暮之年，因感念天地的博大永恆和人生的短促有限，發出了深沈的慨歎，這與他在《茅屋為秋風所破歌》中所寫的「安得廣廈千萬間，大庇天下寒士俱歡顏，風雨不動安如山，嗚呼！吾廬獨破受凍死亦足」的概歎是一樣的。

在岳陽樓，還有不少著名人物寫下了憂國憂民的詩句。這些詩句賦予岳陽樓特殊的歷史與文化內涵。范仲淹的《岳陽樓記》首次將岳陽樓與憂國憂民的歷史情懷以散文形式聯結起來。

慶曆六年（西元一〇四六年），和杜甫當年做詩時年齡相當的范仲淹，在鄧州的花洲書院內，欣然揮毫，為當時修葺一新的岳陽樓題記，寫下了膾炙人口的《岳陽樓記》，將杜甫的情感昇華到了一個更高的境界。在《岳陽樓記》中，范仲淹發出宦海浮沈三十年來，內心的深沈呼喚，展現了所有有志於天下的知識份子，坦蕩的襟懷和強烈的社會責任感。

屈原是楚國偉大的政治家和愛國詩人。雖屢遭貶謫，但從不放棄自己的政治理想，因而寫下了「哀民生之多艱兮，長太息以掩涕」的名言。為了國家與民族的前程，屈原作詩表明「雖九死而憂未悔」，爲世世代代所弘揚。

千百年來，中國傳統知識份子，受著儒家思想薰陶，絕大多數都具有強烈憂國憂民的意識。或者像屈原那樣，爲奸臣當道，國家快要滅亡而心憂如焚，認爲「衆人皆睡而我獨醒，萬水皆濁我獨清」。至死無悔，行自己的正道；或像司馬遷那樣，爲「究天人之際，通古今之變，成一家之言」而忍辱負重，完成了「史家之絕唱，無韻之離騷」的歷史巨著《史記》；或像曹雪芹那樣，在封建王朝即將崩潰之際，爲歷史的悲劇而哀歌痛惜，敘之不盡，說之不完。總而言之，積極入世的儒家觀念，爲國爲民的憂患意識，以及深遠卓絕的見識，是中國知識份子與身俱來的使命。

對此范仲淹一生身體力行。他說：「不以物喜，不以己悲。居廟堂之高則憂其民；處江湖之遠，則憂其君。」他一生完成的功績雖不多，卻能得到當時以及後世的讚揚。南渡偏安，劉宰以他爲北宋第一人，金元遺山則說他：「在布衣爲名士，在州縣爲能吏，在邊境爲名將，在朝廷則又爲孔子所謂大臣者，求之千百年間，蓋不一二見。」當代的人之所以讚頌范仲淹的原因，就是肯定他以天下爲己任的氣節，而這正是千百年來士大夫思想的精華。

范仲淹特別重視古典文學的精髓，從漢賦唐詩，各種流派的文學形式中吸取豐富的養分。他針對當時西崑派的浮靡文風，提出了重視詩歌內容，反映現實生活，革新詩人文學思想的看法，要求文以載道、致用、重散、尚樸。在范仲淹、王禹稱、梅堯臣、蘇舜欽等人的努力下，到歐陽修終其大成，改變當世文風。

在《岳陽樓記》中，范仲淹完整抒發了自己的想法：「嗟乎！予嘗求古仁人之心，或異二者之爲，何哉？不以物喜，不以己悲。居廟堂之高，則憂其民；處江湖之遠，則憂其君；是進亦憂退亦憂。然則何進而樂耶？其必曰：先天下之憂而憂，後天下之樂而樂！噫，微斯人，吾誰與歸！」這種精神，遠遠的建立於個人的榮辱得失之外，這種高風亮節，難能可貴。

八、能成大事的人，必然力持有始有終的精神

眞宗天禧五年（西元一〇二一年），范仲淹調任泰州西溪鹽倉。泰州靠海，地勢低，這個地方經常海水倒灌，被海水浸灌的田地，鹽度就會太高，不能耕種莊稼，當地老百姓爲此曾經修了一條海堤。

海堤對保護當地的農田相當重要。海堤修成了，土地也就會變得肥沃了，當地老百姓原本在這兒安居樂業，然而在范仲淹調至泰州之前的前幾年，由於幾屆官吏對此不聞不問，使得海堤年久失修。海水又再度倒灌，使農田不能再耕種，很多老百姓被迫移居外地。當地官吏當然知道這種情況，但也知道修復堰堤問題很多，因此不準備再動工了。剛到泰州的范仲淹瞭解這個情況後，覺得修復堰堤是利國利民的一件好事，並且認爲憑現有條件就足以完成。因此，他準備請示朝廷修復堰堤。此事並不在他的權責之內，他只是個管鹽稅的小官。但出於體恤人的心情，他又不甘於坐視不

問。爲此，他只好託兩淮發運使張綸代爲上奏，並請求張綸推舉他當興化縣縣令，以完成修堰工程的心願。經過努力，朝廷批准了張綸的奏摺，范仲淹得以順利調任，負責修堰事宜。

工程剛開始時一切順利，然而一個多月後，正當各項緊鑼密鼓的工作進行到關鍵點，一場暴風驟起，洶湧的海潮向施工中的海堰襲來，來不及撤散的一百多名民工當即被海水捲走。這下怨聲和謠言頓起，原先不主張修堤的人也趁機起哄，甚至造謠說：「東海龍王發怒了，說開工沒有祭他。」有人則說：「今年丙寅，不合修堰築塘時辰，犯了龍虎相爭的忌諱。」那些被海水捲走的民工家屬要求撫恤和賠償，某些官吏更向朝廷上奏，要求停工，問題重重，工程只好暫時擱置下來。

朝廷獲悉後，派遣官吏下來視察，準備取消這項工程。范仲淹有口難辯，焦急萬分，但修堰的決心始終沒有改變。他由這件事知道海潮的可怕之處。海潮不僅侵害農田，而且還威脅著人民的生命和安全，正因如此，更需修一個牢固的海堤來抵擋。

因此范仲淹並沒有退卻。他想，施工前沒有料到的事情，以後多加注意是可以避免的。再說，暴風海潮也不可能隨時發作，修好堰堤是完全可能的。因此，他向朝廷派來的淮南轉運使胡令儀分析了情況，建議並堅決要求繼續修堰。胡令儀本人兼任海陵宰，對此地情況亦非常熟悉，也贊同范仲淹的看法，並全力支援。

然而，恰在此時卻傳來范仲淹之母病重，需人照料的消息，使他不得不回家照顧自己的母親。爲了不讓工程半途而廢，范仲淹寫了一封信，請張綸來幫忙監工。張綸被他執著的精神深深打動，決定接手，爲此三次還上表朝廷，請求親自去負責修堰。朝廷於是調遣張綸作泰州知府，以修堰做爲任期內的工作重點。

張綸到泰州後一年多，終於修成了全長一百八十里的海堰。這海堰的修復，有效地抵禦了海潮的侵襲，使得沿海農田不再受海水之害，田地的鹽度也得到了有效的控制。外流的百姓逐漸遷回。據司馬光《涑水記聞》卷十所記：「海既成，民至于今享其利。興化之民，往往以范姓。」意思是說，海堰修成後，老百姓到現在還享受著修堰所帶來的好處。興化縣的老百姓很多都以范爲姓。後來這條海堰也被命名爲「范公堤」。

由修堤這一史實，我們可以看出持之以恆的精神是成功的必要條件，知難而退，不僅克服不了困難，還會被困難所征服。

試想，如果范仲淹不請求到興化作縣令，海堰修不成；在施工過程中，遭暴風海潮襲擊，一百多條性命被海水吞噬，如果沒有足夠的勇氣，克服來自朝廷、民間的種種阻力，海堰也修不成；後來母親病重，如果他不寫信去請求張綸接任，海堰依然修不成。因此，有志者事竟成，人之所以不能成事，缺少的正是范仲淹這種自始至終不達目的誓不罷休的精神。

九、與賢人結交，與君子爲友，是成才自勵之道

慶曆四年四月，一些朝廷官僚開始攻擊以范仲淹爲首的改革派，並冠以朋黨的罪名。宦官藍元震也上書進讒。於是仁宗皇帝就問范仲淹：「自昔小人多少朋黨，亦有君子之黨乎？」范仲淹回答說：「臣在邊時，見好戰者自爲黨，而怯戰者亦自爲黨，其在朝廷邪正之黨亦然。」

范仲淹非常委婉地回答了皇上提出的問題，他認爲君子也是有朋友的。常言道，人以群分，物以類聚。在范仲淹看來，朋友是以共同的愛好、德行、品味聚在一起的，就像戰場上好戰者站在一邊，怯戰者站在一邊一樣，涇渭分明。君子相知，自然是深識之亦心敬之。

一個人的行爲展現出人品的高低，因此，要瞭解一個人，不一定非得觀察這個人，只要看看他所結交的朋友就可以了。這就是「相友而知人」。古時候楚國就有一個這樣的人。他爲人看相十分靈驗，名聲很大，傳到楚莊王那裡，莊王便召他入宮。莊王問：「你如何預知人的吉凶禍福呢？」這個人回答：「我不會看相，不過是從他所結交的朋友來判斷他的未來。一般老百姓所交的朋友，如果是孝順父母，尊兄愛弟，不違法犯紀的人，那麼他家就會一天天興旺起來，所以可以判定他日後必有福。一般當官的，如果他所交的朋友講信用、重德行，那麼他就會幫助君王做出許多有益於國家的好事來，所以，可以判定他會升官。君主聖明，大臣賢能。如果君主有失誤，大臣們全當著

你的面直言勸諫，那麼國家就會一天天興盛起來，《史記》中也有論述：「不知其人，視其友。」實在是經驗之談。

范仲淹對擇友很注重。隨繼父徙居淄州時，當時的大音樂家崔遵度也恰巧徙居於此。范仲淹得其名，前去拜訪，結交爲師友，跟從他學琴。有所成，在音樂中，陶冶了性情。

在關中漫遊時，亦曾相交了善詩而有正義感的王袞。王袞在彭州作通判時，公開斥責知州的不法行爲。他的作風直接影響了范仲淹。

在亳州當節度推官時，范仲淹則與留心民間疾苦的亳州通判楊日嚴相交甚深。楊日嚴爲民興利除弊，在權知益州（今四川成都市）時，四川人民信賴他。楊日嚴很看重范仲淹。三十年後，范仲淹回憶楊日嚴，說他一見面就很賞識自己，「甚乎神交」，離別之後，還念念不忘。

在泰州，范仲淹和北宋另一位著名的政治家富弼結識。富弼當時還很年輕，才二十歲，范仲淹比他大十五歲。他非常賞識這個青年。後來，富弼成了他「慶曆新政」改革主張的堅決擁護者和得力助手。

在後來的官場生涯中，范仲淹與歐陽修、韓琦、龐籍等有識之士建立了深厚友誼，並共同致力於「慶曆新政」的改革。

這些良師益友，對范仲淹的人生產生了深遠的影響。而他欽佩推崇的這些人，其實都是與他心志相類、行事相若的人。在古代，爲了給孟子一個更好的成長環境，孟母三遷。荀子也說過：

「居必擇鄉，遊必近士。」可見古人對習俗染人有很深的體會。

那麼，什麼樣的人可交呢？古人談交遊最看重的有三點：一是賢、二是善、三是好學。

三國時劉廙說：「夫交遊之美，在於得賢。」南宋朱熹則對自己的兒子說：「見人嘉言善行，則敬慕而紀錄之；見人好文字勝己者，則借來熟看，或傳錄之，而咨問之，思與之齊而後已。不拘老人，惟善是取。」

明代名人楊繼盛這樣訓誡他的兩個兒子：「揀擇老成忠厚，肯讀書，肯好學的人，與他肝膽相交，語言必相逐，日日與他相處，你自然成個好人，不入下流也。」

范仲淹與劉廙、朱熹、楊繼盛這幾位大聖人，雖然分別相隔數百年，但卻英雄所見略同。

可見，交友不可不愼。古人對此論述得至爲通透，不妨錄而鑒之。

宋人許葷說：「與邪佞人交，如雪入墨池，雖融爲水，其色愈污；與端方人處，如炭入薰爐，雖化爲灰，其香不滅。」

顏之推說得好：「人在年少，精神未定，所與款狎，薰漬陶染，言笑舉動，無心于學，潛移默化自然似之全刑是以與善人居，如入芝蘭之室，久而自芳也；與惡人居，如入鮑魚之肆，久而自臭也。」

范仲淹把朋友之賢與否，與人生之得失相提並論，正可以看出其品格的高下。

第二章 人不可以無品

「品」是指人的品格、品德，是做人的根本。人若無品，豈非羞辱了所學的知識、良知？范仲淹是一個具有美德的人，他諸如忠君等等封建思想雖然看似過時，但在當代，范仲淹的作為卻可以給我們另一種深沉的啟示。

一、忍窮是一種智慧，更是一種美德

人在窮困時，要能守住清貧。

這句話說起來容易，做起來卻很難。在現實生活中，人往往難以忍受貧困的煎熬，很容易踏入歧途，去做一些違法犯紀的事。貧困時，能否堅守清貧，是對一個人品德修養的檢驗，這更展現出一種重要人生抉擇。

子曰：「君子固窮，小人窮斯濫矣」，說的正是這個道理。

百里奚得秦穆公知遇而登宰相之位時，已是七十歲的老翁了。在此之前，出身寒微的他，為求官而出齊，卻連侍衛之職也不可得，無奈只好為人養牛。後來搬到一個叫虞的小國去住，當上了士大夫。長期蒙塵不遇，今能嶄露頭角，喜悅之情自不待言。然而虞國只是區區一個小國，不久就被晉國消滅，百里奚因而成了晉國的俘虜。秦晉聯姻，百里奚堂堂士大夫，隨晉王的女兒嫁給秦穆公，而淪為奴僕，眞乃奇恥大辱，於是他中途潛逃到楚國，重新過起了看管牛羊的生活。秦穆公是個禮賢下士求賢若渴的明君，當他得知百里奚已逃到楚國時，便設計通楚，將之贖回，拜為士大夫，委以重任。得到信賴的百里奚，大展鴻圖，輔佐其主，內治其亂，外禦其敵。終使秦穆公成為無冕霸王。

人若要成就大事，必須要吃得苦中苦。孟子說：「天將降大任於斯人也，必先苦其心志，勞其筋骨，餓其體膚，行拂亂其所爲，所以動心忍性，增益其所不能。」這也說明一個人只有在艱苦的環境中磨鍊心性，才能經得起各種困難的考驗，成爲卓越之人。

范仲淹的一生有一半都是在窮困的日子中度過的。但他在貧窮的生活中能守住清貧，不爲清貧所累，反以清貧自甘。宋代文獻資料《言行拾遺事錄》卷一中，記載了這樣一件佚事：范仲淹在淄州長白山醴泉寺僧舍就讀時，一天傍晚見一隻白鼠入穴，驚奇之下便掘穴探看，發現穴中有一甕白銀。范仲淹一毫未取，又依原樣掩覆封存。他入仕以後，寺僧因擬修造寺院，派人「欲求於公」，但范仲淹只回書一封。寺院住持開始時快然失望，「及開緘，使于某處取此。藏僧如公言，果得白銀一甕。」

范仲淹在醴泉寺時，正是他最爲艱難的時候。每天僅以粥度日。在這樣的情況下，面對來路不明的意外之財能做到「雖一毫而不妄取」，實在難能可貴。范仲淹深知窮困對人造成的艱難，知道沒有一定的意志力，是很難做到的。因此在他入仕之後，常用所得俸祿來接濟貧困的讀書人。

《東軒筆錄》卷十四中就記載著一則范仲淹慷慨資助貧寒之士的故事：「范文正在睢陽掌學，有孫秀才者索遊，上謁文正，贈錢十千。明年，孫生復道睢陽，謁文正，又贈十千。因問何爲汲汲道路，孫秀才戚然正色曰：「老母無以養。若日得百錢，則甘旨足矣。文正曰：吾觀予辭氣非乞客也。二年僕僕，所得幾何？而廢學多矣。吾今補子爲學職，月可得三千以供養，予能安於學乎？孫生再拜大喜。于是授與《春秋》，而孫生篤學，不舍晝夜，行複修道，文正甚愛之。明年，文正去睢陽，孫亦辭歸。」

這段話記載范仲淹在睢陽掌學時，有個孫秀才在路上向行人乞討，上拜於范仲淹。范仲淹贈給他錢十千。第二年，這位孫秀才又到睢陽乞討，上拜范仲淹。范仲淹又贈錢十千。范仲淹問他爲什麼乞討於道旁。他非常悲傷的說道：「家裡面有老母親需要撫養，如果每天能乞討到一百錢，那麼吃飯就足夠了。」范仲淹說：「我看你的氣質不是那種乞討之人，兩年忙於乞討，能得到多少？而荒廢的學業就多了。今天，我收你爲學生，每個月給你三千錢以供養老母，這樣你能安心學習嗎？」孫秀才心裡非常高興，給范仲淹拜了兩拜。范仲淹於是給他一本《春秋》。孫秀從此不分晝夜，刻苦學習，范仲淹非常喜歡他。

這位孫秀才，就是十年之後成爲北宋以論《春秋》聞名於世的著名學者孫復（字明復）。後來，范仲淹在京城見到孫復，也深自慨歎，說：「貧之爲累亦大矣！徜因循索米至老，則雖人才如孫明復者，鋒將汨沒而不見也。」

這是范仲淹自青年時代就成之在胸的「利澤生民之志願」的表徵，是他那顆赤誠無疑的「救人利民之心」的展現。一個趨利忘義、貪於財貨的人，及其見利而爭先，即使父母兄弟亦不能相保，對於自己已經佔有的財貨金錢，更會愛之如命，惜之如命，守之如命，哪裡會將自己已有的積蓄無償奉獻出來以濟養他人？

在三十年的官場生涯中，無論是身居微職，還是重權在握，范仲淹都一直以清貧自守，實實在在地爲百姓謀福利，從不利用自己的權力謀私利，更何談貪取百姓一錢一厘？從道德層面上講，這也正是范仲淹高於一般人的地方。

范仲淹入仕後第一個職務就是廣德軍司理參軍。司理參軍在宋朝時是屬於諸曹官之一，負責訟獄刑法等事。官職雖低，卻是掌握關鍵權力的肥缺。自古素有「衙門爲民開，沒錢不進來」的說法，在中國封建官府，只要稍稍枉法斷案，財源就會滾滾而來。

可是范仲淹卻不好財貨，秉公執法，以致三年後當他被升遷爲集慶節度推官，離職赴任時，窮得連路費都沒有，只得把僅有的一匹馬都賣掉當作盤纏，徒步去上任。

任集慶節度推官兩年後，范仲淹任除秘書省校書郎，再兩年後，又調任監泰州西溪鹽稅，這也是一個肥缺。這個官職在宋代屬於一種監當官。主要負責主管泰州西溪鎮諸鹽倉、場征輸稅務的監官。當時的泰州即今天的江蘇省泰州市一帶，是著名的海鹽產地。西溪是泰州下面的一個鎮，該鎮瀕海，設有鹽倉和鹽場。宋朝時，這一帶鹽課賦入較多。對有些人來講，進入這個部門也就等於掉入了錢庫裡面。因此，在徵輸稅務的過程中，只要稍稍用自己的衣袖掃一掃，就不會讓自己的老母親以粗茶淡飯度日。

然而范仲淹並沒有熱心去催鹽稅，更別談去揩油水了，在善盡職責的同時，他熱表於籌劃修復海堰之事。兩年後，他調任興化縣令，負責修堰，後來又徙監楚州糧料院。當時的楚州就是今天的江蘇淮安，宋屬淮南東路。糧料院在宋代是屬於太原市會寺所轄二十五官司之一，負責頒發廩祿，供給俸料，油水很多。

一年之後，又調任大理寺丞。

大理寺是官署名，是宋代的中央審判機關，負責審斷各地奏獄，與審刑院共同簽署判決。北宋元豐以前，大理寺的主管官稱爲「判寺事」，下設「少卿」（或「兼少卿事」）、「正」、「丞」、「評事」等官員。大理寺丞是該寺的詳斷官，負責斷獄審判。作爲專職的案件審判員，從今天的一些司法黃牛案例來看，范仲淹撈油水的機會肯定也不少。可是他卻始終認爲一個人只要甘於清貧，不對現實生活有過多奢望，就不會妄取亂奪，以致招來橫禍。正如他在給朱氏侄兒的信中所說：「屢經風波，惟能忍窮，故得免禍。」

范仲淹自認爲一生幾起幾落，屢經風波，但沒有招到多大的迫害，就在於能夠忍窮。當今看來，這一點也不失爲明智的爲官之道。從古至今，多少高官厚祿之人因貪於財貨失去了性命。甘於清苦能夠免禍自安，其實是一個極普通的道理。因此才得以善其終生，永存青史。

二、懂孝道的人才會有博愛思想

一個不懂孝道的人是很難讓人相信他會愛人民；一個連自己的父母都不愛的人，更是做不到與人爲善。

古代先賢們講究「忠、孝」，並將其視爲立國之本；歷史上很多志士仁人們爲保全「忠、孝」，不惜以生命爲代價。在那個時代，忠就是忠君，君主是國家的代表與象徵，爲君主效力也就是爲國家「盡忠」。而人人都有父母，尊重老人，孝順父母，是中華民族的傳統美德。一個人只有對有生養之恩的父母盡孝，才會去愛別人，才會去愛這個社會和國家。范仲淹幼年喪父，沒有得到父愛，青年時期飽受人生的艱辛，但他非常孝順自己的母親。范仲淹的母親慈愛過人，爲他的成長傾注了很多心血。范仲淹少時體弱，爲祈求他平安，母親斷葷食素，每日夜叩星象、長齋繡佛，二十幾年裡不曾間斷。范仲淹離家到應天府求學之後，母親因爲想念他，經常以淚洗面，幾年下來，眼睛差點哭瞎。大中祥符四年，當時已年滿二十三歲的范仲淹在得知自己的身世後，決定離家，到南都睢陽學舍遊學。臨走時，母親十分不捨，再三挽留，范仲淹流著眼淚和母親約定，十年之後，等他學業有成，考中科舉，再回來接母親。

後來由於勤學苦讀，他只用了五年的時間，就及第進士，冊封廣德軍司理參軍。他當即決定回家，把這個喜訊告訴自己日思夜想的母親，然後接她一起去赴任。和他一起赴舉的同窗建議他先去赴任，再派人去接母親，如此於公於私都不算有誤。范仲淹說：「大丈夫當以天下爲己任，公而忘私，但我與母親闊別五年了。五年之中，也沒有通過音訊，不知母親怎樣，應該先回去看看。另外，將這個好消息告訴她老人家，也可以讓她高興高興。」

回家之後，范仲淹見母親骨瘦如柴，看起來老了很多，心裡很難過。此時養父朱文翰也已因病去世。

范仲淹五年寒窗苦讀隻字不提，一朝讀書成名，立刻回家，與母親分享喜悅，這份孝心實在讓人敬佩。天聖二年（西元一〇二四年），范仲淹在興化縣擔任縣令，負責修復海堰，當工程進行到艱難的關鍵時，卻得知母親病重。儘管公務纏身，他還是親自回去看望照料母親，之所以這樣做，是因當時的道德標準所致，若棄孝不顧而顧官位，是爲私而不是爲公，有失天道之舉。因此，在這裡我們看待范仲淹的「私而忘公」，就不能用今天的標準來判斷。一般人循私忘公是爲了個人、家人或親戚朋友的利益損害公家利益，有的甚至爲私利而不惜貪贓枉法，范仲淹的「私而忘公」卻是截然不同。

天聖三年，范仲淹調監楚州（今江蘇省淮安縣）糧料院。隔年，母親去世，他辭官爲母親守孝三年。范仲淹對母親的過世非常傷心，母親一生艱辛沒有過什麼好日子，自己沒有盡好孝道。他認爲一生最遺憾的事就是母親早逝。母親在世時，他當官十幾年，升遷很慢，官位低，俸祿也少，生活過得不太好。後來等他出將入相，俸祿高了，母親卻永遠離開了他。後來他在寫給自己孩子的信中回憶說：「吾貧時，與汝母養吾親。汝母躬執爨（燒火煮飯），而吾親甘旨未嘗充也。」這段話意思是說，在他貧窮的時候，他與妻子侍養母親，妻子親自掌廚，母親常是粗茶淡飯，他一片孝心盡在字裡行間。

范仲淹不只是對他的母親十分孝順，對於有養育之恩的繼父，也恪盡孝道。據《范文正公集》的《言行拾遺事錄》記載：「公以朱氏育有恩，常思厚報之，及貴，用南郊所加恩，乞贈朱氏父太常博士，暨朱氏諸兄弟，皆公爲葬之，歲別爲饗祭，朱氏子弟以公蔭得補官三人。」范仲淹因爲繼父對自己有養育之恩，常常想要好好地報答。等自己地位顯貴時，用皇帝每三年給臣子加祿的機會，請求皇上爲繼父追封太常博士，以彌補自己沒有盡到的贍養之過。姓朱的幾個兄弟死後，都是范仲淹爲他們安葬，並且每年都要爲特別祭祀他們，照顧他們的後代。

范仲淹把孝當作爲自己的立身之本，擁有「救民疾於一方，分國憂於千里」的胸懷，一生爲老百姓的利益兢兢業業，表現「老吾老以及人之老」精神。

范仲淹守孝道，還表現在另外兩件事上面：一是恢復范姓，一是興辦「義莊」。在以忠孝爲治國理念的封建社會裡，「忠」維繫著國家這個大家庭，這個家庭裡的所有成員都要無條件地並且透過立法的強制手段，對代表國家的皇帝盡忠。且藉由教義來達到這個目的，如「三綱五常」。「孝」則維繫著國家這個大家庭內的小家庭和家族。因此，孝不只是對自己的父輩、祖輩，而且對自己同姓的列祖列宗都要盡孝。爲了保證「孝」得以落實到每個人的具體行爲中，每個「姓」的家族內都有他們的「家法」或「族規」。每個人從小都接受到「孝」的教誨，以「孝」爲榮，以「不孝」爲恥。范仲淹當然也不例外。恢復范姓是他對范氏家族祖輩盡孝的一種表現。

范仲淹跟隨母親到朱氏家族之後，就改姓名爲朱說。二十多年，范仲淹一直沿用這個名字，包括去參加科舉考試，也是以朱說爲名中進士、赴任。直到天禧元年(西元一〇一七年)，他被調任亳州集慶軍節度推官，才上表皇上，請求恢復范姓，當時他已經二十九歲了。

在給皇上的奏表中，范仲淹用了一則對聯：「志在投秦，入境遂稱于張祿；名非伯越，乘舟偶效于陶朱。」在這則對聯中，上聯用的是范睢的故事：戰國時范睢不容於魏國，改名換姓爲張祿，西奔投秦，爲秦襄昭王所用，助昭王廢除穰侯、驅逐華陽君，實行一系列改革措施，終於使秦成就帝業。下聯用的是范蠡的故事：范蠡助越王勾踐興越滅吳，因知勾踐長嘴如喙，是一個可以同患難而不能共安樂的人，功成名就之後便辭官退隱，更名爲陶朱公，泛舟五湖。范仲淹用兩位范姓古人的典故，運典精切，同時也表明了自己的態度。

當時，范仲淹身爲小官，並不富有，而他的同父三哥范仲溫還在蘇州，范家也還有些家業，族人擔心他恢復本姓後會提出承繼家業的要求，但范仲淹卻明確表示：「止（只）欲歸本姓，他無所圖。」

恢復范姓，意味著他擁有爲范家列祖列宗盡孝道的責任，同時也有爲本族後人造福的義務。那就是興辦「義莊」。范仲淹用盡平生積蓄，買下千畝田地來供養族人，使族內窮苦貧困的人得以豐衣足食。

范仲淹還爲他創辦的義莊制訂了規範，即「文正公初定規矩」，實際上相當於族規。這個族規相當的有約束力，范仲淹本人是族規的仲裁者。范仲淹逝世之後，他的家族感到義莊難以繼續維持下去，於是范仲淹的次子范純仁在治平元年上奏朝廷，請求官方協助執行「義莊」的規矩，當朝「天子」宋英宗依其所奏，使得「義莊」的「文正公初定規矩」成爲官方認可的范氏家族族規。從某種意義上講，范仲淹所訂定的這個族規就相當於今天我們的地方性法規。

古有「一屋不掃，何以掃天下」之訓，同樣的道理，一族不濟，又何能濟蒼生？正因爲范仲淹有這份難得的孝心，在孝敬自己長輩的同時，推及到對天下人長輩的愛戴，從而使他擁有一顆愛民的心，讓他在爲官生涯中，時刻不忘爲民。也正因爲他以孝爲立身之本，才會對國家耿耿忠心。

范仲淹這種精神並不過時。講求孝道、尊敬老人本來就是一個民族、一個國家的優良傳統，子女的孝道使人們老有所依，這不僅有利於社會的穩定，亦更能顯示出一個國家的文化水平。

三、名節是做人的品格和尊嚴，不可不講

古代中國知識份子對於「名」的態度是很複雜的。尙名或棄名而至於極端者，無非是儒道兩家。儒家尙名，強調「立身揚名」，強調「榮名以爲實」，而且「恥沒世而名不稱」，認爲人的名譽是非常重要的，而人如果一生沒有顯著的名聲，是一件非常羞恥的事情。道家則主張棄名，老子就曾說：「名與身孰親？」莊子也說：「爲善無近名」、「聖人無名」。認爲做事不必張揚自己的名聲，甚至能夠提高知名度的事情就不要做，因爲聖人都是些沒有名望的人。

這是兩種不同的人生態度。儒家以修身齊家治國平天下爲成就人生的不朽功業，因而以名爲教，希望天下以此自勸。道家認爲萬物都是平等的，死與生沒有差別，強調自然無爲，放棄所有聲名。而且這還包含著自保的涵義，與聲名相較，生存自然重要得多。所爲「爲善近名，人必嫉之。取名而遭嫉，自然也非全身之道。」做有利於聲名的事，容易招忌，爲名譽而遭到嫉妒，當然不是保全自己的好辦法。這個觀點有點類似俗話說的「人怕出名豬怕肥」。

儒道兩家對「名」的態度和觀點，似乎都站得住腳，並且有一批忠實的擁護者。讓我們看一看范仲淹對此採取什麼態度。

天聖七年（西元一〇二九年），范仲淹由於以秘閣校理微職上書，勸阻皇上率百官朝拜太后而令朝野震驚。晏殊怒責范仲淹此舉純屬邀名。范仲淹寫了長達數千言的《上資政晏侍郎書》，陳明自己進諫的理由。針對晏殊指責自己「好奇邀名」，范仲淹辯道：「若以某邀名爲過，則聖人崇名教而天下始勸……，名教不崇，則爲人君者謂堯舜不足慕，桀紂不足畏，爲人臣者謂八元不足尚，四凶不足恥，天下豈複有善人乎！人不愛名，則聖人之權去矣。」

表明他即使被認爲是在邀名，也不覺得有何過錯。古代聖賢正因爲崇尚名教而勸天下人勉力上進。如果君主不崇尚名，那麼即使是堯舜也不值得仰慕，而如桀紂這樣的暴君也不可怕。如果臣子不尙名，那麼舜佐堯時，向堯舉薦的高辛氏八君子並不值得尊敬，被堯舜放逐的共工、歡兜等凶惡小人也並不可恥。這樣一來，天下哪裡還會有什麼好人！如果人們都不愛惜自己的名聲，那麼，古代聖賢的權威也將不復存在了。

范仲淹並不否認自己「邀名」，事實上他直言不諱地說，一個人就是應當愛名。范仲淹認爲道家宣揚的都是獨善自身之道，他們的門徒非爵祿可加，非賞罰可動，也就是任何事情都不能使其動心，但他爲此懷疑這樣豈能爲國家所用。因此他主張治理國家不能用道家之言，而要用儒家敦獎名教的辦法，才能培養出爲國家效力的忠臣烈士。范仲淹把愛惜名譽和重廉恥、講氣節連在一起，因此他所倡導的節操常常被稱爲「名節」。

古代聖賢重視禮、義、廉、恥，強調人應該明善惡、知榮辱。孔子作《春秋》的目的就在於褒貶善惡，使後世君臣愛善名而功，畏惡名而愼，以興辭讓，勵廉恥，勸善止惡，促人奮發有爲。司馬遷在《史記．刺客列傳》中也說：「明主不掩人之美，忠臣有死名之義。」無論社會怎樣發展，這種精神總是不該拋棄的。

范仲淹一生不避世患，敢冒雷霆，敢逆成鱗，即使掇齏粉之禍也要進之所當進、言之所當言，本身行爲就有「死名之義」寓在其中。而這種作風改變了晚唐五代以來墮落的習氣。

那是一個干戈不息、政治苛暴的黑暗時期，也是以忠直立、以名節相尙的文士傳統完全喪失殆盡的時期。無道的政治加上暴君的屠刀，只會培養出卑躬屈膝、寡廉鮮恥的賣身求榮者。當時士大夫爲享榮華富貴常見風轉舵，甚至到了全不顧君臣之義、廉恥之節的地步。比如自命爲「常樂道」的馮道，一生「依違兩可，無所操決」，於干戈紛擾的亂世之中「浮沈取容」，居然優哉遊哉地享受了幾十年的榮華富貴，還敢津津樂道地列舉自己在各朝所取得的勳爵官階，彷彿親見親歷的那些國喪君亡，與自己毫無關係。

《宋史．李轂傳論》說：「五季爲國，不四三年動輒易姓，其臣子視事君猶傭者，主易則他役，習以爲常。故唐方滅，即北面於晉，漢甫稱禪，已相率下拜于周矣。」

士大夫把自己與國君的關係看成是一種雇傭關係，主易則他適，習以爲常而了無愧畏。有如《紅樓夢》中襲人的作爲：先前跟著老太太，一顆心便都在老太太身上，現在跟了寶二爺，一顆心便又都在寶二爺身上。他年跟了那位優伶蔣玉函，大約也一定是一顆心都要放在蔣玉函的身上，而不會管這位戲子是不是被薛蟠這樣的男妓玩弄過。其實如馮道這樣的作爲，連襲人都比不上，襲人畢竟還有一顆放在主子身上的爲奴心，而這些官僚的一顆心其實只放在自己身上。

五代墮落的士風，一直延續到宋初。雖然宋太祖趙匡胤曾立下「不殺士大夫」的誓約，藏於密室，以供後繼者誡，並且崇尚文治、獎勵儒術，希望能「以寬大養士人之正氣」，而太宗、眞宗時期確也出現了如田錫、王禹稱等忠直敢言的諫官，但整體而言，士氣並沒有提升，士人似乎並不以馮道的作爲爲恥。到了仁宗時，馮道的孫子甚至還以馮道歷事十主爲榮。

《續資治通鑑》記載，馮道之孫子馮舜卿曾把馮道所得官誥二十通上呈仁宗，要求授官，被仁宗以「偷生苟祿，無可旌之節」給駁了回去。而田錫、王禹等人雖敢犯上直諫，卻也「頗爲流俗所不容，故屢見擯斥」。眞宗時任相職近二十年的王旦，史稱「爲宰相，務尊法守度，重改作，善於論奏，言簡理順」，但在事關自身利益時，也少有抗命直諫的作為，他自己就說：「我自任政事，幾二十年，每進對稍忤上意，即蹙縮不能自容。」

大中祥符元年，眞宗為收服人心，上演了一齣用降天書將西妃扶為東妃的鬧劇。起初，眞宗「心憚王旦」，「遂召王旦飲於內中，飲甚，賜以尊酒，曰：此酒極佳，歸與妻孥共之。」王旦回到家中，打開皇上贈給他的酒樽，發現樽中無酒，而盡是珍珠。王旦於是就不再過問這件皇上的醜聞。但他始終都覺得受皇帝「賄賂」而不敢直諫，有玷臣節，臨死特別告訴孩子：「我別無過，惟不諫天書一節，為過莫贖。我死之後，當削髮披緇以斂。」

士大夫不顧廉恥、不守節操，甚至阿諛，意味著喪失了歷來為人稱道的獨立人格，以及以天下為己任的責任感。士大夫不再堅持以「鐵肩擔道義」，事實上也表示社會道德已漸漸淪喪。難怪明末的亡臣季卜會沈重而激憤的說出：「士大夫無恥，是為國恥」。

而范仲淹之以名節自高，不僅僅顯示著個人崇高的品格，更是以不畏強權的忠直進諫，倡導著一種新時代的精神。這種作風對於同時代不知廉恥、苟且偷生的士大夫是一種有力的鞭策。

在范仲淹的帶動下，宋代士風為之一變。《宋史．忠義傳序》說：「士大夫忠義之氣，至於五代，變化殆盡……眞、仁二世，田錫、王禹稱、范仲淹、歐陽修、唐介諸賢，以直言讜論倡於朝，於是中外縉紳，知以冈節相高，廉恥相尚，盡去五代之陋室。」

士大夫的忠義氣節，到了五代，幾乎完全泯滅，在宋眞宗、仁宗時期，透過田錫、王禹稱、范仲淹、歐陽修、唐介等賢達人士的忠直敢諫，朝野官吏漸漸知道了廉恥的重要，也開始注重自己的名節了，五代時期的陋習隨之慢慢轉變。這是一批有氣節的知識份子以身作則的結果，而范仲淹無疑是他們之中的領導人物。南宋朱熹曾談及：「宋朝忠義之風，都是自范文正作成起來。」推崇范仲淹是「天地間氣第一流人物。」

韓琦在爲范仲淹作的祭文中說到：「公以王佐之才，遇不世之主，竭忠盡瘁，知無不爲，故由小官攫諫任，危言鯁論，建明規益，身雖可黜，義則難奪。天下正人之路，始公辟之。」說范仲淹以善於輔佐帝王的才能，遇到英明的賢主，鞠躬盡瘁，死而後已，凡是應當該做的事情就去做，結果由小官被拔擢爲諫官。他的忠義敢言，建立了一種非常好的風氣。

四、至誠才能無畏，理直才能膽壯

古人言：「天下興亡，匹夫有責。」能保持這種信念的人往往能夠不計個人得失，心甘情願地爲國爲民奉獻，沒有職位高低之怨，不存患得患失之想，只要與國與民有利的事情，都全力以赴。

在這方面，范仲淹是舊時代的楷模。范仲淹入仕途十八年，方才受到重用。十八年間，他雖身居微職，卻時時刻刻殫精竭慮爲國爲民，在其位謀其政，不在位政仍憂其政。

汪藻《浮溪集》卷十八《范文正公祠堂記》記載：「公以進士釋褐爲廣德軍司理參軍，日抱具獄，與太守爭是非，守數以盛臨公，公未嘗少撓。歸必記其往復辯論之語於屏上，比去，至字無所容。」任廣德軍司理參軍期間，范仲淹每天都就所處理的獄訟案件，與太守據理力爭，即使太守發怒了，他還是會堅持己見。不但如此，他還把爭論的內容都記在屏風上，到他離職時，屏風上已經無處可寫了。

范仲淹不只是在地方上愛多管「閒事」，就算到了高官雲集的朝廷也是一樣，只要是正確的事情，他就敢說敢做。歷史上有一個著名的事例。范仲淹在母親去世，回應天府守孝期間，晏殊恰巧在應天府擔任知府。晏殊字同權，撫州臨川人，七歲就能寫文章。眞宗景德二年會試，張知白在江南當安扶使時，向眞宗推薦神童晏殊，當時晏殊才十四歲。眞宗親自召見，讓晏殊和進士千餘人一起應試，晏殊神氣十足，毫不畏懼，深受眞宗青睞和賞識，慢慢提拔爲官。

眞宗駕崩後，章獻太后垂簾執政，仗理執言的晏殊時擔任禮部侍郎、樞密副使。太后提拔了自己賞識的張耆當樞密使。但張耆的才能不足以勝任，於是晏殊上疏，要太后唯才是用，不應以好惡定親疏，惹得太后懷恨在心。後來晏殊有次跟太后到玉清昭應宮，由於僕人拿朝笏未及時趕到，晏殊很生氣，用朝笏打僕人，把僕人的牙齒打落了兩顆，禦史就奏禮部侍郎行兇。太后藉此機會把晏殊貶到應天府。

晏殊到應天府後，聽人說起范仲淹擅長寫文章，就請來相見，兩人交談後，互相激賞，頗有一種相見恨晚的感覺。當時范仲淹三十八歲，比晏殊大三歲。但他覺得晏殊的詞寫得好，官職也比自己大，於是拜晏殊爲師。晏殊也很賞識這位比自己大的學生，請他掌管應天府學。

第二年，晏殊被召回京。他向皇上上書舉薦說：「臣伏見大理寺丞范仲淹，爲學精勤，屬文典雅，略分吏局，亦著清聲。」表示范仲淹學問淵博、章寫得好，也懂得爲官之道，在地方上饒有名氣。朝廷於是調升范仲淹爲秘閣校理。

不過秘閣校理實際上只是一個朝廷小官，職責在校勘宮廷圖書。這當然也是一個閒職。范仲淹到此之後，幾乎無事可做，每天只是看看閒書。但他並未忘自己的責任，以及爲國爲民辦事的信念。因此，他時刻注意朝中動向。

天聖七年冬至，爲顯示自己的孝道，仁宗決定爲垂簾聽政的章獻太后祝壽，他率領朝廷百官在會慶殿叩拜太后並祝賀壽誕。當時仁宗已年屆二十。兩年前，即十八歲時，他也曾經以同樣的方式爲太后祝壽，但如此祝壽，並不符合皇帝事親之禮，因此滿朝文武議論紛紛，不能坦然接受，只是懾於太后之威，沒有一個人敢站出來說話。而那些有意逢迎太后的大臣們，更認爲這是討好太后的機會，不惜任何代價全力鑽營。

這時候覺得此事有損君體、國體，不足爲後人效法的范仲淹決定站出來勸阻皇上。他上書仁宗及太后，寫道：「天子有事親之道，無爲臣之禮；有南面之位，無北面之儀。奉親於內，自有家人禮。顧與百官同列，南面而朝之，虧君體，損主威，不可爲後世法。」

表明皇帝雖有侍奉母親的責任，但卻沒有在太后面前稱臣的道理。他甚至直言不諱地說：「皇帝應在後宮以家人之禮孝順母親，不應與朝廷百官在一起在宮殿中，朝南面朝拜母親。這樣做有虧於君體，有損於國威，開了一個很不好的先例。他建議皇上應帶領帝親在內廷爲皇太后祝壽，而由宰相率領百官在前殿向皇帝、皇太后同賀。

只因一名小小秘閣校理的諫阻，仁宗取消了向太后賀壽的儀式，太后當然心裡不高興。以微職諫責皇帝家事，且直接觸犯執掌朝政的皇太后，在朝中確實是石破天驚之舉，而且，似乎是自不量力。范仲淹此舉使朝中文武一片譁然，就連晏殊也大吃一驚。晏殊把范仲淹狠狠責備了一番：「你如此出言無忌，難道是憂國嗎？在別人看來你其實非忠非直，只是好奇邀名而已。你這樣輕率，難道不會牽累推薦你的人嗎？」

但范仲淹答道：「我受明公舉薦，常常擔心的只是自己不能以危言危行而負公望，害怕因此而玷污了你的聲名。想不到現在還會因爲忠直而得罪閣下！」

他更致信晏殊，說明上疏的理由，坦然自詡「信聖人之書，師古人之行，上誠於君，下誠於民」，應對人主的過失「有犯無隱，有諫無訕」，爲了有益於君，即使冒殺身之禍也要直言，這是忠臣應盡的職責。他表示「不以富貴屈其身，不以貧賤移其心，倘進用於時，以有甚於今者」，以此來報答晏殊的舉薦。信中他還反問晏殊：「假若你求少言少過自全之士，則滔滔乎天下皆是，又何必推薦我呢？」話說得斬釘截鐵，不依不饒，又句句在理，弄得晏殊只好向他謝罪了事。

《宋史．范仲淹傳》在敘及這件事時，說他「每感激論天下事，奮不顧身，一時士大夫矯厲尙風節，自仲淹倡之。」范仲淹能奮不顧身弟議論天下事，成爲一代風範，不就是因爲這一股赤誠之心嗎？

五、不偏不倚，居正無私，即可立於無敵之境

公正無私不僅是一種可與天地共存、與日月爭輝的高尙德性，也是治國安民不可或缺的智慧。范仲淹爲官一生，胸懷坦蕩、光明磊落，眞正做到了心憂天下、公正無私。

慶曆二年，仁宗皇帝趙禎親自下令升范仲淹爲樞密直學士，右諫議大夫。接到朝廷進職加官的命令，范仲淹立即上表辭讓，他說：「在物之情，向榮必喜。」說加官晉爵對於自己雖不失爲一件好事，但對於邊關戰局、國家利益，卻可能帶來不利的影響。軍中將士，在戰場上出生入死，爲國家效命，但朝廷在獎賞上卻厚此薄彼，只給帥臣以「千鍾之祿」，這是很不公正的，若是如此，軍中將士必然心中存著怨恨，而失苦勞實效之志。

由此看出，范仲淹是爲安社稷、濟蒼生而當官，而非爲君王或自己的名位利祿。臣子在皇上面前明言以社稷、蒼生爲重，而不標榜愚忠，這在封建社會倒是少有的。

范仲淹在鄧州時，王洙在襄州剛任滿，朝廷又把他調往徐州。范仲淹很不贊同這個做法。王

洙被貶出京，本來就是因爲「橫議中傷」。朝廷有過幾次赦宥，但他一次也沒有得到恩遇，如今又要移調徐州，實在很不公正。

王洙通學術、善文詞，對朝廷典故非常熟悉。在朝廷時，他曾請調越州，宰相章得象不肯放人。後來調到襄州擔任知州，勤於吏治，爲民做了不少好事。范仲淹以大局爲重，請求皇帝把王洙召回京師做台閣的儀表，否則也要「就遷近職，別領大蕃」。這樣，才能表現朝廷禮遇賢士的態度。

慶曆新政中主張「抑僥倖」，就是針對士大夫所受的不公平待遇提出來的。

當時，宋廷實施「恩蔭」制度，官紳子弟可以不通過科舉考試而直接進入仕途，如同今天的走後門、利用裙帶關係。讀書人十年寒窗，好不容易中了舉，卻要等很久，才能補到一個空缺的官職，而官家子弟早早就把那些專掌錢財、金穀的美差搶佔完了。范仲淹力圖糾正此風，盡可能堵住官家子弟入仕作官的幸進之門。新政中「均公田」的措施，目的也是要求朝廷在對待上層官僚和中下層士紳時，能做到公正無私。

宋朝是歷代最看重知識份子的朝代之一，給予高層官員的待遇很是優厚。高官除了受俸祿，還有津貼、零用金、四季衣服、茶酒廚料，乃至隨從人員的衣料等，應有盡有，這還不包括額外的種種恩賞。

而中下層官員的待遇卻相形見絀。地方官收入多數很低，主要的薪俸來源就是職田，而職田又往往分配不均，有的甚至沒有職田，無法維持生計。

范仲淹對於仕途前後所受待遇的懸殊，有很深刻的體會。因此，他強調「均公田」，希望朝廷平等對待高層和中下層官吏，使中下層官吏甘心做官，爲百姓服務。

范仲淹爲官期間也曾多次向朝廷推薦賢士，他推舉人才，不避親疏，公正無私。譬如范仲淹在杭州由給事中升爲禮部員侍郎的時候，張升由濠州（今安徽鳳陽東北）調知潤州（今江蘇鎮江市），范仲淹向朝廷舉以自代，說他「有憂天下人之心」，大節凜然，無讓古人。「朝野推重」，他自己比不上。范仲淹與張升絕非親友故交，完全是公正無私地論才薦舉。

後來張升在朝廷任言官，講眞話，論事坦直。張貴妃的兄弟張堯佐「緣恩驟進」，張升便對仁宗皇帝趙禎說：「你希望天下太平，怎麼能讓一個女子來破壞呢！」

宦官楊懷敏在宮中値宿，張升極論其事，說：「懷敏這個人，一旦得志，可以比得上唐末的劉季述。」仁宗認爲張升說話沒輕沒重，很不高興。

范仲淹很看重張升，他在《舉張升自代狀》中，說張升「清介自立，精思劇論」。

慶曆八年，朝廷貶黜張升知濠州。，張升屢次以母老辭官，有人指責他「避事」，范仲淹公正的爲張升辯解，使他得以歸養。

范仲淹也很賞識才華過人的李覯，也極力舉薦他，說他深明六經之旨，「著書立言，有孟軻、楊雄之風議」，並把他的著作，包括《明堂定制圖序》，共二十四篇，繕寫在進呈上，讓皇帝翻閱。皇祐二年（西元一〇五〇年）三月，皇帝決定九月在明堂舉行祭典，需要草擬儀注。六月，范仲淹便上書說李覯十多年前就作過明堂圖，對於明堂制度有研究，寫過序，「學古之心」和皇帝完全一樣，再一次向朝廷舉薦他。

明堂是皇帝祭天地、祖宗、祀百神、佈大政、合諸侯的地方，所謂的王者之堂。關於它的制度，歷來有爭論。李覯據《考工記》、《盛德記》、《月令》諸書及兩漢以來諸儒議論，詳加考索，編繪成圖。

八月李覯被召作太學助教。九月二十七日大享明堂，朝廷召杜衍陪祀。當時范仲淹致仕歸田已三年。爲此，范仲淹專門上表，說杜衍「直清忠盡，勤勞弼亮」，是陪祀的首選。

在杭州，范仲淹升爲禮部員侍郎不久，後又被進爲戶部侍郎。九年前，在他轉尙書戶部郎中時，曾憑公正無私之心，舉薦彭乘以自代。

彭乘在眞宗時就爲館閣校勘，寇準很器重他，他曾參與校正《南史》、《北史》和《隋書》。家富藏書，親手校讎，仁宗稱之爲老儒，是一位自甘寂寞的學者。范仲淹說他「好學不倦，孤立無徒」，在館殿中只有他一個人沒有升遷。因此，范仲淹多次向朝廷薦舉他，以讓朝廷不失公允。

范仲淹對堂兄子女的成長十分關心，他擔任參政後，擔心子侄會仗勢爲非作歹，因此特別寫信給范仲溫，囑託他一定要告誡子侄「勿煩州縣」，若有爭吵，他必須「奏乞深行」。對於作了官的侄兒，范仲淹則殷殷勸告，要求他們廉潔謹愼、公正無私。因爲官只有公正無私，才能使政令暢通，百姓臣服。古代聖臣明君治國平天下，都必須從公正無私開始。相傳堯有十個兒子，卻不把帝位傳給他們而授之於舜；舜有九個兒子，也不將帝位傳給他們，而授之於禹。

晉平公問祁黃羊：「南陽沒有縣令，誰可以擔任這職務？」祁黃羊舉薦解狐，而解狐是祁黃羊的仇人。晉公採納了祁黃羊之薦，而用了解狐，頗受國人稱道。過了一段時間，晉平公又問祁黃羊：「國家缺個軍尉，誰可以擔任此職？」祁黃羊薦舉祁午。平公說：「祁午不是您的兒子嗎？」祁黃羊回答：「你是問誰可以擔任軍尉，不是問誰是我的兒子。」平公又採納了他的薦舉，又受到國人交口稱讚。孔子得知此事後也感慨道：「善哉！祁黃羊外舉不避仇，內舉不避親，眞正做到公正無私了。」

與舉賢無私相應的是誅暴無私。墨家大師腹黃享住在秦國，他的兒子殺了人，秦惠王想討好腹黃享，對他說：「先生年事已高，沒有其他兒子。我已命令司法官不殺您的兒子了。先生在這件事上就聽從我吧。」腹黃享對惠王說：「墨家法律規定，殺人者處死，傷人者受刑。這樣做是為了禁止殺人傷人。禁止無理殺人傷人是天下大義，大王雖給我恩賜，命令司法官不殺我的兒子，可是我不能違犯墨家法律。」腹黃享最終毅然含淚敦促司法官殺了自己的兒子，受到朝野仰慕，爲維持社會秩序做出了示範。

誅殺暴君並且不將國土貪爲己有，而分封給賢德之人，才可成就王業。秦國宰相認爲，能治理天下的先代聖王，都做到了公正無私，而失去天下的都是因爲偏狹的私心。齊桓公棄私爲公，擢用管子而成爲春秋五霸之長，而後來不愼偏私，庇護任用了豎刁這個人，便使國家大亂，連自己的屍體都無人收殮。

正緣於此，《尚書．周書》中的《洪範》篇諄諄告誡人們：「無偏無黨，王道蕩蕩。無偏無頗，遵王之義。無或作好，遵王之道。無或作惡，遵王之路。」

天下非一人之天下，非一黨派、一政治集團之天下，乃天下人之天下也。所以作爲一國之君、一地方之長官，也就不能偏袒一人或一方。范仲淹遵從古訓，力求公正無私，這不僅是美德，也是最高的智慧。

六、不因志同而營私，不以見異而生恨，此君子之道

有道是「君子不黨」，其實君子自古即有「黨」，而「黨」就是所謂志同道合，共施仁義於天下的一群人。因此君子不黨而自然成黨。

范仲淹與韓琦、富弼、尹洙、晏殊、杜衍等，或爲忘年之交，或義兼師友，同道互進，並列於朝。但他們之間卻似乎從無徇情妄從的事情發生，議決朝政也向來都是和而不隨。

晏殊與范仲淹交往較早，對范仲淹的一生影響也最大。首先晏殊薦舉他入朝，對他的仕途產生了關鍵性的影響，正因爲到了天子腳下，才得以受皇帝器重。因此范仲淹對於晏殊的知遇之恩，

一直心存感激。

儘管如此，他們兩人的政見也時常有相衝突的地方，但彼此都不會因爲私交甚深，而放棄自己的立場。

范仲淹與韓琦的密切交往源於康定元年（西元一〇四〇年）。這時范仲淹還在謫守越州，且被誣爲朋黨。韓琦奉朝廷之命出守邊陲，他以全家性命擔保，薦舉范仲淹與他一同出守，范仲淹因此重新得到重用。從此，兩人開始了長達十多年的深厚友誼。然而他們一到邊關，在攻守的戰略想法上就出現了很大的分歧。范仲淹主張「嚴戒邊城」，做好打持久戰的準備，而韓琦則希望「速勝」，想一鼓作氣徹底打垮西夏軍。韓琦與尹洙親赴京師，擬定進兵西夏的決策之後，范仲淹甚至孤立自持、固執己見。

慶曆四年，契丹率兵討擊西夏。范仲淹認爲契丹這次西征，名義上是針對西夏，暗中卻在圖謀中原，因此要求派兵防備河東路。

韓琦不同意，說他是輕舉妄動。兩人在皇帝面前爭論。退朝之後，范仲淹認爲必須增兵，韓琦衝動反一語將范仲淹激怒，甚至要拉韓琦再度去面見仁宗。但這些激烈的爭執並沒有影響范、韓兩人之間的友誼。慶曆五年，范仲淹被罷參知政事，韓琦上書直言，爲他不平。他甚至質問仁宗皇帝：「范仲淹究竟何負於朝廷，而要遭如此黜辱呢？如此以往，忠臣義士誰還肯爲國家效力？」

檢索《范文正公集》，范仲淹與韓琦書信往返最爲密切，直至范仲淹去世前，兩人一直書問唱酬不絕。

范仲淹在徐州病故後，韓琦得到死訊，十分驚慟，好幾日不思飲食，並在祭文中稱讚他「前不愧於古人，後可師於來者」，惋惜他的「太平之策，噤而不得施，委經綸於一夢」，說他們之間，「凡有大事，爲國遠圖，爭而後已，歡言如初，指之爲黨，果如是乎?!」韓琦所說的「指之爲黨」，是指朝中一些反對改革的派別，其實對方自身也未必沒有結黨之嫌。

與志同道合者交往須和而不隨，與其他非同道相處更須如此。范仲淹與呂夷簡兩人，無論性情或是處世態度、政治主張，都是背道而馳的。兩人不能兩立。范仲淹也決不願意爲化解矛盾而隨意苟同他的想法。不過，他們之間也只是在政事及政見上彼此「不隨」，在范仲淹即將赴任邊疆時，呂夷簡仍表示「范仲淹，賢者，朝廷將用之，豈可但除舊職耶？」也正因爲他的建議，范仲淹才得以「超遷」。此後不久，范仲淹入朝，仁宗曾勸范仲淹與呂夷簡修好以釋前憾，而范仲淹卻對仁宗說：「臣以前彈劾夷簡的都是國事，於夷簡何憾也！」

慶曆三年，呂夷簡退隱之後隨其子公綽居鄭州。據《河南邵氏聞見前錄》卷八載，四年八月，范仲淹宣撫河東路過鄭州，曾專程拜訪呂夷簡，兩人欣然話心，相語終日。呂夷簡問及范仲淹何以要出京巡邊，范仲淹答曰：自己覺得在朝無補，欲以此行圖報於外。呂夷簡很不贊成，直言批評說：「參政誤矣。既跬步去，朝廷豈能了事？」

這次相見後不久，呂夷簡去世，范仲淹在邊土聞訊，深自感傷，爲文祭悼，祭文中贊呂夷簡

「保輔兩宮，紓謀二紀。雲龍協心，股肱同體。萬國久寧，雍容道行。」表達了自己在品味了「富貴之位，進退維艱；君臣之際，始終尤難」的苦楚之後，對這位資深政治家深深的理解和感念。仲淹愴然而悲，他在祭文中說：「得公遺書，適在邊土，就哭不逮，追想無窮，心存目斷，千裡悲風。」

哀痛之情，溢於言表。

范仲淹與韓琦、呂夷簡等人的交往，讓人不由得想起歷史上許多君子之交的佳話。比如晚於范仲淹的王安石與蘇軾之間的交往，就與范仲淹和呂夷簡的交往頗有些類似。王安石位居宰相時，推行變法，蘇軾以爲「愼重之必成，輕發之多敗」，主張「先定其規模而後從事」，因與王安石政見不合而被歸入反對變法一黨，終被受王安石重用的呂惠卿、李定之流羅織罪名，以「烏台詩案」下禦史台獄，由於高太后的力保，才得以勉強保住腦袋，貶至黃州。照常情判斷，蘇、王之間的嫌隙應該是很難彌合的。但兩人其實十分傾慕敬重對方，王安石稱蘇軾「不知更過幾百年，方有如此人物。」蘇軾自己在《次荊公韻四絕》的詩中也說：「從公已沈十年遠。」

元豐七年（西元一〇九二年），蘇軾得赦，自黃州調往汝州（今河南臨汝），途中路過金陵（今南京），亦專程去拜望此時退居金陵蔣山養病的王安石。知蘇軾來訪，王安石親自騎驢至江邊迎候。兩人同遊蔣山，互相唱和，論佛談詩，十分融洽。王安石勸蘇軾在金陵置田買房，以能卜鄰而居，經常相見，蘇軾也欣然答應且積極籌辦。

這大約也是至誠君子們超凡脫俗，爲一般人難以深自索解的地方。宋代史學家劉敞在《題魏太祖記》說，三國時曹操在擊破袁紹、平定冀州之後，曾親在袁氏墓下設祭，且「再拜而哭，甚哀」，世人不解，以爲這是曹操「匿怨矯情」的「奸雄手段」。但劉敞分析，此事也的確可以見到古今至誠賢達在與人交往中，表現出來的磊落烈士胸懷，和泱泱君子之風。

范仲淹還有一位至交尹洙。尹洙曾得范仲淹的舉薦，與他有一層師生之誼，且十分欽敬他的爲人。景祐中期，范仲淹因以言詞忤逆宰相呂夷簡，被誣爲朋黨而遭貶，尹洙憤然上書，以范仲淹的「義兼師友」自居，請求同受貶黜。

康定年末，范仲淹不同意韓琦對西夏進兵的計劃，尹洙到延州當面商勸范仲淹，但在當地待了近二十天，竟無功而返。范仲淹並未因彼此友誼而放棄自己的主張。

慶曆三年，尹洙知渭州主持邊政時，對在秦州和渭州之間修築水洛城的持反對意見，並派狄青將堅持修築此城的邊將劉滬、董士廉抓起來。

范仲淹得知後，向朝廷陳述了修水洛城的理由，要求釋放劉滬、董士廉。朝廷採納了范仲淹的意見，明令釋放劉滬、董士廉，繼續修築水洛城。把妨礙修築水洛城的尹洙調離了渭州，改知慶州。但范、尹二人相知相慕的感情並沒有因此而減損。

慶曆新政失敗以後，范仲淹被罷絀到鄧州，尹洙謫崇信軍節度副使，後移筠州（今江西高安）監酒稅。其時，年僅四十六歲的尹洙已在病中，但郡守趙可度和朝廷權要仍對尹洙極盡折磨。得到消息後，范仲淹請求朝廷允許尹洙移鄧州治病，得到仁宗批准。到鄧州時，尹洙已經病得很重，不能起床了。和范仲淹相見，他沒有一句話說及後事，稚子立榻前，也沒有一點憐愛之色。家人問他，他也什麼都不說。范仲淹看到這種情況，知道老友心中非常痛苦，安慰他說：「你平生大節，立身行事，我將請稚圭（韓琦）、永叔（歐陽修）執筆，可以傳之不朽。你安貧，我和稚圭、永叔一定分俸贍，不令孩子們失所。」尹洙說：「我要說的你都說了，我什麼話也沒有了。」范仲淹每日「挾醫以往，調護備至」，讓他得以無苦而終。

尹洙死後，范仲淹在悲痛中爲他料理喪事，由於天氣太熱，直到秋涼，才把尹洙的家屬送回故鄉洛陽。

爲了讓尹洙留名後世，范仲淹請對他最瞭解的孫甫寫下他的生平事蹟。孫甫字之翰，少年時便和尹洙極相識。孫甫由鄧州調任安州（今湖北安陸），路過隨州（今湖北隨州市）時，兩人相見，盤桓將近一個月，對榻而談，無所不及。有一個叫劉湜的人，奉命撤查尹洙在渭州挪用公款爲部將還債的事，曾欲置尹洙於死地。但尹洙對這件事絕口不提，孫甫問起：「那個想置你於死地的人，你爲什麼一句也不提呢？」尹洙說：「劉湜和我無怨無仇，不過是爲了迎合當權者的意旨想害人，缺乏做人做事的原則罷了，我何恨於他！」尹洙常說自己好善過於嫉惡，隨州相見之後，孫甫認爲他的好友眞是如此，衷心地欽服。

歐陽修也爲尹洙做墓誌銘。范仲淹看了之後，寄給韓琦，說志文「詞意高妙」，可以傳世，但事實說得不夠，要韓琦作墓表時加以補充。

范仲淹自己為《尹洙文集》了一篇序，不僅講了北宋初期的文學史，還概述了尹洙的生平以及文學主張。明確地說寫文章要「抑末揚本，去鄭復雅」，說尹洙和穆修相好，對《春秋》很有研究，文風謹嚴，「辭詞而理精」，文章很短，但道理講得很透。對尹洙生平，以為「死生不能亂其心」，想為國家多做些事情，但「多難不壽」，充滿了惋惜之情。

君子之交「惟德是依，因心而友」，所守者道義，所行者忠言，所惜者名節，自然既能見利而互讓，見危而根扶，也能為道而自持，為理而力爭，雖和而不隨。這正是范仲淹的一貫作風。深思熟慮，君命加之且不能曲，朋友情分與國事民患自然更是涇渭分明了。

不慮於私，則必不屑於「隨」。利於國、民則為，生死可以不避，不利於國、民則拒之，也可以不避生死。這正是中國幾千年來，一代代以天下為己任的有為之士的共同特徵。他們以無所畏懼的浩然正氣和見微知著的理性精神，承擔起社會良知，中國歷史上也就出現了許多讓後世子孫唏噓感佩的高風亮節之士。

七、忍耐是做人的第一要義

要成就一番大事業，首先需要有堅定的毅力，關鍵在於「忍耐」。而增長見識、胸懷廣博則是使人能夠忍耐的不二法門。

「難」這個字，只有愚昧的人字典裡才會有它。我們如果能歷經艱難險阻，百折不回，艱苦奮鬥，銖積寸累，持之以恆，人生自然會大有改觀。

樊遲向孔子問仁時，孔子回答說：「仁，就是先歷經艱難，而後有所收穫。」逆境是人生中最適宜奮進的境界，而且是最能磨練人、增長才學的環境。

司馬遷先生說：「相傳周文王被拘囚在河南湯陰時，將八卦推演為六十四卦，完成《周易》一書的綱要；孔子周遊列國，曾遭受圍攻、絕糧等困苦，但回魯國編成了《春秋》；楚國大詩人屈原被懷王放逐，寫成了抒發遭遇不幸後悲憤心情的《離騷》；春秋時魯國史官左丘明因為失明，寫成了《國語》一書；戰國時軍事家孫臏被魏王處以挖去膝蓋骨的酷刑後，寫成了《孫子兵法》；戰國末秦國丞相呂不韋，被秦始皇放逐於蜀（今四川），留下了傳世之作《呂氏春秋》；《詩經》三百篇也大多為聖賢發憤而創作，而司馬遷先生自己著作的《史記》則是在遭受腐刑後創作的成功之作。所有這些，都是在困難中不低頭、不灰心，繼續奮鬥而造就的歷史紀念碑，是在逆境中忍耐一切痛苦磨煉而來的。

《菜根譚》中說：「一苦一樂相磨練，練極而成福者其福始久；一疑一信相參勘，勘極而成知者知始真。」人的一生有苦有樂，只有在苦難中不斷磨練得來的幸福才能長久；求學中既要有信心，又要有敢於懷疑的精神。

的。

所謂「人情練達即學問」，有些知識是從書中學來的，但更多的知識則是從社會實踐中得來

知名音樂家貝多芬一生時乖命蹇，他十七歲時喪母，沈重的家庭負擔壓在身上；三十二歲時耳疾加重，最後喪失聽力。作為音樂家而聽不到聲音，命運似乎把他推到了生活和創作的絕路。但貝多芬沒有因此而萬念俱灰，意志消沈，他以堅強的忍耐精神與厄運抗爭，像一棵幼芽在巨石下艱難生長那樣頑強地生活和創作。他說：「我要扼住命運的咽喉，它妄想使我屈服，這絕對辦不到——生活是這樣美好，活一千輩子吧！」

范仲淹一生常處逆境，但他看待自己人生的起落自有一套方法。居逆境當然是痛苦的，但對一個有作為、能自省的人來講，在各種磨難中更可以鍛煉意志、修正自己的不足。一旦有了機會，就可能由逆向順，順境當然是好事，但身處在優裕的環境中往往容易墮落。所謂「窮則變，變則通」，貧與富不是絕對不變的，順與逆更可以相互轉化。

人生在世，誰都會有不順遂的時候，也會有突然跌落逆境的時候。只有在經過無數次的打擊磨鍊之後，才會變得更加堅強成熟。在逆境中崛起須有堅忍之志，而堅忍之志源自於對理想無悔的追求。

范仲淹，幼而失怙，青少苦學。及長入仕，也是風波不斷，連蹇滯礙，成少敗多，實在是稱不上順遂安樂。但他似乎從不以為憂，也從不以為苦。如果不具備頑強的忍耐精神，以及超越一己

憂樂的人生追求，又何能如此？

因此忍耐可說是生存必備的修養。也許目前處於不幸的環境中，但終究有峰迴路轉的一天。而范仲淹之所以能忍住生活的清苦，及一時的寂寞，是在於志向高遠。正是懂得了忍耐，讓范仲淹求得豐富知識，掌握了治國安邦平定天下的本領，成爲宋代著名的政治家、文學家、軍事家。

八、借山水以慰仁宦之憂，是智者之舉

《菜根譚》中談到：「徜徉于山林泉石之間，而塵心漸息；猶子詩書圖畫之內，而俗氣潛消。故君子雖不玩物喪志，亦常借境調心。」人如果經常漫步於山川林泉之間，就能漸漸忘卻煩惱；人如果能經常留連在詩詞書畫的雅境，就會使俗氣慢慢消失。所以有才德修養的人，雖然不會玩物喪志，但也需要經常找機會接近大自然，以調劑身心。

在人生不得意時，遷客騷人們似乎都能找到自我排解的方法。他們或寄情於山水，用造物主所賜的清風明月、奇山秀水來洗濯自己受傷的心靈；或研經磨道，在空門虛靜中超然物外，淡泊自適以安頓自己不安的靈魂。

這麼做固然透著幾許無奈，但眞能如此，倒也確實能收幾分使自己安適喜樂之效。例如白樂

夫不遇於文宗，稱病東歸之後，「居履道裡」，放意文酒，所謂「岸取舟行遲，一曲進一觴」。人生的安適就在於能隨遇而安。

和范仲淹於宋朝慶曆中期同列宰相，也是北宋名相的韓琦曾經寫過一首詩：「酒酣陶然睡席上，人生所適貴自適。」這應該是一種智者的感悟。

景祐元年，范仲淹因諫阻仁宗皇帝廢后一事，被貶出京城，出守睦州。心情難免沈重，作《謫守睦州》一詩感懷，詩中有「十口向天涯」一句，十分傷感。

睦州是現在的浙江桐廬、建德，境內有富春江自西南流向東北，風光秀麗，使得范仲淹很快就從抑鬱中解脫出來。他在睦州給晏殊的信中這樣描繪道：「郡之山川，接於新定。誰渭出遐？滿月奇勝。衢、歙二水，合於城隅，一濁一清，如濟如河。百里而東遂爲浙江，漁釣相望，鳧鷺交下，有嚴子陵之釣石，方子之隱茅。又群峽四來，翠盈軒窗。東北曰鳥龍，雀嵬如岱，西南曰馬目，秀狀如嵩。白雲徘徊，經日不去。岩泉一支，潺潺齋中。春之晝，秋之夕，既清且幽。」

在睦州，范仲淹爲古人嚴子陵建祠，爲方幹畫像，足跡踏遍了這裡的千山萬水，在范仲淹的心裡，實在感覺「大得隱者之樂」，他甚至「惟恐逢恩，一日移去」。

剛到時頗憂鬱的范仲淹，到了最後，竟然對睦州的山水留連忘返。在睦州任上不到半年，又奉命移任到蘇州。他在《謝兩府》文中，說他在桐廬正「優遊吏隱，謝絕人倫」，想不到會轉任到蘇州。在和好朋友章岷的一首唱和詩《依韻酬章推宮見贈》中，范仲淹充滿感情地吟道：

姑蘇從古號繁華，卻戀岩邊與水涯。
重入白雲尋釣瀨，更隨明月宿詩家。
山人驚戴烏紗出，溪女笑隈紅杏遮。
山早又拋泉石去，范範榮利一籲嗟。

可以看出，他對自己如此快就離開了桐廬的岩邊水涯，有幾分遺憾與不捨。

景祐三年五月，范仲淹以言辭得罪宰相呂夷簡而「三出專城」，這次被貶到饒州，更得要藉助麗山秀水來安撫自己的心靈了。饒州西臨鄱陽湖，與廬山隔湖相望，山光水色更令人傾心。鄱陽的朝暉夕陽，廬山的飛瀑流泉，佳景勝境，爲范仲淹提供了一個平復心靈缺憾的好去處。因此，這一次雖然受到貶責更重，離開汴京時的情景也更加淒涼，但卻似乎比前兩次遭貶出京時更看得開了。

在饒州期間，政事之餘他泛舟鄱陽，暢遊廬山、結交僧道，心意舒展，很有齋中瀟灑、逍遙自放的味道。他的《郡齋即事》詩就寫道：

三出去城鬢似絲，齋中瀟灑勝禪師。
近疏歌酒緣多病，不負雲山賴有詩。
米兩黃花秋賞健，一江明月夜歸遲。

世間榮辱何須道，塞上衰翁也自知。

明月江上，歌酒賞菊，不負雲山，齋中瀟灑，甘樂自知，世間榮辱得失，也都被置諸腦後了。

在酬答一位名叫黃灝的朋友的詩中，范仲淹說到自己當時的心境：「白雪孤琴彌泛淡，浮雲雙闕自崔嵬。南方歲晏猶能樂，醉盡黃花見早梅。」心意淡然中，醉盡黃花之後，更有早梅可賞心悅目，且南方的歲尾年頭都有可娛之物，這不是便「大得隱者之樂」了嗎？

據史料記載，廬山道士程用之爲范仲淹畫過像，范仲淹題了詩：「無功可上淩煙閣，留處雲山靜處看。」

淩煙閣是唐太宗圖繪功臣的地方。貞觀十七年（西元六四三年），唐太宗李世民找來畫家閻立本在淩煙閣爲長孫無忌、杜如晦、魏徵、尉遲敬德等二十四位開國功臣畫像。太宗自爲贊，褚遂良題閣。之後侯君集因承乾太子獲罪牽連被處以極刑，臨刑之前太宗與他涕泣訣別時，遺憾地說道：「爲卿不復上淩煙閣矣」。不用說，立身於朝，出將入相者，自然都希望能在淩煙閣留下自己的圖像。

對范仲淹來說，他最憂慮的是國家與人民，而不在自己的榮辱，所求的是治世而不在一時的功名。在范仲淹的內心深處，有沒有留名於淩煙閣的期待呢？古來儒生重名聲不重利祿，依情理論，想來應該是有的。但無論如何，「未酬天地之恩，已掇風波之議」，也只能盡人事，然後問心無愧。

景祐四年十二月，范仲淹奉命轉任潤州。在《潤州謝上表》中，范仲淹說自己「長懷霜潔，至效葵傾。進則持聖政之方，冒雷霆而不變；退則守恬靜之樂，瀹草澤以忘憂。」道出了他在遭逢貶放時，不以進退爲憂，處之泰然的心境。

潤州的茅山，是著名的道教勝地，風景也很好。范仲淹在寶元元年（西元一〇三八年）二月來到此地。遊覽，並賦詩《移丹陽郡先謁茅山》，詩中寫道：

> 丹陽太守意如何，先謁茅卿始下車。
> 展節事君三黜後，收心奉道五句初。
> 偶尋靈草逢芝圃，欲叩真關借玉書。
> 不便從人問通塞，天教吏隱接山居。

芝圃、玉書都是道書上的詞兒，玉書指的是道教的經典。潤州爲東晉時的京口，是所謂「酒可飲，兵可用」的去處，當時是重鎭，後來成了名勝。

范仲淹在這裡和一位上人相逢，他與這位上人同遊金山寺，並作詩：「山分江色破，潮帶海聲來。」他眼中美麗的景致，變成筆下如畫的詩句。

十一月，范仲淹又接獲調任越州（今浙江紹興）的命令。他在給文鑒大師的信中說去越州「不似謫宦味，多幸多幸。」那兩年多他的確是在一種淡然自適、隨遇自樂的心境中度過的。

越州這個崇山峻嶺的地方，一到春天處都是杜鵑的叫聲。范仲淹用筆記下了這個美景：「夜入翠煙啼，晝尋芳樹飛。春山無限好，猶道不如歸。」這也和當時的名士李泰伯一樣，一到越州，就登越山賦詩道：「臘後梅花破碎香，望中情地轉淒涼。遊山只道尋高處，高處何曾見故鄉。」

鬱鬱不得志，許多時候不就是因為汲汲於去留，斤斤於榮辱而不能自釋嗎？胸懷大志而能不惑得失，心意自然舒展。

范仲淹的淡然自若，確實來自不計較得失、不憂慮於榮辱的胸懷。從另一個角度看，他能如此隨遇而安，也與他厭惡追逐祿利、靖節自高有關。事實上，沒有視如糞土的情懷，縱使寄情於山水，也只會展現出在品嚐人生的無奈之後的放浪形骸，又怎能「大得隱者之樂」，而「齋中瀟灑」呢？

九、名利乃身外之物，不妨從容處之

慶曆四年，滕宗諒因遭人汙陷濫用公款，而被貶到岳州。並且對當地的岳陽樓進行了修繕。

岳陽樓是唐代岳州城西門的城樓，下瞰洞庭，景物寬闊。唐代宗大曆三年（西元七六八年），詩人杜甫曾登此樓，讚美湖水的浩渺無邊：「吳楚東南坼，乾坤日夜浮。」這比《水經注》所說的「湖水廣圓五百餘裡，日月若出沒於其中」的氣象，更爲壯闊、雄渾。

二百多年之後，由於沒有人照管，岳陽樓多年失修，已有些殘破了。滕宗諒到任後進行整修，刻了一些唐人和當代的題詠在上面。滕宗諒是一位有才能和抱負的人，貶居此地，心裡有些鬱悶和不快。范仲淹很爲他擔心，很想找個機會開導他，排解他心中的憤悶。恰好此時滕宗諒請他作岳陽樓記。范仲淹在文中藉機勉勵他說，有的人望洞庭風雨，蕭條滿目，感極而悲；有的人看碧波萬傾，浮光躍金，其喜洋洋。而這兩種人生態度均不可取，應該「不以物喜，不以己悲」。

他提出一種理想化的「古仁人」標準，在朝廷上做高官要爲百姓擔憂，被貶到外郡也要替朝廷著想。他也提出退亦憂的口號，表示決不能因個人的窮窘而放棄對天下的責任。「先天下之憂而憂，後天下之樂而樂」這種的豪邁遠大的理想，充分表達了一個積極進取政治家的寬闊胸懷和高尚情操，藏著一種激勵人心的巨大力量，成爲歷代仁人志士用以自勵的著名格言。

這篇文章寫於慶曆新政失敗後不久，范仲淹和好友滕宗諒同屬「遷客」。所以他也在文中自勉要堅信自己所抱持的政治主張，即使遭到貶斥，身處逆境，也決不妥協屈服，而要淡泊名利，保持獨立不遷的人格。這篇《岳陽樓記》是他砥礪同道中人的宣言。

但范仲淹的勸導對滕宗諒並沒有產生多大效果，《岳陽樓記》刻石不久，滕宗諒便調到蘇州，未逾月即在鬱悶中病死。對於好友的早逝，范仲淹非常傷痛。在祭文中說彼此「相孝相勖，悔吝相懲」。之後又爲他作墓誌銘，述其生平，說他才有餘，命不足，不能盡其才，極力稱讚他「育人之孤，急人之難」，爲政尚寬易，「孜孜風化」，在那裡做官，便在那裡辦學的精神。

其實早在兩年多以前，范仲淹就希望滕宗諒能優遊江郡間，淡泊宦情。他在寄給他的詩中寫道：

> 幾處雲藏寺，千家月在船。
> 疏鴻秋浦外，長笛晚樓前。
> 施撥醅頭酒，新炮縮項鯿。

希望滕宗諒能寄情山水，把名利拋於腦後。在這多事之秋，得以偷安，未嘗不是一件好事，滕宗諒的死基本上就是因名利所累。范仲淹在這一點上比滕宗諒看得開、看得遠。他從容以待名利。而這種態度，不只是表現在言語和思想上，更表現在他的行動上。

慶曆二年，范仲淹擔任邊關四路帥臣之一，授與觀察使一職，俸祿比原來優厚得多。這本是一件值得慶賀的事情，但范仲淹卻連上三表，堅辭不受。直到慶曆三年，夏宋和議開始，朝廷才把范仲淹從邊關調回京城，升爲樞密副使。卸去塞外苦職，升爲朝廷高官，是許多人求之不得的事。

但范仲淹卻考慮到邊情未完全安定，要求留任邊關，再三辭謝朝廷的升遷。不過，這次朝廷沒有同意他的請求。

進京之後，范仲淹因諫官們的推薦，擢升為輔相。按慣例，凡是擢升為皇帝身邊的近臣，都會受到特別的賞賜。范仲淹以樞密副使應召赴闕時，仁宗已經賞賜銀兩帛絹，改參知政事後，依例也將在得到賞賜。

但此時范仲淹卻堅持不受，並且為此連續兩次上書仁宗，奏請免去賞賜。他在奏摺中說自己拜樞密副使時已經得到了賞賜，「僅方逾月，改參大政，不可複賚。」且以「虛薄之才」，誤膺柬擾，「涓勞未立，不可再有貪冒，貽誤縉紳」為由，懇請皇帝罷回「賜賚」。

慶曆六年正月，老臣范雍在洛陽病死，他做了四十七年的官。康定元年（西元一〇四〇年），西夏進兵陝西，取得三川口的勝利，范雍困守延安，他認為這個地方如果失守，就會威脅邊關的安全，表示自己願意為國而死。後來宋軍兵敗三川口，范雍離職他調，由范仲淹接替。《宋史范雍傳》稱范雍「頗知人，喜薦士，後多至公卿者」。後來成為北宋名將的狄青，還只是一個小軍官時，誤觸軍法，就是因為范雍的慧眼識英雄，而免於一死。范雍曾被授與龍圖閣直學士，拜樞密副使，死諡「忠獻」。

范雍死後，范仲淹應他的後人請託，撰寫墓誌銘。文中，他稱范雍為「蹈乎憂患，濟以忠義。政本乎仁，行執乎恭」的「邦之偉人」。並稱讚他治學之勤，藏書之富，把他的著作詳詳細細地列了出來，說他到了老年，還孜孜不倦地讀書，官做得很大，即使很忙，依然手不釋卷。

墓誌銘寫成之後，范雍的兒子送給范仲淹一份厚重的謝禮，范仲淹堅決不要。范雍家覺得過意不去，又送來范雍在世時收藏的書畫，表達謝意，也希望留給范仲淹作紀念。范仲淹迫於情面，只留下一卷《道德經》，其餘的如數退還，並親筆寫信給范雍的兒子，說：這些書畫是你父親平生的收藏，後人應該珍惜，不可讓這些東西四處流散爲他人所得。

宋人筆記《孫公談圃》記載了一件范仲淹軼事，說范仲淹在南都讀書時，與一位同學交好，同學生病，他親調湯藥，照料備至。但這位同學最後終於不治，臨終將一冊方術和一藥囊交給他，並說道：「我有一術，雖遠遊四方，未償貧乏，賴此術之力。如今傳授給你，藉以爲報。」據說此術即爲能將水銀變爲白銀的「黃白術」。范仲淹無可推辭，接受下來，但方術及藥囊他從來沒有打開過，二十年之後，又將它們原封不動地交還給此人的兒子。這則逸事，在宋魏春《東軒筆錄》中也有記載，內容除了說與范仲淹交好的本來就是一位術士外，其餘大體相同。這則故事雖然充滿了傳奇的色彩，看起來似乎眞僞難知，但的確有一定的事實基礎。

諸葛亮在《誡子書》中說：「非淡泊無以明志，非寧靜無以致遠。」雖然，這種淡泊不同於佛教徒的清苦，寧靜亦有別於坐禪，但是其中也不乏相似之處。，中國人似乎眞的有一套獨特的心外無物，與現實功利保持距離的處世哲學，這種哲學以「隨遇而安」爲特點，即所謂「悠哉遊哉，聊以卒歲」；「大隱隱於世」；「心遠地自偏」；「夢裡不知身是客」等等思想。人生不如意者十之八九，有時應該對切身的憂樂保持一種達觀的態度，保持一種如同藝術鑑賞的「審美」距離。常言道無欲則剛，無私則無畏。仁者以大道爲本，進退惟道，因而不計較得失，不憂慮於功利，無罣無礙，性自剛直，而且進退窮通，始終如一。古往今來，那些堪稱先哲的賢士君子，即使立身處世的行爲方式不同，但他們不以己身之微，而忘天下之憂的精神，大體上相似。

十、讀聖賢書，就當仿效聖者所爲

范仲淹既然認爲治理國家必須先培育人才，那麼如何育才便是他所關心的重要課題。關於育才，范仲淹提出了許多重要的觀念。

范仲淹認爲人才的培育應以六經爲主，而以子書與史書爲輔，理由是：「蓋聖人法度之言存乎《書》，安危之策存乎《易》，得失之論存乎《詩》，是非之辨存乎《春秋》，天下之制存乎《禮》，萬物之情存乎《樂》。故俊哲之人入乎六經，則能服法度之言，察安危之策，陳得失之論，析是非之辨，明天下之制，書萬物之情。使斯人之徒，輔成王道，復何求哉！至於叩諸子，所以觀累同，非求道於斯也。」

他表示六經各有所用，是必讀之書，不但教學要以六經爲主，科舉考試命題的原則也應先之以六經，次之以正史，該之以方略，濟之以時務」，這樣國家才能培養出匡時濟世的才智之士。

這種想法在當時實在是高論。由於傳統知識份子大多追求修身、齊家、治國、平天下的理想，即以天下爲己任，因此讀書就不能不加以選擇。若只是爲妝點門面而讀書，不妨去讀那些風花雪月的詩詞，而要有益於社會，就必須讀經典之作，經典之作是古聖先賢和學者專家的嘔心瀝血之作，是對當時社會環境、政治經濟、軍事國防作出的最深刻的總結，是政治家、政府官員，特別是統治者最重要的參考。

作爲一個忠臣，范仲淹認爲應該「信聖人之書，師古人之行；上誠信於君，下誠信於民。」「不以富貴屈其身，不以貧賤移其心。」而且要「知忠孝可以奉上，仁義可以施下。」這些都和儒家思想一脈相承。

由於北宋注重文治，武力鬆弛，外患頻繁，范仲淹體認了當朝在政治決策上的缺失，爲了平衡調節之需他也在政論中表達了重武的思想：

「昔成周之盛，王道如砥，及觀《周禮》，則大司馬陣戰之法，粲然具存，乃知禮樂之朝，未嘗廢武，《奏上時務書》亦云：聖人之有天下也，文經之，武緯之，此二道者，天下之大柄也。昔諸侯暴武之時，孔子曰：俎豆之事，則嘗聞之，此聖人救之文也。及夾穀之會，孔子則曰：有文事者，必有武力，請設左右司馬，此聖人濟之武也。文武之道，相濟而行，不可斯須而去焉。」

孔子也曾教誨別人提高警舉，備之以武，可見武不可廢。范仲淹舉孔子爲證，力勸當朝天子，由此可見他的思想是非常清明的，他一向推崇文教，但並不忽略武功。這種的崇尚文武之道，實際上都是從古聖人那裡學來的智慧。

《岳陽樓記》中，范仲淹強調古聖「不以物喜，不以己悲」的坦蕩胸懷，否定一般士子侷限在狹隘圈子裡的個人私慾。但具有范仲淹這種修爲的畢竟是少數人，有更多的士子由於仕途坎坷，爲挫折所左右，感情忽喜忽悲，往往只在個人的得失榮辱上纏繞。范仲淹批判了這種現象，突顯出一代精英的偉大抱負。在貶居生活中，范仲淹一向堅持自己的政治理想，將憂國憂民的偉大情懷置於一己的悲歡之上。

蘇軾在《范文正公集敘》中對范仲淹作品發表評論說：「今其集二十卷，爲詩賦二百六十八，爲文一百六十五。其於仁義禮樂，忠信孝悌，蓋如饑渴之於飲食，欲須臾忘而不可得，如火之熱，如水之沸，蓋其天下有不得不然者，雖弄翰戲語，率然而作，必歸於此。」由此可見，非但范仲淹的散文是以開明儒家之道、崇尚聖人行止爲主，他的詩歌也是如此。我們先讀一讀范仲淹的這幾首詩：

前王詔多士，咸以德為先，道從仁義廣，名由忠孝全，
美祿報尚功，好爵縻尚賢，黜陟金殿下，昭昭媸與妍。
此道日以疏，善惡何茫然，君子不斥怨，歸諸命與天，
術者乘其隙，累端千萬感。天道入指掌，神心出胸臆，

聽幽不聽明，言命不言德，學者忽其本，仕者浮與職，
節義為空言，功名思苟得，天下無所勸，賞罰幾乎息，
陰陽有變化，其神固不測，禍福有倚伏，循環亦無極，
前聖不敢言，小人無能意，……昔多松柏心，今皆桃李色，
願言造物者，回此天地力。

——《范集》卷一，《四民詩士》

中山天下重，韓公茲鎮品，堂上績昔賢，閱古以儆今。
牧師六十人，冠蓋竦若林，既瞻古人像，必求古人心，
彼或所存遠，我將所得深。仁義智可尚，忠與義可欽，
吾愛古賢守，馨德神祇歆。

——《范集》卷二，《閱古堂詩》

胥也應無憾，至哉忠孝門，生能酬楚怨，死可報吳恩，
直氣海濤在，片心江月存，悠悠當日者，千載祇慚魂。

——《范集》卷四，《伍相廟》

這些詩由於忽略形象思維，也不重比興，所以讀起來味同嚼蠟，但他修身立志，追隨聖人、仿效聖人的心意卻是顯露無遺。

《范集》中自然也有許多具有可讀性的作品：如《依韻答提刑張太傅嘗新醞》末段云：

但願天下樂，一若樽前身，長戴堯舜主，片作羲黃民，
耕田與鑿井，熙熙千萬春。

范仲淹在這裡道出的政治理想，正和古代聖賢一樣，希望社會恢復到淳樸熙和的上古之世，使人民都能安居樂業。登入仕途之後的范仲淹，竭盡人臣之責，直言勸諫並屢遭貶謫，但始終義無反顧的堅持著匡世濟民的政治理想。這首《出守桐廬道中十絕》，將這種堅持表達的淋漓盡致：

隴上帶經人，金門齒諫臣，雷霆日有犯，始可報君親。

孔子所宣揚的正是忠孝仁義的思想，而忠君報國就在其首。范仲淹也是這樣要求自己的。所以《宋史》本傳說他「每感激論天下事，奮不顧身」。這就是范仲淹「寧鳴而死，不默而生」的本色。

而范仲淹的詩歌創作則展現了他鮮明的政治觀點，他的《書扇示門人》反應了當時土地兼併的嚴重情形：「一派青山景色幽，前人田地後人收。後人收得休歡喜，還有收人在後頭。」這裡指出土地的流轉無定，大地主呑併小地主；新興的地主又呑併沒落的地主。全詩口語化，明白通暢，不假雕飾，表達性很強。

《范集》中類似這樣的詩還有很多，如《江上魚者》云：

江上往來人，但愛鱸魚美，君看一葉舟，出沒風波裡。

這首詩反映宋代漁民生活的艱辛，人們只知道鱸魚味道鮮美，卻沒想到這是漁夫「出沒風波裡」，冒著生命危險而捕來的。從這些詩的創作不難看出，范仲淹努力把宋代詩歌創作導向現實主義的道路，而現實主義道路，正是古代聖賢們所推崇的道路。

詞的創作在宋代文學中佔有不朽的地位，作爲宋代重要的文學家，范仲淹也致力於詞的創作。范仲淹所留下來的詞雖然只有寥寥幾首，但也有獨特的表現。有的甚至寫得悲壯蒼涼，膾炙人口的作品如《漁家傲》：

塞下秋來風景異，衡陽雁去無留意。四面邊聲連角起。千嶂裡，寒煙落日孤城閉。濁酒一杯家萬里，燕然未動歸無計。
羌管悠悠霜滿地，人不寐，將軍白髮征夫淚。

在專家看來，上闋寫景「風景異」的異字，一方面點出塞上的風景與內地的不同，另一方面又說明秋天和其他的季節的不同；「衡陽」一句有兩重意義，既說明氣候的寒冷，雁不敢回，又說明家信難通，與「家萬里」「歸無計」互相對應；「四面」一句則把悲涼的邊聲與淒涼的角聲融成一片，眞切動人；「千嶂裡」兩句，寫盡邊塞荒涼的景象。在千山環抱中，殘陽靜悄悄地照著一座緊閉著的、只見長煙不見人影的孤城，這是多麼令人寒悚的情景！「長煙」、「落日」、「孤城」配合起來已經夠荒涼、夠冷漠了，再加上一個「閉」字，那就連千山緊鎖、萬古不開的境界都突顯出來了。正因爲作者處在這樣的氛圍中，很自然的就會產生去國懷鄉之感，不能不以酒澆愁。

下闋抒情，「濁酒一杯」足以說明酒既無法澆愁，而家鄉又在萬里之外，心情異常沈重，可是作爲一位坐鎮邊疆的大帥，未平定西夏，立下大功之前，是不能立作歸計的，這與漢代霍去病的「匈奴未滅，何以爲家」心境相似，流露出濃烈的愛國之情。我們既看到了范仲淹殺敵立功的壯志，又看到了他久別離鄉的痛苦，心情極爲矛盾。於是便只能以長夜不寐，感慨落淚的苦悶作結。

范仲淹的詞不僅有蒼茫悲壯的風格，也有婉轉明麗的佳作，如《蘇幕遮》寫景秀麗，抒情柔婉，表現了他的婉約風格：

碧雲天，黃葉地，秋色連波，波上寒煙翠。山映斜陽天接水，芳草無情，更在斜陽外。暗鄉魂，追旅思，夜夜除非，好夢留人睡。明月樓高休獨倚，酒入愁腸，化作相思淚。

這首《蘇幕遮》上闋寫景：深秋時節，天、地、江水，境界多麼壯闊！碧雲、黃葉、瀲灩的江波、浮翠的寒煙、紅色的斜陽，色彩眩麗。由近及遠，層層推廣，渾然一氣。「芳草」一句則情景交融，芳草喻人，行人已在斜陽外，則漂泊天涯的情況可想而知。

下闋主要寫情，「暗鄉魂」兩句寫離愁別恨，爲懷念而黯然消魂，爲羈旅而愁思不釋，六個字就概括無遺，何等精簡。「夜夜」兩句引申說明具體的情況，在鄉愁澎湃之時，日思夜想，離愁紛緒，好夢難做，而究竟如何並未道破，就更耐人尋味了。「明月」一句是深自警省的說法，意味深長，因爲在月明中高樓上獨自倚欄有所戒懼，不但增強了思故鄉、愁羈旅的眞實性，同時，也使上闋寫深秋遠望的景物都有了著落，最後以「酒入愁腸」作結，不但不能澆愁，入了愁腸反而和酸淚混在一起，增添了相思之苦。

以上這些，都是范仲淹詩詞中經典之作的。無論是爲人、爲官或爲文，范仲淹的作爲都是以仿效聖賢、追隨聖賢爲目標。他以自己傑出的作品，爲世人樹立了成功的榜樣，更以自己的操守，顯示了他身爲臣子的可貴情操。

十一、懂得取信於民的人，才能成就大事

自古以來「取信於民」是政治家的勝利法寶，英明的政治家都會格外重視老百姓的信任。不難想見一旦老百姓失去了的信心，會造成何種無法彌補的損失。爲此，范仲淹常常強調以民爲本，堅持不失信於民。

當時北宋的邊防軍有兩種，一種是從東邊的京城調到陝西前線的東兵，屬於國家的正規軍。另一種是士兵，也稱爲鄉兵或弓箭手，是從陝西人民中徵召的當地民兵。由於承平日久，東兵既沒有經過戰爭的洗禮，平日又缺乏訓練，驕氣十足，異常腐敗。這批人在邊塞根本不能耐勞，久了之後又因思鄉，鬥志不高，戰鬥力極差。而士兵生長於邊塞，能吃苦，又熟悉地形，長於騎射，而且爲了保衛家鄉，勇敢善戰，戰鬥力比東兵強得多。

由於西夏幾次大挫宋軍，朝廷有感於兵力不足，準備擴大招兵。

宋朝招兵有個規定，正規軍的士兵必須黥面。陝西邊關的老百姓對被招入正規軍並不反感，但非常害怕黥面，所以很多人不願意當兵，甚至逃避兵役，這點影響了招兵甚距。

此時戰事又很吃緊，迫切需要增加兵源。大概是求兵心切，不知是誰出了下策，採用欺騙手

段，先貼榜說：招兵只是爲守護鄉里，不黥面充正軍。可是榜還未收，就把士兵刺面改爲正軍，令其屯守邊境，使當地居民非常痛苦。

范仲淹贊成朝廷積極招兵，卻非常反對這種失信於民的做法。雖然無法阻止朝廷這麼做，但他盡可能彌補這個過失。

當時被徵召的老百姓最怕遠戍和黥面。雖然同在陝西，但是也有沿邊和近里州縣的區別，若被分派到邊境，就要離鄉背井，既脫離農業生產，又不能照顧父母妻子，久了必然生怨。現在朝廷徵兵時又不講信用，使老百姓更加怨聲載道。爲了取信於民，范仲淹決定在邊寨大興營田，將農戰結合，讓士兵徒家寨下，由政府給予士兵家屬適當的補助，就地駐防，就地生產，「父母妻子于團聚，戰則相救，守則相安」，這樣便「無久戍之苦」。

至於黥面的問題，范仲淹想到了一個折衷的辦法，那就是由紋面改爲紋手背，這樣，既不違背朝廷的旨意，又不失信於民。這個做法使他既招到了兵，又得到了老百姓的擁戴。

范仲淹不但要求自己博取百姓信任，也要求部下做到這一點。對那些取得老百姓信任的下屬，范仲淹非常賞識，優先考慮他的升遷，種世衡就是其中一位。

種世衡是深得羌族老百姓信任的一位漢族官吏。爲了嘉獎他，范仲淹奏請朝廷把他升爲環州知州，專管羌族部落。到環州之後，種世衡與牛家族首領奴訛相約見面。爲了不失約，種世衡在約定日期冒雪前去這種作做法讓當地人非常感動，因此對種世衡更加信任了。

關於「取信於民」，古人早有論述：「古之王者不欺四海，霸者不欺四鄰。善爲國者，不欺其民，……是故君子以信爲大寶也。……上不信下，下不信上，上下離心以至於敗。……信而又信，重襲於身，乃通於天。以此治兵，則無敵矣。」

明代著名的政治家、軍事家劉基，在其所著的《百戰奇法．信戰》中說道：「凡與敵戰，士卒蹈萬死一生之地，而無悔懼之心者，皆信令使然也。上好信以任誠，則下用情而無疑，故戰無不勝。」

古今許多著名的領導者都把「取信於民」作爲治軍、治國之寶，並且付諸於實現。春秋時齊桓公九合諸侯，不背盟約，把佔來的魯國土地全部歸還；晉文公不渝「退避三舍」之約，大敗楚軍，並在踐土稱霸；晉文公伐原，原定攻打十天。十天未下，也依前言，罷兵而去。有人勸他說繼續攻打下去，他則說，我和士卒說好打十天，不能失信。攻下原而失去士卒的信任，這事不能做。

諸葛亮正準備進攻隴西時，長史楊儀報告說：軍中現有四萬人，應該回去休息了。諸葛亮立即命令這些部隊收拾行裝，準備回去。這四萬多人將要起程時，魏軍突然打來。楊儀建議，讓這四萬人留下，打完仗再走。諸葛亮說，用兵命將，以信爲本，得利失信，古人所惜。軍情再緊，也不能失信前言。於是讓大家按時起程，並且說：「你們的父母妻兒無不倚門而望，我怎麼可以把你們留下來呢？」部隊士卒非常感動，幾次下令，卻不願走。諸葛亮這才同意他們留在軍中參戰。魏軍遠來，一經交鋒，蜀軍大獲全勝。

縱上所觀，凡是治軍之良將，治國之賢才，都有一個共同點，那就是不失信於民。毫無疑問，范仲淹也是這治軍良將、治國賢才中的一員。

第三章 政治家的基本要求

怎樣做一名合格的政治家？這個問題，今昔不同。然而儘管時代變遷，一些基本的做人準則、為官應有的操守卻沒有什麼不同。范仲淹所處的社會是君主專制的社會，他本人是舊時代官僚的代表，然而看他的作為、分析他的精神、讀他的方略，卻無法不同意，他是一位合格的政治家，放至當今，也毫不遜色。

一、要求別人做到，自己要先做得更好

天聖五年，晏殊出任應天府知州，和范仲淹結識。由於十分仰慕范仲淹的才學，便請他主持府學。教書期間，范仲淹訂了很細的校規，明確規定學生的作息時間。范仲淹非常強調身教，凡是要求學生的，必先以身作則。因此他也要求府學裡的老師要修養心性、鍛鍊意志，並持之以恆。言談舉止也要謙虛謹慎，做學生的楷模。若不小心犯了過失也要敢於自我反省、及時修正，虛心接受他人的意見。

范仲淹教學生寫作文時，凡是出的題目，通常會自己先寫過一遍，了解題目的難易程度，看看論述時要在什麼地方多下功夫，以便給學生正確的指導。書院裡有個姓朱的學生，刻苦恭謹，進步很快，晏殊爲他取名爲從道，字複之。范仲淹爲此寫了一篇文章，督促這位學生要好好學習。他在文章中告誡他說：一個人若沒有接受教育，不學而志短，就像一塊未雕的玉石；受了教育，苦學而神通，便如金子經過治鑄，「成乎美器」。

對學生范仲淹一向很嚴格，他認爲嚴師必出高徒，師嚴，學生才會守紀律。有一次，他在晚自習時間巡堂，發現有個學生睡著了。他問這名學生爲什麼不遵守規定，學生說：「有點倦，歇一歇。」范仲淹問他睡前都讀了些什麼書，學生隨口說了一個書名，范仲淹便以這部書問學生問題，

學生支吾不知如何回答，范仲淹便懲罰了他。

後來到蘇州做官，范仲淹依然念念不忘教育的重要性，於是設立了郡學，並且聘請大教育家胡瑗來掌校。范仲淹與才識過人的胡瑗本來就私交甚篤，而他也非常贊同胡瑗的治學之道。

胡瑗也是一個出身寒微而苦讀成功的學者，據《安定學宋》中所記載：胡瑗家貧，無法供他唸書。他就到泰山與孫明復、石守道一起學習、生活雖然艱難，但依然焚膏繼晷刻苦學習。十年都沒有回過家，凡是收到家書，只要看到信上有平安二個字，就把信丟入河中，不再看完，唯恐擾亂了求學的心情。

經過長時間的努力，胡瑗終於學成回鄉，然後到湖州，招收學生，講授儒家經典。胡瑗教學重視身教，對學生管教甚嚴。《宋史．胡瑗傳》說：「瑗教人有法，以身先之，雖盛夏必公服坐堂上，嚴師弟子之禮，視諸生如其子弟，諸生亦信愛如其父兄，從之遊者數百人。」胡瑗凡事以身作則，嚴守師生之間的禮節，一絲不苟，哪怕是盛夏，也是穿戴整齊地坐在課堂上。他對學生的儀表和生活教育尤其注重。一個叫徐積的學生初次見到他，頭稍微有些偏，胡瑗便厲聲責備他說：「頭容直！」雖然嚴厲得有些過分，但在私底下，胡瑗卻把學生當作自己的子弟一般看待，而學生也敬愛他如父兄，眞是春風化雨的表率。

胡瑗對北宋的教育影響很深，他的教學目標，在於明「體」（道德仁義）、達「用」（正視文學）；講求教學方法，他將學生分成經義、治事兩派，分別講求經典大義和探討實際的學問運用。

經義類是選擇性情開朗、有抱負、可以擔當大任的青年，讓他們研究六經中治國平天下的基本學理。治事類則依學生才能的不同，一人主修一科，副修另一科，科目有政治、軍事、邊防、水利、算數等，憑興趣選修。這種能夠因材施教、學以致用的教育方式，正與范仲淹的想法吻合。藉由與胡瑗的激盪，范仲淹得到了不少啓發，而兩人的默契，也促使當代教育開始萌芽。

慶曆新政時期，仁宗特別派官員到湖州學習胡瑗的教學方法，作爲太學的制度，並且正式明令施行。范仲淹也在皇上面前美言說：「臣竊見前密州推官胡瑗……，力行禮義，見在湖州郡學教授，聚徒百餘人，不惟講論經旨，著撰詞業，而常教以孝悌，習以禮法，人人向善，閭裡歎伏，此實助陛下之聲教，爲一代美事，伏望聖恩，特加恩講，升之太學，可爲師法。」由於范仲淹的禮遇和支持，皇祐四年十月，胡瑗達到了他一生教育事業的巔峰：先是奉命爲光祿寺丞，隨後調職作大理寺丞兼任國子監直講。

二、心繫百姓疾苦，確實爲人民做事

孟子說：「樂民之樂者，民亦樂其樂；憂民之憂者，民亦憂其憂。」范仲淹爲官一生深得民心，所到之處，百姓視他如父母，原因就在於他能夠時時刻刻體察民情，關心民間疾苦，徹底實踐了孟子的思想。

天聖七年，范仲淹出任河中府通判。通判是府、州的副首長。也是宋太祖趙匡胤爲了加強中央集權，削弱地方政權而創造出來的官職。通判官的設置從乾德元年（西元九六三年）開始，目的是爲了削弱州官的權力，防止知府、知州專權，因此「凡兵民、錢糧、戶口、賦役、獄訟、職斷之事，可否裁決，與守臣通簽。所部官有善否，及職事修廢，得刺舉與聞。」州內的政令，如果沒有州官與通判的共同簽署，就不能夠付諸執行。

河中府很大，黃河自北而下，一瀉千里，南奔到現在的風陵渡，才折向東行，流經河中府的西面與南面。宋眞宗東封西杞，大興土木，由於陝西是個盛產木材的地方，年年要供應汴京許多建材，使得陝西人民苦不堪言。仁宗趙禎即位後，先是壽寧觀毀於火災，不久，藏天書的玉清昭應宮又發生大火。這座蓋了六年的宮殿，二千六百多個房間，一把火，從夜裡燒到天亮，成了灰燼。皇帝因此派人祭告祖先的陵墓，聲稱以後不再修繕這些宮殿，陝西的木材之災才告一段落。

然而范仲淹到此地時，朝廷又打算興建太乙宮和洪福院，需要陝西運木材九萬四千多根。范仲淹聞訊趕緊上書，說：昭應、壽寧才剛剛燒毀不久，又要「破民?」大興土木，既不合天意，又不順人心，他建議皇上不要再蓋這樣的建築了，而且不論是道觀，或是佛寺，也應該一律停建。關心人民疾苦的范仲淹還進諫說，向陝西徵購木材要有個限度，只能減少，不能增多。每年購買的數量，最好訂定規範。

宋朝的人民除了應繳納賦稅之外，還必須服差役。當時差役很多，名目繁雜，主要有：衙前役（協助運送官家物品）；裡正、戶長和鄉書手（催納賦稅）；耆長、召手、壯丁（主捕盜賊）；承符、人力、手力、散從官等（供官府雜差）；虞侯（做各項雜活）。

范仲淹到河中府時，發現官府的雜差太多，老百姓不堪其苦，甚至影響到正常的農耕。他對此深感憂慮，於是便疏請皇上裁併郡縣，以減輕老百姓的負擔，因為郡縣多、差役繁，「誇其農時」，使得邊郡的穀倉裡沒有餘糧，人民貧窮。他舉東漢光武帝合併四百餘縣，裁減官員十分之九的史實，認為河中府的河東、河西兩縣應當合併起來，改善河西縣「堪役之家，無所休息」的局面。

明道二年，范仲淹由於進諫有功，被召回汴京，擔任右司諫。這一年江、淮、京東地區蝗旱嚴重，災民很多，雖然朝廷已經命令發運使把北運的糧食留下來救災，但流亡挨餓的人還是到處可見。范仲淹對災區的情況很關心，請求朝廷派人去災區視察、慰問，但上疏後一點動靜也沒有。後來他找到機會問皇帝：宮中半天沒有吃的，會怎樣？現在廣大的地區都陷在饑餓當中，應當馬上採取措施，立即處理。皇帝被他說動，便派他去安撫江、淮地區的災民。范仲淹所到之處，開倉賑濟，並報請朝廷免除廬州、舒州的差役，以及江南東路的鹽稅。看見饑民以雜草來充饑，便特意把這種草帶回汴京，請皇帝在六宮、貴戚中傳觀，「以戒侈心」，又上疏陳繁八事，反對建造長蘆寺，希望能把這筆錢節省下來，「施之於民，可以寬重斂；施之於士，可以增厚祿；施之於兵，可以拓舊疆。」他沈痛地以親身的見聞，反覆說明老百姓被迫參加木材轉運的痛苦。他舉了一個例子說，在淮南碰見六名羸弱不堪的運輸兵，他們是從潭州（今湖南長沙）來的，來的時候三十個人，乘船到無爲（今安徽無爲），路上逃的逃，死的死，只剩下六個人。回潭州還有四千里路，不知道有幾個能到家？范仲淹在疏奏中一再重申，這種做法勞民傷財，必須儘快革除。

景祐元年，范仲淹奉命調任蘇州知州。蘇州是他的故鄉，境內地勢平坦，大小湖泊約占了百分之三十，西南邊是煙波浩渺的太湖，廣納周邊數郡之水，但只有湖東的松江導湖水由長江入海。春夏大雨來時，湖水高漲，松江便泛濫淹沒了臨江的幾個縣。范仲淹到任時，正好遇到松江大水，田地不能耕作，人民沒有糧食，「災困之亡民，其室十萬。」

他親自勘查蘇州的水道，提出疏導的方案，主張引太湖東南邊的水入松江，讓水能直接由長江入海，另外在太湖的西北邊開挖河道，導西北的水入揚子江。當時這個計劃遭到許多人的反對，反對者或者認爲揚子江的水位，已高出松江一帶湖、河的水位，無法再接納這些水流；或者以爲海上每天都有潮水回湧，蘇州的水勢必無法引導；或者認爲湖泊已經被沙土壅塞，開河洩洪已非人力所能及；甚至有人乾脆認爲蘇州「陂澤之因，動成渺彌，導川無益」。

面對這些大大小小的反對聲浪，范仲淹上疏相府，極力爭取、說明蘇州治水的重要和迫切性，並且據理駁斥各種反對的論調，希望宰相呂夷簡能給予支援。看到百姓處於災患當中，范仲淹於心不忍，不僅親自籌劃治水事宜，而且不畏嚴寒，常常住在工地中，親自督導工程。大水過後，「北闕雲霓遠，南園桔柚荒」的災後景象，讓他心中有著揮之不去的憂慮。

康定元年，元昊進犯延州地區，形勢危急。范仲淹奉命坐鎮西陲，十分體恤當地居民的困苦。自從西夏入侵以來，陝西農民的徭役、雜稅更加繁瑣，家家戶戶都很貧困。范仲淹來到此地後下令免收秋稅，並與陝西轉運使商量，按照河東府的做法，免除「支移」。

所謂「支移」就是要農民將應繳的物資運送到指定的地點繳納，這是一種變相的徭役，是官府為了節省運費而轉嫁給農民的工作。「支移」無疑增加了人民的負擔，人們怨聲載道。宋太宗時，有個名叫張鑒的官員就曾經上疏指出：關中一帶農民的租稅，「互遺他州送納，往返千里，費耗十倍，愁苦怨歎，在塞路歧。自春至冬，曾無暫息，食糧乏豔，力用殫窮。」可見這種差役之勞苦，范仲淹奏請免除，的確能大得民心。

除了奏請免除支移外，范仲淹還建議在次要的邊防地帶儲備糧草，當邊情不緊急時，軍馬可以退守次邊，並且規定送邊糧草就在次邊繳納，以縮短路程，減輕人民的負擔。在軍務如此繁忙的情況下，范仲淹依然不忘百姓利益，可算是「為官一任，造福一方」。

後來范仲淹知鄧州，任期屆滿，朝廷又將他調往荊南（今湖北江陵）。鄧州的老百姓聽說之後都十分捨不得，不願他離開，甚至在大路上攔住使者，請求讓范仲淹留任，可見范仲淹深得民心。後來范仲淹在徐州病逝，「四方聞者，皆為歎息」，西北「羌酋數百人，哭之如父，齋三日而去。」據歷史資料顯示，徐州、慶州的百姓，與歸順宋朝的羌族人民，都畫了范仲淹的肖像，為他立祠堂，以作為紀念。終其一生，范仲淹都站在百姓的立場上，想人民之所想，為民辦事，非常難得。

三、身爲朝廷的諫官，就必須仗義執言

《易經》乾卦中有「飛龍在天，利見大人」，指的是有才能的人，在時機成熟時，應該像飛龍騰空一般，要造福萬民。天聖七年，仁宗皇帝已經二十歲了。從他十三歲登基，由皇太后垂簾聽政，已經七年之久。表面上看來，他恪盡孝道，對章獻太后十分恭順，實際上對於太后的獨斷專行還是頗有意見的。

章獻太后姓劉，生長在四川華陽，她出身貧寒，小時候就失去了父親，被寄養在外祖母家，後來跟隨一個生意人來到京城。年輕時的她長得小巧玲瓏，十分秀美，很引人注目。後來被皇宮內侍發現，召進宮內。當時眞宗還是太子，得到這個美人自然極爲寵愛。眞宗即位後，封她爲美人。當時，宮內有郭皇后、楊妃等人，地位尚未鞏固的劉美人聰明乖巧，她極力奉承郭皇后，對楊妃也非常尊重，逐漸在宮裡站穩了地位。

郭皇后連生三個兒子，先後死去，楊妃生了一個兒子，也沒有養活。眞宗望子心切，又選納沈氏當才人，但也沒有生下兒子。郭皇后死後，皇后的位置空著，楊妃和沈氏，都是名門之女，權高勢大，劉美人在這方面爭不過她們，但她深知只要自己能生個兒子，就能穩坐皇后之位。可惜劉氏雖然嬌媚如花，還是沒這個命，不要說是男兒，就連女兒也沒生。

有一次皇上來到劉氏的寢宮，劉氏不在，居然臨幸了一位宮女。說也湊巧，這一次竟然讓眞宗有了兒子，就是後來的仁宗，而這個宮女受封爲李宸妃。劉氏發現李氏懷了孕，立刻想到一個霸佔李氏孩子的好主意。劉妃一面向皇上和他人宣告自己已有身孕，一面命令李氏不能洩露，李氏位卑身賤不敢說，加上劉氏又十分蠻橫，因此便隱瞞了這件事。

從此，劉氏便假裝懷孕，深居簡出，和李氏躲在深宮內。李氏臨盆，果然生了個兒子，立即就抱到劉氏那裡，並且把接生婆趁天黑從後門送出去，把乳娘接進來。事成之後，劉妃就派人去向眞宗報喜。眞宗自然十分高興，就立劉妃爲后。雖有人提出劉妃出身微賤，不足以母儀天下，但眞宗心意已決，劉氏就這樣逐步登上了皇后的寶座。

事後劉氏告訴李氏，她所生的孩子已經死了。李氏明知有詐，但後宮已是劉氏的天下，只好就此作罷。但若要人不知，除非己莫爲。當夜，接生婆走的是後宮側門，天黑路途難辨，不愼走進八大王府，被王府中的查夜人抓住，由八王妃親自審問。接生婆於是道出事情的原委。八王妃因此知道了這件非同小可的秘密，不過，懼於劉氏的威望，她也告誡接生婆千萬洩漏不得，不然性命難保。

歷史上描述劉妃精明能幹，「性警悟，曉書史，聞朝廷事，能記其本末」。伶俐聰明，不僅讀過書，還有異於常人的記憶力，朝廷內的典故，都能原原本本地說出來。劉妃權力慾很強，眞宗還活著的時候，她就已經開始干預國事了。天禧四年，眞宗病重時，「居宮中，事多決於後」，朝廷大權實際上已經由她掌控了。乾興元年（西元一〇二二年），真宗臨死前召王曾入宮，草擬遺詔：「以明肅皇后輔立皇太子，權聽斷軍事大事。」當時宰相丁謂也在宮中，他要求將遺詔的「權」字去掉，但王曾堅決不同意，說仁宗年幼，太后臨朝，本來就是國家的不幸，「且增減制書有法，表則之地，先欲亂之邪？」真宗駕崩後，十三歲的仁宗繼位，劉妃遂升格為皇太后，史稱「章獻太后」，她垂簾聽政，獨攬大權。至於什麼時候還政，太后曾經宣過諭：「候上春秋長，即當還政。」

等到仁宗二十歲時，范仲淹認為朝廷軍國大政聽決於太后，實在不是一件好事，況且皇上已經成年，有能力處理國家事務，太后應該還政了。於是他便做了這件別人不做也不敢做的事——上《乞太后還政疏》，請太后還權。他甚至直言說：本該由皇帝執掌的朝綱，長期握在太后手中，「非黃裳之吉象也」，不如「卷收大權，還上真主」，「以京天下之養」，求「保慶壽於長樂」。這些話，無異是直接指責太后的久不歸政，實在是需要極大的勇氣。此舉猶如虎上拔毛，幸好太祖曾立下朝規，不殺文臣，否則范仲淹一定會成為太后的刀下亡魂。因為忤逆太后，天聖八年，范仲淹遭貶離京，一去三年，直到明道二年（西元一〇三三年）三月，春暖花開時節，章獻太后去世才回到京城來。章獻太后垂簾聽政，掌權長達十一年之久，直到臨終時還不願把權力交還給仁宗，在遺詔中別出心裁地立太妃為皇太后，讓她住在宮中，與皇帝共同議政。太妃即楊淑妃，和太后是同鄉，對太后向來恭維順從，兩人關係良好，仁宗即是由她撫養長大的，她用心照料仁宗，與他同吃、同住。

遺詔宣佈後，百官入宮向楊妃祝賀。御史中丞蔡齊親自去找執政宰相，表示不贊成「女后相繼稱制」，認爲皇帝年輕有爲，軍中要政應當交由他獨自處理。四月，范仲淹被召回汴京，擔任右司諫，他也堅決反對立楊太妃爲太后。他上疏道：太后，是帝母之號。自古以來從未聽說，因爲保育過皇上，就可擔任太后的。現在太后一死，又立了一位太后，天下人豈不是要懷疑陛下不可一日無母后之助嗎？」范仲淹認爲皇帝親政的各種條件都已經成熟，而這個想法又與蔡齊等人不謀而合，因此在朝中掀起一股波瀾。

四、在歷史上尋找士大夫的風骨

范仲淹一生處處爲民著想，但他知道一個人的力量有限，唯有朝廷上下都積極爲民辦事，百姓才能安享太平。因此，范仲淹認爲應該在官吏團隊中樹立良好的模範，帶動風氣。這個想法得自於古人的教誨和前朝的歷史經驗，也是范仲淹本人久居官場的深刻體會。

明道二年，江、淮、京東地區出現了嚴重的蝗災旱情。雖然朝廷已命令發運使，把北方的糧食留下來救災，但由於地方官平時沒有做防災的工作，蝗旱發生之後，也無法採取有效的補救措施，導致災民四處流亡。當時只有一個地方，災情的善後工作做得很好，那就是范仲淹的好友吳遵路所管轄的通州。

吳遵路也是因爲得罪了太后而被貶到通州做太守的。當通州蝗旱還沒有成災的時候，吳遵路便招募富民出海，到蘇州、秀州（今浙江嘉興）這些地方購買糧食。通州東面臨海，與這兩地隔江遙遙相望。因此通州的糧價一直保持穩定，災荒一來，吳遵路便號召老百姓割草打柴，由公家收買這些柴草。百姓有了錢，就能用來買官米。那年冬天大雪，公家又以原價把柴草賣給老百姓。「官不傷財，民且蒙利」。范仲淹對吳遵路的做法，非常讚賞。

通州也妥善的對待流民，造了一批茅草廬加以安置。並且施鹽、施菜、施藥，使有病的得到治療，改善他們的生活。還分發伙食盤纏，給上路返鄉的流民，使他們能夠順利回到故鄉。吳遵路的做法深得民心，爲人所稱讚，堪稱爲官的表率。因此范仲淹極力向朝廷舉薦，說吳遵路爲官，素有古人之風，應把他的救災事蹟宣付史館，豎立榜樣，讓百官效仿。吳遵路死於慶曆三年。當時范仲淹擔任副相，他在祭文中稱讚吳遵路「行可師法，言皆名理」，更拿出自己的俸祿接濟他的家屬。

北宋建國之初，士大夫身上仍殘留著五代的積習、萎靡不振，無視名節。因此太祖崇尚文治，用心於激發士大夫的忠義之氣，矯正頹廢之風，他尊重文人的習性與人格，並立下遺囑，告誡後代子孫不得殺大臣和文官。王夫之說：「自太祖勒不殺士大夫之誓，以詔子孫，終宋之世，文臣無歐刀之辟。」太祖的用意，就是要「以寬大養士人之正氣」。

雖然開國君王這般用心良苦，然而世風並沒有發生根本變化。儘管太宗、眞宗時期確實也有像田錫、王禹稱等忠直敢言的諫官，但整體而言，士大夫們見風轉舵求享富貴，甚至到了全不顧君臣之義、廉恥之節的地步。如章獻太后垂簾時，文武百官們卑躬屈膝地投靠在她門下，對她的專權視若無睹。她要求仁宗皇帝率百官北面朝拜她，滿朝文武明知這樣做不妥，卻沒有人敢反對。章獻太后死後，百官們又立即投奔到楊妃門下，把仁宗皇帝擱在一邊。

一個時代最大的悲哀，莫過於文人無恥。而文人出身的范仲淹不願看到士風如此低下，於是下決心要扭轉頹勢，樹立文人之正氣。他透過創辦學校，培養剛正不阿的人才，並且在歷史中尋找座標，讓士大夫們看齊。

第一個榜樣便是東漢隱士嚴子陵。嚴子陵即嚴光，本來是漢光武帝劉秀的同學，也是與光武帝「相尚以道」的故人。但到漢光武帝即位，「臣妾億兆」，許多人急著趨奔其下謀事的時候，嚴子陵卻不以故舊的情分趨祿利、竊占名位，堅辭劉秀所授與的諫議大夫的職位，退隱於桐廬，改名隱居，垂釣於富春江上。後人爲了紀念他，把他曾經釣過魚的地方稱爲嚴子陵釣磯。范仲淹被貶到睦州後，受嚴子陵不趨炎阿附的精神感召，決定爲他建祠，並且作記，使他的風節廣爲流傳。記文最後寫下了響徹時代、傳誦千古的名句：「雲山蒼蒼，江水泱泱，先生之風，山高水長。」

記寫成之後，范仲淹又請書法名家邵餗用小篆記錄下來：「今先生篆高四海，或能枉神筆于片石，則嚴子（陵）之風千百年未泯，其高尚之爲教也亦大空哉。」在這封信中，范仲淹告訴邵餗，嚴子陵的正氣，千百年來未曾泯滅，記誦其高尚的情操有很大的教育意義，所以他請邵餗用高超的篆書，把這篇記刻在石上。邵餗是個隱士，住在丹陽（今江蘇丹陽）的山中。范仲淹和王琪都向朝廷推薦過他。范仲淹來睦州經過丹陽時，因他居深山而無緣相見。

在嚴子陵祠的東壁上，范仲淹還請了一位叫悅身躬的和尚爲唐代處士方幹畫了像。方幹也是一個不獵逐名利的賢士，足以爲時人所效仿。在此爲方幹畫像，意在收相得益彰之效。而當初路過方幹舊居時，范仲淹也曾題了詩：「鳳雅先生舊隱存，子陵台下白雲村。唐朝三百年冠蓋，誰聚詩書到遠孫。」詩中的遠孫指的是方楷。當時方楷剛剛進士及第回到家鄉。范仲淹勉勵方楷要繼承方幹的遺風，不與世俗同流，保持讀書人的氣節。把先祖的高尚品德發揚光大。

范仲淹在睦州當關的時間很短，但他樹立的歷史文人典範卻深深影響當地士風。從某種意義上來講，這也可以算做他在睦州的政績之一。隨後，范仲淹便奉命到蘇州就任。蘇州是春秋時，古吳國建都的地方，也是伍子胥曾經生活過的地方，伍子胥幫助闔閭復興吳國，最後卻被夫差賜劍自刎。范仲淹對伍子胥的爲人極爲傾倒，說子胥「生能酬楚怨，死可報吳恩」，正氣洶湧如海濤，忠心耿耿，清明如江月。伍子胥在蘇州有伍相廟。范仲淹也曾爲伍相廟作了一首詩：「胥也應無憾，至哉忠孝門。生能酬楚怨，死可報吳恩。直氣海濤在，片心江月存。悠悠當日在，千載只慚魂。」

另一個重要的楷模是狄仁傑。唐代名相狄仁傑，輔佐高宗、武周兩代，是一位敢「抗天子而不屈」，「拒元帥而不下」的人。高宗時，他擔任大理丞，琥衛將軍權善才因爲在昭陵伐柏而坐罪，皇上下詔將他處死，但狄仁傑卻抗旨不從。高宗非常生氣，說：「他這是陷我於不孝啊！」別的朝臣都勸狄仁傑暫避一避高宗的怒火，狄仁傑卻主動上前對高宗說：「陛下因爲一棵樹就要殺一位將軍，假如有人從長陵上盜土，陛下又要以什麼更重的處罰來治罪呢？臣並非有意抗旨，但這樣做會陷陛下於無道！」

武則天當政時，狄仁傑仍然是宰相。中宗被幽禁在房陵，武后想立她的侄子武三思爲嗣，就問朝臣意見，大家都稱許道好，只有狄仁傑不回答。武后問他有什麼意見，仁傑坦率答道：「以前陛下請三思招募武士，一年之間才招了數百人。之後您一下旨招募保衛廬陵王的武士，數日之間就有超過十倍的人來報名。臣由此知道人心還是向著李唐的。」狄仁傑這番話等於直接指責武氏篡國，結果令武后大怒，命人將他杖吊出殿。後來武后又數次勸逼他，希望他能夠同意立三思爲嗣，但狄仁傑始終不妥協。

最後武后甚至說：「朕要立三思爲嗣，朝臣們都同意，就等你一句話。你答應了，朕保你長久富貴，不答應，就再不與你見面了。」意思是要殺狄仁傑，狄仁傑聞言，從容答道：「太子爲天下之本，本搖則天下動。陛下怎麼可以一心之欲，而置天下於不顧呢？太宗以百戰得天下，傳之子列，三思憑什麼得嗣？……況且姑與母誰更親？子與侄誰更近？立廬陵王，陛下萬歲之後仍將受到唐代子孫的供奉，如立三思則不然，天下哪有以宗廟供奉姑母之禮！臣不能因爲惜命而聽從於陛下，就由您隨意處置吧！」這番話有理有節，連武后也由衷感歎道：「豈朕之臣，社稷之臣也！」

歷史上記載，武則天與狄仁傑作這番對答時，太子廬陵王也應召躲在簾內武則天之側。聽到狄仁傑的一席話，武則天感激泣下，命廬陵王出簾拜謝狄仁傑，稱「今日國老與汝天子」，意思是說：天子之位是國老（指狄仁傑）給你的。

范仲淹極力推崇這樣爲國家社稷，敢冒斧鉞湯鑊的人，視他們爲臣子的典範，用他們來教育當代的官僚士大夫們如何做官。

寶元元年正月，范仲淹不幸喪妻，這時，又接到調任的通知，因爲來不及辦喪事，只好攜著妻子的靈柩，迎著夾帶寒意的春風，從饒州出發，路過彭澤（今江西彭澤），到潤州作太守。彭澤有狄仁傑的祠堂，狄仁傑曾遭誣陷入獄，免死之後被貶爲彭澤令。泊舟彭澤時，范仲淹瞻仰狄公祠並寫了：《唐狄梁公之偉歟》。碑文一開頭便說：「天地閉，孰將辟焉？神器墜，孰將舉焉？岩岩克當其任者，惟狄梁公之偉歟！」天地關閉，誰能劈開？神器掉落，誰能把它舉起？具有如此偉力，能擔當此項大任的，唯狄仁傑莫屬！

五、政治家要能慧眼識英雄

范仲淹視人才爲國家長治久安的根本，因此在興學育才之外，他不辭辛勞，畢生盡力去挖掘、培養、獎掖人才，使他們能夠各盡所能，爲國家效力。

天禧元年范仲淹在亳州擔任節度推官，與知州上官佖很要好，上官佖經常帶著兒子上官融到范仲淹處拜訪。上官融言行舉止文雅，雖然年紀很小，卻知書達禮，范仲淹一見就喜歡上他，並認爲他日後絕非等閒之輩。他說上官融「有議論，不敢以子弟器之」。後來，上官融果然如范仲淹所料，成爲京師名震一時的才子，當時的名士蔣堂、吳遵路、段少連都很器重他的才華。可惜儒生多薄命，上官融只活了四十九歲，就撒手人寰，范仲淹還爲此悲傷不已。

范仲淹慧眼識才的本領，不只表現在上官融身上，富弼的崛起也是他的功勞。富弼是北宋名臣，兩次不辱使命出使遼國，保全了大宋江山，在仁宗至和二年與文彥博並相，天下稱「富文」。富弼與范仲淹相識於泰州，天聖元年，范仲淹在西溪監鹽倉時，富弼前去拜謁。當時，富弼才二十歲，比范仲淹小十五歲。幾次接觸後，范仲淹很賞識這位青年，認爲他有「王佐之才」，日久必成大器。爲了薦才，范仲淹還把富弼的文章拿給宰相王曾和晏殊二人看。據《河南邵氏聞見前錄》記載，當時晏殊正爲自己的女兒商議婚事，范仲淹爲富弼作媒，對晏殊說：「公之女若嫁官人，某不敢知。必求國士，無如富某者。」而晏殊見過富弼後，也極爲愛重，欣然將女兒嫁給他。

在范仲淹的鼓勵和教導下，富弼的學業突飛猛進。天聖八年三月，富弼參加進士科考。考試結束之後，他自認爲準備尚未充足，不敢接著參加七月份的制科考試，決定返回故里。途中經過范仲淹擔任通判官的河中府，便去拜望了這位自己很敬重的老師，師生相敘之後，范仲淹得知富弼對制科考試缺乏自信，不願讓良才就此埋沒，便極力鼓勵富弼去應試，並且相信他一定會成功。後來富弼聽從老師的勸告，果然一舉成名，被派遣到河南長水縣擔任知縣。

慶曆元年末，邊境傳來遼兵準備南下，要求「歸還」關南十縣的消息。這年秋天，夏兵剛剛才在麟州（今陝西神木北）、府州（今陝西府穀）打敗宋朝的守兵。麟、府兩州東面都是大河，黃河自北向南一瀉千里，州城因山勢屏障而守住，形勢險要。兩城相距一百四十里，但其北面的豐州，在八月中就被西夏佔領了。遼國趁此機會，逼迫宋朝。隔年正月，果然屯紮在宋地邊境，並且派遣兩名使者，說明關南十縣土地是遼國的舊疆，應予歸還。不僅如此，還責問宋朝怎可不經同意，就對已臣服於遼的西夏用兵。

宋朝派出富弼出使遼國。這時他已官至右正言，是個諫職。諫職在朝廷佔有重要的地位，為了託付重任，朝廷更把他升為禮部員外郎，樞密直學士，但富弼謝絕了，他說：「國家有急，惟命是從，是人臣之責，不必加官晉職。」富弼到了遼國，以無可辯駁的史實對遼主說：「晉高祖把盧龍一起給了契丹，周世宗從契丹手裡取回關南，這都是過去的事實。而宋朝建國已經九十年，倘若恢復舊疆，對你們也沒有好處。」他又以充分的理由，表示宋國對西夏出兵無可厚非：「大遼進攻高麗和黑水，又曾經知會過南朝（指大宋）嗎？我們只因西夏侵略我國邊境，才加以回擊。如今若繼續征戰，勢必影響遼、宋的關係；然而若停戰，就等於目睹我國吏民之死而不救了。易地而處，不知道你們會怎麼辦？」遼主聽了這番話，用契丹語和他的臣僚商議了半天，才說道：「元昊侵犯你們的邊境，南朝豈有不回擊之理！」

遼主又請富弼出獵，途中依然對祖先故地念念不忘，他向富弼表示，若能得回關南十縣，遼、宋便可永久和好。富弼說：「你以得祖宗墳地為榮，我們以失祖宗故地為辱。澶淵之盟以來，遼、宋成爲兄弟之國已經很久了，難道可以叫這樣的兩個國家一榮一辱嗎？」

憑著富弼的膽量和辯才，遼國的陰謀終未能得逞。最後遼、宋兩國，僅以宋增加歲幣，絹十萬匹、銀十萬兩而繼續和好。大宋不僅免去了一場戰禍，也掙回了面子。

富弼置生死於度外，兩度出使遼國，第一次出使時，女兒夭折；第二次妻子臨盆，也來不及看一眼，可謂捨身忘家，仿效范仲淹的精神。而富弼一直以長輩之禮對待范仲淹，稱他爲「六丈」。

如果說富弼是范仲淹發掘的政治天才，那麼張載則可以說是范仲淹發掘的學問天才。張載字子厚，長安人。青年時期喜歡談兵，曾企圖集結一夥人攻取洮西之地，上書求見當時擔任陝西邊帥的范仲淹。見面後，范仲淹覺得他是個可造之才，但不贊同他的經武之志，勸他說：「儒者自有名教可樂，何事於兵？」教他研讀《中庸》，張載深受感動，從此走上了鑽研學問的道路。後來他又和程顥、程頤討論《易經》，從中得到啓發。他的學說以《易》爲宗，以《中庸》爲體，探討宇宙的本源，得出「一本萬疏」的結論，創立了自己的哲學體系，著有《正蒙》、《西銘》等書，後來成爲理學中關陝學派的宗師，世稱橫渠先生。如果沒有范仲淹的指引和啓迪，張載又怎能在理學領域中，成爲一躍千里的良駒呢？

世間自古就有「千里馬常有，而伯樂常無」的遺憾。伯樂之少在於識人之難，要深具慧眼並非易事。孔子說：「人有五類，有庸人，有士人，有君子，有聖人，有賢人。」能夠鑑別這五類人的人，就可以算得上是掌握了治人之道。

姜太公在《六韜．龍韜．擇將》中認爲辨識人才，必須掌握八種方法：「一曰問之以言，以觀其說；二曰窮之以辭，以觀其變；三曰與之間諜，以觀其誠；四曰明白顯問，以觀其德；五曰使之以財，以觀其廉；六曰試之以色，以觀其貞；七曰告之以難，以觀其勇；八曰醉之以酒，以觀其態。」

觀察人的八種才能和品質，即善談與否、善變與否、誠實與否、品德高尚與否、廉潔與否、貞節與否、勇敢與否。閱人無數的范仲淹對這八大定律了然於心。在他看來，國家社稷的安穩，無不決定於對人才的鑑別和妥當任用，因此，辨別出「人中之英」、「人中之豪」、「人中之傑」，使其爲國家所用，是每一個臣子的工作之一。

段少連是范仲淹發掘的一名守邊將領，曾參與范仲淹、孔道輔諫止皇帝廢郭后的鬥爭，上書表示謫逐范仲淹等人是阻塞了諫諍之路，「斷來者之說」，而被貶到廣州擔任知府。他治理地方有條不紊，有一回，廣州蕃市失火，段少連正在宴客，僚屬請他罷宴，他說：「救火，不是有專職負責的人嗎？」說罷宴飲不輟。不久，火被撲滅了，老百姓連一根簪子也沒有丟失。

范仲淹認爲段少連「臨事無大小，無難易，決發如流，明而不苟，和而不隨。」，做事果斷迅速，不優柔寡斷、拖泥帶水，政令明確但不苛猛，爲人隨和，但不隨便，這種人有將帥之長。後來范仲淹擔任陝西經略安扶副使時，向朝廷表示段少連「可仕邊要」。

坐陲邊陣時，范仲淹還發現了兩位賢能之士：種世衡、張去惑。他們兩人是在修築邊防時被范仲淹發現的。修邊城是范仲淹防禦西夏的重要策略。當時，種世衡負責築青澗城，在邊境的羌族部落中很有威望，「素得民心」；張去惑負責築大順城，遇事不避艱苦，辦事又快又好。

築青澗城的任務很艱苦，「且戰且城，要爭天，爭地，還要爭人。」人們認爲此地險要，應派兵守衛。但因爲沒有水，不能駐兵，故在此築城要先打井取水。結果鑿地一百五十尺，只見石頭不見水，石工不肯打下去，說：「井是打不成的。」種世衡認爲石塊下面必有水，鼓勵石工打下去說：「把石塊打碎，一畚一畚拉上來。上來一畚，賞一百金。」重賞之下，石頭打碎了幾層，泉水湧了出來。青澗很快就築好了，種世衡因此被任命爲知城事。城四周土地被開墾，守城士兵且耕且戰。他還借給商人本錢，叫他們從外地運貨物，進城交易。

此外，種世衡也非常重視和羌族的關係，親自到羌人部落中去，與首領結交，像對待家人一樣噓寒問暖，甚至解下自己的佩帶，送給那些酋長。後來他調往環州（今陝西環縣），素以倔強著稱的牛家族首領奴訛還親自出迎，對種世衡說：「我聽說你名氣很大才過來的。」這個人過去從不肯見朝廷派來的長官。種世衡表示第二天要去回訪，奴訛聽了，將信將疑。當夜天降大雪，深三尺。部下勸種世衡不要去了，而奴訛也以爲他不會到，但種世衡力守信約，如期出現在奴訛面前，使奴訛不勝驚歎：「我們世世代代住在山裡，漢官沒有敢來的，難道你一點也不怕嗎？」種世衡十分豪氣地答道：「我以眞誠待你，想必你也是一個講信義的人。」種世衡果然不負范仲淹所望，得到了羌族的信任。

而大順城剛開始動工時，有夏兵來騷擾，人心浮動，要求停工。直到李去惑被派去督導，將士才一心一意、不分日夜地興工。大順城依山為險，工程浩大，李去惑措施得當，精心設計，連防城的戰具都無一遺漏。於是范仲淹一當上樞密副使，就推舉他主持京城榷務的工作。

晚年的范仲淹知青州，又推薦張諷為青州觀察判官廳公事，拔擢李厚為兩使推官兼管句安撫司機宜文字。范仲淹在薦文中說張諷不僅有為人純正，還有令人傾慕的文學美才；李厚則是「素有文行，涉世且深」，說自己「受國寄任，日憂曠闕，得此二人，助其不剝，庶無敗事」。

范仲淹畢生不論身處何方，都致力提拔賢能之士。由此可見，人世間不乏英才，關鍵在於是否能慧眼識英雄。

六、居安必先思危，憂患意識是長治久安的根本

《尚書》中有一句名言，為當今人們所熟知，即是：「居安思危，思則有備，有備無患。」這是春秋時晉國功臣魏絳向晉悼公說的一句話，意思與「生於憂患，死於安樂」相同。作為一位傑出的政治家和軍事家，范仲淹深明此理，時刻關心著國家的未來。

景德元年，宋眞宗採納寇准的建議，與兵臨城下的契丹締結澶淵之盟，平息了北方戰事之

後，宋廷上下都沈溺於昇平之樂中。眞宗因此決定開始大興土木，詔建玉清宮以藏天書。玉清宮始建於大中祥符元年，經過六年才落成。宮殿大小房間總共二千六百多間。對這種奢侈之風，范仲淹深感不安，他不因爲自己官職的卑微，上《奏上時務書》給皇太后，針對當時武備廢弛、三館虛設、言路不暢等積弊深表憂慮，並且提出幾個當務之急：文質相救，以厚風化；恢復武舉，安不忘危；重理三館，爲國儲才；廣開言路，勸進忠諫。

安危窮達與得失禍福都是相對的，隨時都有可能互相轉化。范仲淹熟通六經，尤其擅長《易經》，連老師晏殊也自嘆不如。他從《易經》中悟出此理，認爲在天下承平時，國君更應小心謹愼，如臨深淵，如履薄冰，提防潛伏的危機，不忘福兮禍所伏的古訓。

歷史上，周武王戰勝了殷商，進入殷都後還未下車，就立刻封黃帝的後代於鑄、帝堯的後代於黎、帝舜的後代於陳。下車之後，又封大禹的後代於杞，立湯的後代爲宋國君，承續桑林祭祀。即使這樣做，周武王仍恐懼歎息，命周公旦請來殷商遺老，表達自己希望恢復中興商朝的君主盤庚的政治理想。他效法盤庚散發米粟、佈施錢財、去除債務、救濟貧困，向人民表示無私。還赦免罪犯，修葺了比干的墳墓，重建箕子的住宅，讓士子經過此地時下車致敬。入殷三日之間，冊封參與謀劃的賢德之士爲諸侯，賞賜大夫們土地，減免一般百姓的賦稅，然後才渡過黃河，回到半鎬文王廟內報功。可見武王伐商獲勝之後，舉止言行之謹愼，唯恐疏忽，不敢絲毫妄自尊大。所以《周易》說：「愬履虎尾，終吉。」

趙襄子派辛穆子伐翟獲勝，攻下了左人和中人兩座都邑。辛穆子派使者回來報告趙襄子，趙襄子正在吃飯，聽到彙報後面有憂色。身邊的人問：「一朝攻下兩城，理應高興，君王怎麼面露憂愁呢？」襄子回答說：「長江黃河水漲，三日便會退落，疾風暴雨一日之中不過頃刻。現在我們趙家德行積累不厚，卻一朝攻下兩城，恐怕滅亡的命運隨時會降臨在我身上呢！」襄子聽到捷報後，卻反而產生這麼深沈的危機感，實在讓人敬佩。

不過，儘管立意良好，憂思甚切，范仲淹的《奏上時務書》卻始終如石沈大海。不久，范仲淹又向宰相王曾上長達萬言的《上執政書》，針砭時政道：「朝廷久無憂矣，天下久平矣，兵久弗用矣，士曾未教矣，中外方奢侈矣，百姓反困窮矣。」他認為危機在於：「朝廷無憂則苦言難入，天下久平則倚伏可畏，兵久弗用則武備不堅，士曾未教則賢才不充，中外奢侈則國用無度，百姓困窮則天下無恩。苦言難入則國聽不聰矣，倚伏可畏則奸雄或伺其時矣，武備不堅則戎狄或乘其隙，賢才不充則名器或假於人矣，國用無度則民力已竭矣，天下無恩則邦本不固矣。」

范仲淹認為天下表面太平，其實卻潛伏著可怕的危機，一些奸雄將會伺機而起，大宋盛世不久就可能走到盡頭。果然不久之後，西夏王趁著大宋邊境武備鬆弛大勢擾撓，應證了古人所說的：「天下雖安，忘戰必危」的道理。

七、把冤屈當考驗，曲直是非歷史自有評斷

景祐二年三月，范仲淹升任禮部員外郎，天章閣待制，調回京師。當時呂夷簡爲宰相，任用親信，培植私黨，趨炎附勢之徒聚於門下。他緊緊抓住官吏的任免大權，「但引不若已者，爲自固之計」。在這種情況下，剛直不阿的范仲淹和朝中一批正直的士大夫，自然深爲不滿。

有一回，呂夷簡和范仲淹議論人物，說自己接觸過很多人，但「有節行」的卻沒有。范仲淹說：「有是有的，只是你不知道。以閣下這樣的方式待士，有節行的人是不會來的。」范仲淹言下之意就是「物以類聚」，暗諷呂夷簡只能跟那些沒節行的人在一起，呂夷簡心裡自然不悅。

除了以言語諷刺呂夷簡外，范仲淹還特別建議皇帝，在用人這個問題上，不能全由宰相作主。他認爲官員升遷，應當設立標準，並由皇上掌握，尤其必須過問近臣的進退。

後來，范仲淹又把京官晉升的情況，繪製成一幅《百官圖》，獻給皇帝，圖中一一指出哪些人是按規定升遷的，哪些人是宰相以私人關係提拔的，對呂夷簡的結黨營私作了毫不留情的揭露。他提醒仁宗，治亂之道的根本在於用人的得失，得人則治，失人則亂。他還舉西漢成帝時，宰相張禹和皇后王氏專權，釀成王莽的篡權，西漢滅亡的教訓，來提醒皇上呂夷簡的失職，說他：「以大爲小，以易爲難，以未成爲已成，以急務爲閑務」，並且趁機推薦韓億說：「億可爲協政，億與仲淹

非親非故，又素無交托。」

呂夷簡知道後勃然大怒，在皇上面前再三申辯，並指控范仲淹「越職言事，薦引明黨，離間君臣」，當時的禦史大夫韓讀爲了巴結呂夷簡，甚至請求仁宗書列范仲淹一黨官吏姓名，張掛於朝堂之上，告誡百官不得越職言事。仁宗聽信讒言，罷免了范仲淹的官職，將他貶到饒州任知州。

此舉使朝野震驚。因爲范仲淹所言屬實，許多有志之士不怕被牽連，紛紛挺身相助。首先仗義執言的是余靖。當時余靖擔任秘書丞、集賢校理。他上書道：「仲淹以一言忤宰相，遽加貶竄，況前所言者在陛下母子夫婦之間乎？」說范仲淹從前上書請出太后還政，諫止廢后，都沒有遭到如此重貶，怎麼能因宰相的一句話，便遭貶放呢？

余靖還對皇上說：「仲淹說得不對，不聽就行了，怎能以爲罪呢？陛下親政以來，短期內三次謫逐提意見的人，實在不是國家之福！」爲此，他請求皇上優容爲懷，收回成命。沒想到仁宗聽後大怒，反而將余靖貶到江南西路，監筠州（今江西高安）酒稅。

當時擔任太子中允、館閣校勘，與范仲淹有師生之情的尹洙，也不滿范仲淹被貶，憤然上書，自稱得范仲淹舉薦，與他「義兼師友」，范仲淹既以朋黨之罪招致貶放，自己按理不該倖免，願意同受貶黜。因此，尹洙也被貶到了郢州（今湖北鍾樣）監酒稅。

而當時擔任官閣校勘的歐陽修也發出不平之鳴，他憤然致書右司檢高若訥，力陳范仲淹剛正好學，博通古今，朝臣中誰也比不上，不應因忠言忤相而遭貶。他在信中指斥高若訥：禦史台已張榜於朝堂，誡百官不得越職言事，可言者唯有諫官。而高若訥身任諫職，不僅「在其任而不言」，反而「昂昂自得，已無愧畏」，以爲范仲淹當黜。如此行事，居然還有臉見士大夫，出入朝中稱諫官，實在是「不自知人間有羞恥事」。

歐陽修甚至在信中慨然言道：「若猶以希文不賢而當逐，則予今日所言如此，乃是朋邪之人，願足下直攜此書於朝，使正予罪而誅之，使天下釋然知希文之當逐，亦諫官之一效也！」高若訥惱羞成怒，將此信轉呈皇上，歐陽修因此被貶爲峽州（今湖北宜昌）夷陵令。

蔡襄當時擔任館閣校勘，他有感於當時朝廷缺乏正氣，儒不敢言，就寫了一首政治諷諭詩，題名《四賢一不肖詩》。「四賢」指范仲淹、余靖、尹洙和歐陽修，一不肖即高若訥。詩寫成後，「京都人士爭相傳寫，鬻書者市之得厚利」，發行量很高，傳播很廣。契丹來的使者也買了回去，張貼在幽州接待宋使的賓館中。

泗州通判陳恢讀到了這首詩之後，上書要求給作者治罪，反而被左司諫韓琦彈劾，說他越職討好，混淆視聽，才應加重罪。仁宗這時六神無主，沒想到罷黜范仲淹竟會引起軒然大波。

光祿寺主簿、大詩人蘇舜欽也加入聲援范仲淹等人的行列。正在服父喪的蘇舜欽上書道：「孔道輔、范仲淹，剛直不撓，致位台諫，後雖改他官，不忘獻納。二臣者非不知緘口數年，坐得卿輔，蓋不願負陛下委注之意，而皆罹中傷，竄謫而去，使正臣奪氣，鯁士咋舌。昔侯問叔向曰：『國家之患孰爲大？』對曰：『大臣持祿而不及諫，小臣畏罪而不敢言，下情不得上通，此患之大者。』今國家歸設爵位，當責其公忠，安可教以循默！賞之使諫，尙恐不言，罪其敢言，就肯獻納！物情閉塞，上位孤危，軫念於茲，可爲驚怛！凱望陛下發德音，寢前詔，勤於採納！可常守隆乎。若詔榜未削，欺罔成風，則不惟堂下遠於千里，竊恐指鹿爲馬之事復見於今朝矣。」

他向皇帝指出罷黜這批忠直敢諫的官員，無非是幫助阿諛的小人得勢。並且舉春秋時晉侯和叔向的對答來勸喻仁宗。晉侯曾問叔向：「什麼是國家最大的禍患？」叔向回答說：「大臣光拿俸祿，而不進諫，小臣怕進諫獲罪，而不敢說話，基層的情況不能傳達到高層，這就是國家的最大的禍患。」因此，蘇舜欽表示：「國家應獎賞那些敢於直諫的人，唯恐他們不進言。現在陛下加罪於那些敢講眞話的人，誰還敢進諫？天下發生的事情，皇上若不知道，皇位也就岌岌可危了。臣每次想到這裡，就心驚膽寒！現在寄望陛下發德音，收回詔命，勤於採納下臣的意見，這樣就可以常守太平。假若前面的詔命不取消，就會形成欺惘之風，到時候指鹿爲馬的事，將在今朝重現。」

蘇舜欽還爲范仲淹、尹洙、歐陽修的貶謫寫了詩：「伊人秉直節，許國有深謀。大議搖岩石，危言季采旒。蒼黃出京府，憔翠謫南州。」

與蘇舜欽齊名的大詩人梅堯臣亦作詩諷喻此事。他把范仲淹比喻爲啄木鳥，啄去了大樹上的蠹蟲，卻惹惱了園林主人，不幸被金彈射落在餘暉之中：「啄盡林中蠹，未肯出林飛。不識黃金彈，雙翎落餘暉。」

范仲淹爲官坐得端，行得正，惟道以行，因此在遭受危難之際，得到來自四面八方的支援。

誠如孟子所言：「得道者多助，失道者寡助，多助之至天下順之，寡助之至親戚畔之。」而范仲淹被貶逐的第二年，失道太多的宰相呂夷簡終於也被罷免。呂夷簡一去，很多人才站出來爲范仲淹說話，針對此事，仁宗仍不肯承認自己的錯誤，下詔道：「向貶仲淹，蓋以密請建立皇太弟侄，非但詆毀大臣。今中外臣僚屢有稱薦仲淹者，事涉朋黨，宜戒諭之，故復下此詔。」拉不下臉的仁宗不得不另找一個范仲淹遭貶黜的理由，說當時范仲淹是想立皇太弟的侄兒爲太子，不是因爲詆毀大臣才遭貶，還以「事涉朋黨」來壓制進薦者。

在當時，凡是替范仲淹申辯的官僚，都被視爲朋黨。《續資治通鑑長編》記載參知政事李若穀的話說：「近歲風俗薄惡，專以朋黨汙善良，蓋君子小人各有類，今一以朋黨目之，恐正臣無以自立。」

范仲淹被貶謫到饒州，是他一生中第三次被貶，朝臣多畏懼呂夷簡的權勢，不敢與范仲淹往來。甚至還有人上書表明自己與范仲淹非姻親也非故舊。《續資治通鑑長編》，景祐三年五月戊子條有云：「同知樞院韓億言：『昨蒙宣諭：范仲淹嘗密薦臣。臣自曆周行，擢贊相府。未嘗涉朋比之跡，結左右之客，況臣與仲淹既非姻親，又非故舊，緣何契義？輒有薦論，若仲淹舉臣以公，則臣素無交托。』」范仲淹曾舉薦的韓億，害怕捲入這場政治紛爭而遭貶黜，因此急欲表明自己與他並無特殊關係。

范仲淹出京時，朝中氣氛緊張，只有六章閣待制李紘、集賢校理王質設酒爲他餞行。趙善潦

《自警篇》記載道：「范文正公貶饒州，朝廷方治朋黨，士大夫莫敢往別。王待制質獨扶痛餞於國門。大臣責之曰：『君長者，何自陷朋黨？』王曰：『范公天下賢者，顧質何敢望之？若得爲其黨人，公之賜質厚矣！』聞者爲之縮頭。王質可說是范仲淹的知己了，正當滿朝官僚都怕身受牽連的時候，他卻以能爲其黨人爲榮。

景祐四年十二月二日，汴京地震。接著，又有河東各路報告忻州、代州、並州地震成災，忻州死了近兩萬人，代州七百多，並州一千八百多；牲畜僅忻州就死了五萬，忻州知州負了傷，掌管兵馬的武官都監、監押亦有傷亡。先秦伯陽父用陰陽二氣解釋地震，把地震發生的原因歸結爲人事。認爲人間出現了不公道的事情，上天就要降下災害，以示警告和懲罰。這個看法無形中讓人們聯想到范仲淹遭貶謫的事情。

朝廷內部因此又掀起了一場議論。一個月之內，韓琦、葉清臣、蘇舜欽都紛紛上書，表示天變是由於人事不修所引起的，朝廷應當趕快糾正過失，使災禍不至蔓延。當時蘇舜欽擔任大理評事監在京店宅務，官位很低，言輕論微，只能把意見投入匭（類似意見匣）中，直接向皇上進言。而直史館葉清臣則表示：「范仲淹、余靖以言事被黜，天下之人蠟舌不敢議朝政者行將二年，願陛下深自咎責，詳延忠直敢言之士，庶幾明威降鑒而善應來集也。」告訴皇上天下人不敢講話已快兩年了。

優柔寡斷的仁宗看到事已至此，也感到有些害怕，於是立刻把范仲淹調到潤州（今江蘇鎮江市）；把余靖調到泰州監稅；把歐陽修調到乾德（今湖北均縣東南）擔任縣令。見到范仲淹被調遷，他的政敵很擔心他會再度受到重用，又紛紛進讒言。仁宗因此又想把范仲淹貶到嶺南，所幸參知政事程琳站出來爲范仲淹辯解，皇上才打消這個念頭。仁宗胸無定見，可見一般。

直到康定元年，西夏來犯，范仲淹才在韓琦的力薦下，恢復天章閣待制的官職，奉命到延安邊境率領永興軍。

八、只要行事正確，決不屈從於壓力

古人說：驕兵必敗。不審視自己的實力，就是所謂的驕兵。歷史上因兵驕而敗的例子，比比皆是。據《春秋左氏傳》記載：桓公十三年，楚國的大將屈瑕討伐羅國，鬥伯比爲屈瑕送行。回來時，鬥伯比告訴他的車夫說：「屈瑕這次一定會失敗，舉止高傲，心思不定啊！」並且馬上覲見楚國國君，告訴他這個看法。楚國國君馬上派人追回屈瑕，但終究是來不及了。屈瑕率軍攻打羅國，路上不加防備，到了羅國，羅國人嚴陣以待，予以抵抗，屈瑕大敗，自殺而死。

而令范仲淹憂慮的是，宋、夏交戰當中，宋軍每戰必敗，除了敵強我弱之外，就是上自朝廷下至邊將的輕敵之心所使然。元昊稱帝時，大宋並未作任何戰前準備，就命知永興軍首領夏竦兼涇原、秦鳳路安撫使，延州知州范雍兼鄜延、環慶路安撫使，準備出兵夏州。兵書說，大軍出戰，糧草先行。然而宋朝既沒有派大軍，也沒有送糧草，只是把原來知邊疆的地方官臨時改爲戰將「安撫使」。換了個牌子，就著手出討元昊。出兵如此輕率，是因爲當時群臣認爲「元昊不過是個小丑而已，只要大兵一動，很快就會一舉全殲了。」而隔年，仁宗命人在邊地揭榜，擒捕元昊。大敵當前，朝廷上下不修武備，只將元昊視爲草莽遊寇，實在是輕敵至極。

上有所好，下更甚焉，邊將竟然比朝廷更爲輕敵。范雍以振武軍節度使鎮守延安時，邊備廢弛，駐兵也很少。康定元年正月，當元昊終於領兵數十萬進攻時，延州城裡的守兵只有數百。元昊果然以迅雷不及掩耳之勢，掃過延州西北的保安（今陝西志丹），之後便馬鞭東指，挺進延州東北的金明寨。

寨、堡、城、鎮都是歷朝歷代設置經營的軍事據點。金明寨守將是被稱爲「鐵壁相公」的李世彬，糟糕的是，他也十分輕敵。對元昊的十萬雄師東進，李世彬不僅仍掉以輕心，不作臨戰前的充分準備，甚至誇誇其談地說：「敵兵一聽我鐵壁相公之名就落膽了，怕他幹啥？」結果，當大軍來襲，李世彬所禦守的金明寨不堪一擊。

延州戰事起時，鎮守慶州的大將劉平奉命救援，「兼程而趨，士卒不得休息」，實際上也是輕敵的錯誤戰略，等軍隊到達目的地時，元昊以逸代勞，在三川口設置陷阱，把這支疲勞之師圍而殲之。後來元昊軍馬圍城七日，延州數百兵甲，才了解到局勢的嚴峻。可惜爲時已晚，數百兵甲與十萬雄師對壘，其勇氣雖可嘉，其結果卻十分可悲。幸虧後來天降大雪，使夏兵不得不撤去，延州城才僥倖得以保全。

但三川口之敗，並沒有使朝廷文武百官清醒，他們甚至主張延邊五路軍馬同時入討，一舉殲滅元昊軍馬。此時被舉薦爲陝西經略安撫副使的范仲淹，十分反對這種輕敵的做法，一到邊關，即向宰相上書道：「又聞邊臣多請五路入討，臣想未可輕舉。太宗朝以宿將精兵而西討，艱難歲月，終未收復，況今承平日久，無宿將精兵，一旦興深入之謀，臣謂國之安危，未可知也。惟此下緩而圖之。」他以歷史爲例，說宋太宗趙光義用精兵老將西討，都沒有打垮他們，況且天下太平這麼久，早就沒有精兵宿將了，一旦發動大軍深入西夏，陷入敵境，國家的安危實在不可預料。

延州解圍之後，塞門寨在五月爲夏兵所占領，寨主高延德被俘。接著，安遠寨也被佔領。由於邊將輕敵，夏兵迅速攻下了宋朝邊境許多城寨，佔領了一大片地盤。八月，夏軍攻金明寨不得志。九月又攻三川寨（今寧夏固原西北），鎮戎軍西路都巡檢使楊保吉戰死。鎮戎軍當時屬涇原路，都巡檢使是個中級軍官。後來，定川堡又被圍，戰士死了五千，乾河、趙福三堡陷落。涇原路戰局緊張。

十一月，朝廷派晁宗愨至永興軍議邊事。經略安撫使夏竦採納了范仲淹的意見，認爲邊將還沒有「習練」，當以防禦爲主。假如夏兵進攻，可找機會還擊，大軍卻不能輕易出攻。經略安撫司判官田京也認爲不能進兵，說：「驅不習之師，攖銳鋒，深入賊地，爭一日之勝，此兵家所忌，師出必敗。」

然而仁宗當時仍夜郎自大，以中夏宗主國皇帝自居，自認大宋兵強馬壯，元昊上次得勝，實屬僥倖。他主張揮軍一舉殲滅西夏，於是慶曆元年末，親自責問夏竦軍期。夏竦不得已提出攻守二策，派韓琦和尹洙帶去汴京，請皇帝決定。韓琦主張進攻，以爲集中兵力，深入夏國境內，尋找夏軍主力進行決戰是上策。他不把元昊數年東征西討，所向披靡的精銳之師放在眼裡，在上書中輕描淡寫，說元昊屬下精兵最多四五萬人，其餘都是老弱婦孺。其實，當時元昊已徵召國內十五歲以上的丁男爲兵，其十二監軍司共有兵四、五十萬人，豈止韓琦所說的四、五萬而已。

范仲淹則用去年討伐西夏的例子，來反擊韓琦和朝廷輕率的決議：「去年遣朱觀等六道掩襲，所費不貲，皆一宿而還；近者密詔，復遣王中寶等，而至潰敗，或更深入，事實可憂。……但戰者危事，或有差失，則平定之間，轉延歲月，所以再三執議，非不協同。」大意是說，去年朱觀等六路軍進伐元昊，所花費的糧草不少，但出發一天就回來了。前不久秘密詔遣王中寶進伐，差一點全軍潰敗，如果深入敵境，那就更爲堪憂了。戰爭是非常危險的事，一旦有差錯，那麼平定元昊的時間，就得延下去了。所以我再三提出討伐的異議，不是不服從命令。

在兩軍交戰之際，范仲淹對討伐、進攻慎之又慎，不敢稍有輕忽。因爲倘若草率出軍，幾萬人性命亡於一旦，國家安全也會更趨不保。所謂「以不教民戰，是謂棄之」，兵不整訓，糧草無備，輕易出兵視人命如兒戲，跟一些殘酷的統治者草菅人命的做法差不多。因此范仲淹慎重地表示：「六軍一出，關係到千萬人的性命，是不能置勝負於度外的。」

然而儘管如此殫精竭慮，三番五次提請百官不可視元昊爲等閒，但朝廷、邊將還是魯莽行事。最後仁宗採納了韓琦主戰的意見，決定命令開封府、京東、西路、河東路調發五萬頭毛驢，向陝西運送軍用物資。當時擔任樞密副使的杜衍跟范仲淹的態度一樣，認爲此舉是圖僥倖求勝，不宜出兵。而大臣中主張出兵的，指責杜衍阻軍，應當治罪。歐陽修則從經濟著眼，以爲朝廷應先注重通漕運，盡地利，促商賈，「積穀與錢，通其漕運，過一、二年，國力漸豐，邊兵漸習」，然後進兵，才算穩當。實際上也是希望朝廷不要貿然進兵，先作好準備，再進攻也不遲。

但仁宗一意孤行，仍命令韓琦與范仲淹合謀，出師征討。但韓、范二人意見懸殊，策略始終難以一致。韓琦奏請涇原與鄜延同時進兵，並派尹洙到延州勸說范仲淹出兵。然而，尹洙雖與范仲淹交情甚篤，並且在延安逗留了二十天，依然無功而返。最後夏竦將此事稟報仁宗，希望仁宗對范仲淹施加壓力，孰料范仲淹仍堅持不肯出兵。

慶曆元年二月，夏兵進攻渭州的懷運城（今寧夏固原西），韓琦正巡邊至高平寨（今寧夏固原北），便命令結集軍隊，又募敢勇一萬八千名，命任福率領出擊夏軍，而以桑懌爲先鋒，朱觀、武英爲後繼。

任福出兵之後，在張家堡南打了個小勝仗，於是又產生了輕敵之心，爲敵軍拋棄的馬牛駱駝所迷惑，和桑懌緊緊追擊敵軍。敵人的撤退，使任福更加狂妄自大，認爲夏軍乃烏合之衆，爲此窮追不捨，漸漸地進入了夏軍設置的包圍圈。當天薄暮時分，任福、桑懌屯兵好水川（今寧夏隆德縣西），朱觀、武英屯龍落川，隔山相距不過五里，相約明日會兵，使夏人片甲不得歸，哪知自己已經危在旦夕了。三天過去，他們還在尋找夏軍的主力，糧草供給已不足，人馬也已疲乏。此時夏軍的包圍圈越縮越小，在籠竿城（今隆德北）北，主力終於現身，而宋軍已如甕中之鱉。結果桑懌戰死，任福身中十餘箭，誓不爲屈，力戰而死。朱觀、武英和渭州都監趙津會兵於姚家川，武英、趙津陣亡，朱觀率領殘兵一千多人死守民垣。直至天黑，夏兵才退去。

歷史的教訓無數次證明，兩軍陣前，驕兵必敗。

九、政治家必須禮賢下士

有理想的賢能之人，志節高雅，胸懷坦蕩，有時甚至憤世忌俗，傲慢不可一世，但他們的想法卻能洞察幽微。在賢主治世時他們可能居於上位，不肖亂世之時則甘居卑下。因此惟有以禮待之，以誠相待，方能求得。范仲淹謹遵這個原則，對賢士以禮相待，期盼能爲國家爭取更多優秀的人才。

婺州東陽人滕元發，九歲便能賦詩，范仲淹在睦州見過他，對他很器重。後來滕元發來到京城，沒有地方可住，范仲淹知道了，把他請到家裡來，爲他安排食宿。滕元發住在范仲淹家，依然放蕩不羈，常常在外面喝得醉醺醺，甚至徹夜不歸。然而范仲淹並不計較，反而爲他擔心。

有一夜，范仲淹坐在滕元發的臥室裡，明燭觀書，等他回來。滕元發到半夜才歸，一進門，長揖問范仲淹讀什麼書，范仲淹說：「《漢書》」。滕元發猝然便問：「漢高祖這人如何？」范仲淹知道問的人以劉邦自許，什麼話也沒有說，便離開了。滕元發後來治邊有聲，成爲名帥。

寶元元年（西元一〇三八），范仲淹在潤州興學時，曾先後兩次寫信邀請當時身爲布衣的李泰伯到潤州講學，語氣十分誠懇：「請一來講說，因以圖之，誠衆望也。」

歷史上不乏君主禮賢下士，最終獲益的例子。堯不以帝王之尊會見善綣，而且面朝北恭敬地向一介平民的善綣請教，如此重禮，原因就在於善綣是位得道之士，而堯甚至自認德行智略不如善綣。

周公旦會見過七十位生活在貧民窟裡的人。此舉他的父親文王本想做，卻只開了個頭；哥哥周武王雖然做了卻沒有完成。周公旦輔佐年幼的侄兒周成王，眞正做到了禮賢下士，因而得到了衆多資助。

齊桓公也曾親自上門去求見稷，一天去了三次都沒遇到。隨從說：「大國君王去見一平民，一日三回未遇，應該不必再來了吧？」桓公說：「不能這樣解釋。有道之士不屑於俸祿爵位，固然輕視君王。縱然稷不屑於俸祿爵位，難道我也不屑於霸王事業嗎？」

子產在鄭國爲相，見壺丘子林時，捨棄丞相之尊，與壺丘子林的弟子們按年齡爲序就坐。身爲大國之相，能這樣平等地與人談論思想、議論品行，因此能得到高士指點，在鄭國爲相十八年，治績顯赫。

魏文侯去見段干木，站到疲勞都不休息，而回宮後召見上卿翟黃，則箕居堂上與他談話。翟黃對魏文侯這種前後不同的待遇非常不高興，文侯解釋說：「段干木這個人給他官做他不肯，給他俸祿他不受。現在你想做官則得到相位，想得到俸祿就得到上卿的俸祿，如此還要我對你以禮相待，實在有些困難。」後來文侯得到段干木的相助，向南在連堤戰勝楚國，向東在長城戰勝齊國，俘虜齊侯獻給周天子，得到了周天子的封侯。

相比之下，亡國君主則自以爲聰明，獨尊天下，漠視衆人，分不清昏昧與光明，視混亂爲安定，危機四伏卻以爲一片安寧。商周因此而滅亡，比干因此而被剖腹。

據《說苑．尊賢》記載，齊國公子糾不計前嫌，重用管仲。而管仲先是提出地位不夠尊貴，齊桓公便拜他爲上卿；繼而又提出生活不夠富裕，齊桓公遂將齊國一年的租稅收入都賜予他；既富且貴之後，他又嫌自己與國君的關係「疏而不親」，齊桓公便尊稱其爲「仲父」。從此，管仲充分施展他傑出的才幹，輔佐齊桓公成就了「九合諸侯，一匡天下」的鴻圖偉業，使齊國成爲春秋時的第一霸主。

范仲淹一生敬重賢士，積極網羅人才爲國效力，同樣表現了忠君愛國的情操，以及視人的智慧。

十、認清利弊得失，擇其利大者而從之

任何事都有得失利弊，卻又無絕對的利與弊，關鍵在於如何辨認和權衡。擇其利而從之，擇其害而避之，就是智者的表現。范仲淹在泰州堅持修復海堰，在蘇州極力主持治水工程，就是考慮到長遠的民生問題，以及百姓的未來，才不顧輿論反對、不畏艱難的堅持去做。

歷史上有因貪小利而亡國的故事。春秋時，晉獻公派荀息向虞國借路以伐虢國。荀息說：「請把垂棘出產的五璧和屈邑出產的四匹馬送給虞公之後，再向他借道，他必然會允許。」獻公擔憂地說：「垂棘之璧是我先君的寶物。屈邑出產的馬是我的駿馬，如果虞公接受了禮物卻不答應借路，那該怎麼辦呢？」荀息推測說：「不可能這樣。他若不肯借路，必不會接受禮物。若接受了禮物而借路給我們，就好像我們把玉璧從宮中取出來，藏在宮外的府庫裡；把駿馬從宮內的馬槽邊牽出來，拴到宮外的馬廄去。您還憂慮些什麼呢？」荀息利用了虞公貪小便宜的心態，使虞公接受了玉璧和駿馬，並借路給晉。而荀息戰勝了虢之後，回程順道滅了虞國，取回玉璧和駿馬回國稟報。獻公非常高興，玉璧和原來的一樣大，而馬只是年齡稍長了一點而已。

當時虞國的宮之奇曾以「唇亡齒寒」的比喻勸諫虞公，然而虞公拒絕聽取，貪圖小利，而忽視了虢、虞二國重要的依存關係，最後落得兩手空空，只是暫時替人家保管了玉璧和駿馬而已。

智伯想攻打鳳繇國，但又找不到道路通到那裡。他想了一個計策，那就是用小利引誘鳳繇君，讓他開闢一條大道。

智伯鑄了一個大鐘，用兩輛車並排裝載，送去給鳳繇君。鳳繇君想得到那口大鐘，便不聽赤章蔓條的勸諫，削平高地、塡平溪谷，以迎接大鐘。就這樣築成一條亡國大道，讓智伯陰謀順利得逞，滅了鳳繇國。

范仲淹的行事高瞻遠矚，顧全大局，深入分析事情的始末，仔細權衡得失，然後才得出結論，作成決策。因此能不爲小利所惑，做出正確而有益的判斷。

十一、少施刑罰，多施仁義，才是服人之道

封建時代的君主，大多主張以嚴刑峻法來統治天下。而范仲淹卻不贊同這樣的做法，他認爲治理國家，莫如以德，莫如行義，如果以德行義，不賞則民勸，不罰而邪止，能夠實現道德、仁義的感化作用，而施以嚴刑峻法，則無法從根本上教化人民。

慶曆三年五月，王倫在沂州（今山東臨沂）起義，參加起義的主要是士兵，還有饑民。起義軍先向青州（今山東益都）行進，而後南下，經過楚州（今江蘇淮安）、泗州（今江蘇盱眙）、眞州（今江蘇儀征）、揚州（今江蘇揚州市），轉戰數千里，如入無人之境。最後，才在和州（今安徽含

衛東北）被擊潰。民兵所到之處，州縣長吏不是逃奔，便是投降。

王倫起義被鎮壓之後，張海、郭邈山等又在四川、陝西、湖北三省交界的地方起義，但起義軍人數合起來不過二百多人。慶曆三年九月，起義軍攻入金州（今陝西安康），知州王茂見兵臨城下，便打開城門，城內軍次甲仗，任由義軍揀取。而到鄧州順陽縣（今河南淅川南）時，縣令李正敲鑼打鼓，把義軍迎入城內，大擺酒食，任其在縣衙門內住宿，要什麼給什麼。這一支義軍，在京西幾千里地方，轉來轉去，官吏作鳥獸散，「士民塗炭，以至江淮州縣，無不震驚」。

而當起義被鎮壓後，這些守土有責的州縣官自然也當辦罪了。當時擔任樞密使的富弼主張嚴辦，范仲淹卻不贊成，說：「平日諱言武備，江淮郡縣，城壁不像邊塞上的那般堅固，要求那些長吏守土無失，不合情理。」

有一個叫晁仲約的，當時統率高郵軍（今江蘇高郵）。晁仲約曾讓城內的富人拿出金帛牛酒，迎接起義軍。富弼要將晁仲約處死，憤怒地說：「盜賊公行，身爲守臣，又不能守，還叫人醵金以爲饋遺，按照國法，理應治死。聽說高郵人對之切齒，欲食其肉。」范仲淹爲晁仲約辯言，說：「高郵既無兵，又無械，知軍雖守土有責，但事有可恕，不應治死。老百姓爲了保全地方，出些錢，也許還是願意的。說高郵之民那麼恨他，恐怕也是傳聞失實。」富弼生氣地答道：「現在提倡法治，您卻偏偏陰撓執法！」還嘲笑他：「您大概是想做佛了！」范仲淹面對嘲弄並不生氣，平心靜氣地說：「皇帝正値盛年，我們不可引導他輕易殺人。宋祖開國以來，還不曾輕易殺過一個臣僚呢。」

范仲淹之所以主張對犯錯的地方官從寬，一方面是希望使這些人能心悅臣服，衷心歸順朝廷，一方面也與他接受儒家仁治思想有關。孟子認爲「以德行仁者王」，主張行仁政，以德服人。這就是儒家提倡的「王道」政治。和「王道」相對的是「霸道」政治，霸道就是假仁義之名，以力服人。孟子反對霸道，說：「以力服人者，非心服也，力不贍也；以德服人者，心悅而誠服也。」

范仲淹認爲地方官面對洶湧而來、殺氣騰騰的起義軍，不作抵抗，朝廷也應該負責任。因爲平日不加強軍備，事端一起，又怪他們守土不力，這是不合情理的，倘若輕易便判他死罪，更是不公平。

早在神農、黃帝時代，君王就很注重以德教化民衆，順應民心，潛移默化地改善人民的面貌和習俗，他們功績卓著，形體已死卻聲名遠揚，根本沒有嚴罰厚賞。因此與神農、黃帝的教德順情之治相比，嚴罰厚賞是衰亡社會的政治。

舜禹時代，三苗不歸服，禹請示攻打它，舜說：「用道德感化就可以使其歸服。」實行德政三年後，三苗果眞歸順。後世孔子讀到此段，感歎道：「通曉道德感化，則孟門、太行兩座大山算不得險峻。」，而周代的廟堂把象徵武力的金屬器具陳列於最後，就是表示先行德義，不得已才用武力。

韓國修築新城牆，限十五天完成。有個縣延遲了兩天才完工，主管土木工程的段喬便將這個縣的長官囚禁起來。封人子高知道後去拜見段喬，邀段喬一同登上城牆，俯瞰四周，讚歎道：「這城牆修得眞漂亮啊，算得上是一大功勞了。不過，從古至今還未聽說過，在修這樣漂亮的城牆、立這樣大功勞的過程中，沒有懲罰或殺戮任何一個人的管理者。」待封人子高離開後，段喬遣人連夜釋放了那個縣官。顯然是子高用明德愼罰之理，開導了段喬。

晉大夫欒盈犯了罪，正卿范宣子在處罰欒盈時，不僅連他的朋友羊舌虎也殺了，還派人將羊舌虎的同父異母兄弟長叔向抓入官府爲奴，令他戴上刑具。當時有個叫祈奚的人得知此事，便去拜見范宣子並勸說道：「善於治理的人，只適度賞賜於人，謹愼施刑於人。過度賞賜怕奸人得利，隨意施刑怕好人遭殃。如果眞的無法避免，則寧可因下令重賞使奸人得利，也不能濫施刑罰而冤枉了好人，尤其不能一人犯罪，誅連左右。所以儘管堯殺掉了剛愎自用的鯀，但舜還是重用了鯀的兒子禹，這就是不隨意誅連，謹愼用刑。」聽了祈奚這番話，范宣子便釋放了叔向。

明德愼罰是融合了儒、道、墨各家之言，所提出的治民策略，不僅弘揚了人道精神，從深刻和長遠的角度考慮，更不失爲合理的教化民風的方法。

十二、正國必先正家

明道二年（西元一〇三三年）十月，正是范仲淹安撫江淮、途中以救弊八事上疏三個月之後，呂夷簡由陳州被重新召回汴京，以門下侍郎兼吏部尙書、同平章事的身份，二度入主中書。距前次罷相，不過半年，仁宗還是離不開他。

呂夷簡回到朝廷，難免會公報私仇。當初仁宗只打算罷免張耆、夏竦這些太后重用的舊人，並且事先與呂夷簡商量過。但後來仁宗回寢宮後向郭皇后提及此事，皇后說：「夷簡就不依附太后嗎？只不過『多機巧，善應變耳』。」仁宗於是又決定罷了呂夷簡的相職。

當朝中宣佈制書時，呂夷簡聽到自己被罷職，大吃一驚，不知是什麼緣故。但他不動聲色，憑著多年深於宦海的經驗，猜到必定是後宮有人作祟，便向交情深厚的太監都知閻文應打聽內幕，才明白這是郭皇后的主意。於是呂夷簡從此懷恨在心。

郭皇后是天聖二年，宋仁宗十五歲時冊立的。這件婚事全由太后作主，因此仁宗並不喜歡她。她妒忌心盛，倚仗太后權勢，頗驕縱，嚴厲把持後宮，使宮人很難和仁宗親近。太后過世之後，郭皇后失去靠山，而仁宗少年登基，愛好女色，寵幸尙美人和楊美人，因此后妃之間常常發生爭吵。因而也爲呂夷簡提供了一個報復機會。

終於有一次，尙美人當著仁宗的面譏諷郭皇后，語多不遜，氣得郭皇后跳起來伸手打她，仁宗從中阻攔，郭皇后一巴掌落在仁宗的脖子上，仁宗一怒之下，打算廢黜皇后。而閻文應便趁機勸仁宗請呂丞相來評理。呂夷簡想藉此廢掉郭皇后，不過自己並不出面，只是暗地裡與禦史台中丞范諷合謀，竭力促成此事。范諷上奏道：「皇后冊立已經九年了，一直沒有生子，應當廢。」呂夷簡則力贊其言。

廢后的消息不脛而走，宮廷內外一時鬧得滿城風雨。衆臣認爲皇后「母儀萬方」，不宜輕易廢之。況且郭皇后本無大過，遽言廢后，無論在倫理或政治上都說不過去。范仲淹得知後，也認爲皇上這個決定有欠考慮。正國必先正家，家不正何以正天下？此事如果處理不當，將直接影響皇上在朝臣和老百姓心目中的地位。爲此他向仁宗極陳廢后不可，請皇上及早決斷，平息廢后爭議。但由於呂夷簡的慫恿，廢后已成定局，而他們也已做好應付言官的準備。

在仁宗頒下詔令：「皇后久不育子，願入道門，特封爲淨妃，道號玉京沖妙仙師，賜名清悟，別居長寧宮。」之前，呂夷簡已令相關部門不准接受御史台和諫院的奏章。

范仲淹見奏摺無法遞進，就與御史中丞孔道輔（孔子四十五世孫），率知諫院陳祖德、侍御史蔣堂、殿中侍御史段少連等台諫官員十餘人，立於垂拱殿門（皇上平時視朝的地方）外伏奏，請求皇上接見，聽聽他們的意見。

然而守殿的衛士竟不肯通報。孔道輔情急之下，衝上前拍著大門的銅環大呼：「皇后被廢，爲何竟不許台諫說話？」不一會兒，內中傳旨，要他們面見宰相。

一行人來到政事堂，質問呂夷簡：「人臣對待皇帝和母后，猶如人子事父母。父母不和，本當勸止，豈能順從父意而休棄母親呢？」呂夷簡則說：「廢后一事，歷朝都有，用不著大驚小怪。」范仲淹辯道：「漢光武帝廢后是事實，但並非英明所致，而是失德的行爲，有何值得效法？」

幾番駁論，逼得呂夷簡啞口無言，只好站起來拱手道：「諸位還是去向皇上陳奏吧！」范仲淹等人剛離開，呂夷簡立即向仁宗指責范、孔等伏奏請對，「絕非太平美事」，應該逐出京師。次日一大早，范仲淹和孔道輔才剛準備上朝會同百官請奏，就接到貶謫令，要被貶的一干官員從速離京，並明令今後上奏章疏須秘密呈送，不得直扣宮門，驚動皇上。

此事引得朝臣憤憤不平。富弼更上書直陳皇上的過失，建議火速追回范仲淹，恢復其諫官之職。早在太后垂簾時，范仲淹就曾上書反對皇帝率百官向太后上壽。太后去世，范仲淹被提拔擔任諫職，既居諫官之列，皇上又屢次宣諭，請他無論大小過失，直諫無隱，而范仲淹照此辦理，「聞過遂諫」，結果反及於禍，被遠徙外職郡。富弼陳舉事實之後，甚至激烈地說范仲淹被貶「是陛下誘而陷之，不知今後何以使臣？」然而這封奏疏上呈後，仁宗仍未加理會。

於是四十六歲的范仲淹攜家離京南下，直赴睦州，途經淮水，遭遇大風，幾乎翻船，有感而發，寫下了《赴桐廬淮上遇風三道》，其中一首寫道：「聖宋非強楚，請誰異汨羅。平生仗忠言，盡室任風波。舟楫顛危甚，蛟鼉出沒多。斂陽幸無事，沽酒聽漁歌。」范仲淹素懷「雷霆日有犯，始可報君親」的信念，終於因言獲罪，一家十口，遠走天涯。但在驚濤駭浪中，他仍坦然自若，相信自己不致重蹈當年屈原葬身汨羅江的命運。

廢后之事引起朝野上下一片譁然，忠臣賢良之士連連被貶謫，嚴重波及政局的穩定。事先早已預料到這種情況的范仲淹，在《謫守睦州作》中說：「正邦先正家。」

關於郭皇后的事至此還未結束。原來郭皇后被廢後，還住在宮內。直到景祐元年九月，仁宗詔立宋初開國名將曹彬的孫女曹氏爲皇后，淨妃郭氏才被勒令出居於外宅。而尚美人則被令爲道士，楊美人則安置別宅。後宮的問題表面上似乎平息了。

景祐二年三月，范仲淹又因治水有功被調回朝廷。進京時升爲禮部員外郎、天章閣待制、判國子監。宋朝前期的官制十分複雜而混亂，官職和實際職務分離，只用來定品秩、俸祿等待遇，所以被稱爲「階官」或「寄祿官」。差遣才是實際職務，又稱「職事官」。另有授給文官的一種館客職務，稱爲「職」。如禮部員外郎是范仲淹的官銜，判國子監才是他的本職，天章圖待制則是給他的職名，意思是皇帝的顧問，可以參與議論，是十分光榮的頭銜。

范仲淹回京後，後宮又起了波瀾。郭皇后被廢，原本是仁宗一時氣憤，加上呂夷簡、閻文應等人從旁慫恿而成的。後來，仁宗也自覺此事處理不當，漸生悔意，多次派人去她所住的瑤華宮看望，有時還作樂府詞贈她，她也以淒婉的詩相和。人們猜測仁宗有心重召郭后回宮，閻文應爲此非常害怕。景祐二年十一月，郭后偶然得了小病，仁宗便領太醫前去診視，沒幾天郭后就突然死了。朝臣們都懷疑是閻文應下的毒手，但又苦無罪證。

廢后一事發展到令人意想不到的地步，范仲淹認爲應查出罪魁禍首，嚴加處份。閻文應平日專橫跋扈、胡作非爲，經常假借皇上的名義發佈命令，而執政大臣也不敢違抗，范仲淹對他一向不滿，此次無辜的郭后又突然死去，他更難辭其咎。於是他列舉了閻文應的各項罪狀，擬就奏疏，誠懇勸說仁宗懲處這個誤朝亂國的奸佞小人。

當時閻文應雖已被罷爲秦州鈐轄，不久又改爲鄆州鈐轄，但他假稱有病，賴在京城不走。此時諫官姚仲孫也上疏論奏，但閻文應爲仁宗所寵信，又與呂夷簡勾結，勢力龐大，難以除去。不久范仲淹抱著必死的決心再次上奏。上奏前，他安排好家事，並叮囑長子純祐：「我這次上書是要掃除君側小人，若不勝，必不與之俱生。我如果死了，你們兄弟從此不要再做官，就守在我的墓邊，以教書爲業。」而仁宗既深感虧欠郭后，又迫於輿論壓力，爲平息衆怒，終於採納了范仲淹的意見，將閻文應貶逐出京。廢后引起的悲劇和動盪，到此終於告一段落。

十三、面對是非敢說眞話，寧鳴而死，不默而生

在封建時代，冒死敢諫之士畢竟不多。唐代有魏徵、諸遂良等一代名諫之臣，宋代則有范仲淹，他與呂夷簡鬥法，向皇上進逆耳忠言的行爲，名垂青史。

對於范、呂之爭，人人都知道是非曲直，但呂夷簡老謀深算，善用君主之勢而最終取勝。仁宗二十七歲那年尙無子嗣，范仲淹擔心皇位繼承問題，談論立皇太弟侄之事，使仁宗深感失去自尊，呂夷簡又從旁中傷，范仲淹便被遞奪了待制職銜，貶爲饒州知州，後來又貶死嶺南。

范仲淹貶饒州，雖重病在身，妻子病死，但他仍不改忠諫之氣。在附近做縣令的詩友梅堯臣，寄了一首《靈烏賦》給他，勸他從此拴緊舌頭，鎖住嘴唇，除了隨意吃喝之外，只管翺翺高騰。范仲淹也立即回贈了一首《靈烏賦》，說他寧鳴而死，不默而生！這就是范仲淹的忠諫本色，他總是從民族和國家的大局出發，敢於直諫，不無事生非，對上忠心耿耿。

北宋宰相趙普是宋朝開國之初的第一位忠諫之臣。有一次趙普向太祖推薦一人，太祖嫌那人出身低微，又無名氣，沒有批准他的奏章。第二天，趙普再次請求任用此人，太祖執意不肯，並顯出非常不悅的神情。趙普並不灰心。第三天，又一次奏請起用此人。太祖平時十分敬重趙普，君臣兩人親密無間，但見他過於固執，一氣之下，便將奏章撕得粉碎。趙普默然跪於地，揀起被撕的紙片，若無其事地退朝。回到府中，將拾回的奏摺攤在案上，一塊一塊地粘好，直到字字完好無缺。翌日上朝，又將補好的奏摺再次呈給皇上。太祖一見大怒，又要撕掉奏章。趙普從容上奏道：「陛下息怒，老臣深知此人賢能，才屢次向陛下推薦。如其不能稱職，老臣甘願受罰！」太祖見趙普態度如此堅決，又見他精心補綴的奏章，深受感動，就提筆在奏章上寫下「欽准」二字。事實證明，趙普推薦的這個人果然有才幹，爲國家建立了不少功勳。

爲臣須守臣道，若據官位，享受著百姓給予的豐厚俸祿，卻臨難而逃，就是不忠；面對謬誤不敢直言，即是愧對民族和國家，能提出逆耳但懇切的諫言，指明利害得失，才是忠良之舉。

十四、破除迷信的觀念

中國人向來相當重視風水觀念，先人死去必定請風水先生找一塊福地下葬，以求蔭庇子孫。《晉書・周光傳》便記載道，陶淵明的曾祖陶侃之所以官拜大司馬，就是因為他葬父於一塊大吉地。

據說陶侃的父親準備安葬時，他家一頭牛走失了，陶侃為了尋牛，遇見一位老者，老者指示他牛臥於前崗山腳的污泥之中，「其地若葬，位極人臣。」陶侃於是將其父葬於牛臥處，終於大富大貴。這件事被載入典籍，可見不只一般老百信迷信，官場和普通百姓一樣盛行風水之說。

陶侃葬父得官之說可信度雖不高，但精通風水的郭璞慘遭殺身之禍，卻是事實。郭璞是風水先生的祖師爺，按理說一定能夠為自己的祖墳家宅造一福址，以保自身，以榮後人，但是他最後卻被桓溫所殺，子孫也衰微不傳。

令人意外的是，生活在舊時代的范仲淹並不相信風水，他死後葬於蘇州的天平山。關於范仲淹的墓址，至今蘇州還流傳著一個說法：有一對兒女親家，其中一家選天平山為重造祖墳之地，另一家也看中，要求互換。兩相情願之下，便交換了。但換得天平山的這一家，請風水先生再行測度，發現周圍有錐形石塊包圍墓穴，為「萬箭穿心」的大凶之地，於是這一家要求再換回來。另一家表示妻死已入葬，堅決不肯。兩方相爭，官司打到回鄉的范仲淹那裡。范仲淹對要重新換回墓地的那一家說：「你們爭論的既是因爲風水，那麼我有一塊墓地，據說風水很好，用來和你換天平山之地好了。我是不相信此道的。」這就樣，范仲淹用自己原已選定的葬地換得了天平山之地。

此事表明范仲淹敢於反傳統的勇氣，這是因爲他深刻洞察了現實興衰變化的奧秘，了解凡事不是僅靠風水就能控制的。明代馮夢龍《古今談概》中的《光福地》寫道：好談風水的袁不凡，爲尋訪福地至光福，遇一柴夫，他問柴夫這一帶是否有適合墓葬的好地。柴夫告訴他：「我在這裡已經三十年了，只見做官的人來選地，卻從未見做官的人來上過墳。」爲官、作官者到此選地築墳，想必後人卻沒有得到福佑而繼續爲官，自然也就見不到做官者來上墳了。柴夫見證了風水的虛妄，想必自己也是不相信的。

身居高位的帝王將相卻篤信風水，因爲他們總希望可以蔭庇子孫，讓子子孫孫永享富貴。但所謂「風水輪流轉」，即使風水之說可信，風水也是會變化的，不可能永存一地。若要永保風水，還得身前積德修行才行。有詩云：「青山有幸埋忠骨，白鐵無辜鑄佞臣」。風水終究是依人的品格而定：此處若是埋葬了忠臣，風水就好；若埋葬了奸佞之臣，再好的風水也會變壞。歷代帝王將相死後，所葬之地風水之佳毋需多言，但改朝換代卻是事實。秦始皇嬴政在世時就開始大造驪山陵，但死後不過兩年，強大的秦王朝就宣告滅亡了。

范仲淹自願葬在「萬箭穿心」的大凶之地，但從此天平山的風水卻好了起來，千百年來，人們爭相來此拜祭、遊覽。他的後代子孫也都大富大貴。范仲淹有純祐、純仁、純禮、純粹四子，《宋史》皆有傳。長子范純祐，字天成，十八歲隨父在邊關軍中，與士卒雜處，是范仲淹的得力助手，可惜二十多歲時因病而廢，事功不顯。但其餘三子，均有作為。

范仲淹也很滿意諸子，說：「純仁得其忠，純禮得其靜，純粹得其略。」三子純禮字彝叟，徽宗時拜禮部尚書，官至尚書右丞。《宋史》評他「沈毅剛正」。四子純粹字德孺，元祐中除寶文閣待制，官至戶部侍郎，宋史評他「沈毅有幹略，才應時須」、「風論事凱切」。

純仁的成就最高，哲宗時曾兩度位列宰執。《宋史》稱他「性夷易寬簡，不以聲色加人，誼人所在，則挺然不少屈，自為布衣至宰相，廉儉如一」、「位過其父，而幾有父風」。也是一個為人寬厚，孝悌誠信的人。

皇祐元年及進士第，范純仁調知武進縣，但因其父年老多病，辭而不赴，後易長葛，又不赴。范仲淹問他為何屢不赴任，純仁回答：「豈可重於祿食而輕去父母邪？」純仁既孝且悌，兄純祐患病，他奉之如父，藥膳居服，皆躬親時節之。可見確實具有乃父之風。

范仲淹四子，《宋史》皆有美譽，其人風範確已施及子弟，恩澤無窮。這與范仲淹死後「萬箭穿心」的風水墳地，大異其趣。

十五、有境界的政治家重貢獻而不重聲名祿位

慶曆二年，范仲淹到慶州掌兵。當時朝廷已將陝西兵分四路，分別由韓琦、王沿、范仲淹和龐籍掌理，隨後又將四路帥臣任命爲觀察使。觀察使是武官，相當於文官中的秘書監。但兩者俸祿卻極爲懸殊，秘書監年奉四十五千，觀察使卻只有二百千。范仲淹被授命爲頒州觀察使，朝廷的意思即是「正其名使之總戎，厚其祿使衣撫下」，使他們官職明確，以便於總領軍隊，使他們得到俸祿優厚，以便照顧眷屬的生活。

但朝命一下，范仲淹便連上三表，堅辭不受。他認爲若改原職爲觀察使，一是落朝內之職，將失朝廷之重勢，不利於監軍；二是既爲外帥，無近臣之分，則「不敢區別是非，與朝廷抗論」；三是自己來邊關督責將佐，當圖實效，不敢妄求恩獎，而自己一年之中，「三換寵數」，受之有愧；四是自己以文職居邊關，藩人皆呼爲「龍圖老子」，而西夏沿邊小首領均以觀察、團練使爲職名，一旦受觀察使之職，必會爲部署所輕。

范仲淹還特別談到：「自古將帥與士旅同其安樂，則可共其憂患，而爲國家之用。故士未飲而不敢言渴，士未食而不敢言饑。」當今守邊將士生活極爲艱苦，飲食粗糲，「經逾歲年，不沾肉味」。行軍途中因累餓倒斃的軍士，也只能掘坑掩埋。自己與這些將士之間已有了一條很深的鴻溝

了，如果再接受如此厚祿，將士們又會怎麼想呢？他恐怕會因此而「鼓軍旅之怒」，致使邊關將士「不能爲國家之用，而爲國家之患矣」。

他一再申明：「臣自知了了惴惴，非將相之才，豈了大事？但國家急難之際，邊鄙乏人，臣以事君之心，雖知屢困，日勉一日，將帥得人，臣即引退丘園，詠歌太平。雖多難之夫，有全歸之樂，此臣之所期也。」表明國家處於危難，邊境又缺乏人才，自己在處理問題的時候雖然感到很棘手，但出於保衛國家的迫切心情，仍然堅持努力。等國家得到將帥之才時，將立即退隱田園，詠歌太平盛事。

他爲此也特別上書給呂夷簡，申言邊關本來就靠邊關將士居守，自己居諸將諸軍之上，「責人死效」本來無功，再貪圖千鍾厚祿，於心不安！而且自己本來就是一介文士儒臣，無力承擔武帥之職，事關國家安危，生民性命，「豈可不自量力而輒當之？」他眞誠希望朝廷能接受自己的辭讓。

王沿、龐籍也和范仲淹一樣，都上表力辭，只有韓琦一人接受任命。韓琦的角度和看法不同，他認爲君憂邊事，爲臣者不當擇官而就。而范仲淹不受既是慮在邊事，憂在國家，也是出於自我的衡量，不受無力勝任之位，以避身、事兩敗之禍。古代史官周任有一句名言：「陳力就列，不能者止。」

這確實包含著爲官謀政者，不能不明思愼察的道理。人應當衡量自己的能力，受之所當受，爲之所能爲。清人鄭板橋在《南朝》詩序中說過一段令人深思的話：「昔人謂陳後主、隋煬帝作翰林，自是當行本色；亦謂杜牧之、溫飛卿爲天子，亦足以忘國。乃有幸而爲才人，不幸而有天位者，其遇不遇，不在尋常眼孔中也。」

十九、二十兩個世紀之交的國學大師王國維，在談到南唐李後主時，也說他生於後宮之中，長於婦人之手，是其爲詩人之大幸，卻是其爲人君之大不幸。確實，雖養就一位詩人的性情，卻全無當國爲君的才能，最終只能落得失國被囚，終日以淚洗面，苦吟「問君能有幾多愁，恰似一江春水向東流」的啼血之詞。假使本無王佐之能而硬要去應王佐之用，終歸不能算是明智之舉。

范仲淹不愧爲一個自知甚明的智者。他認爲自己身爲儒生，本無武帥之能，以一介文士輕易接受武帥之職，既無補於邊事，自己也將被三軍所取笑，若事敗無救，不僅將危困社稷，自己也無安身全歸之理。比如之前的劉平，本是文臣，大家推舉他的忠勇，於是朝廷授與他將帥的大任，最後導致三川口戰敗，被俘絕食而死。前車之覆，後車之鑒，范仲淹絕不願「苟寵祿之福，忘喪敗之禍」。

實際上，范仲淹禦守邊關之後，在抵禦西夏方面立下不少戰功。西夏軍幾次想從范仲淹所防守的邊城尋找缺口，都在范仲淹的反擊下狼狽而退。因此夏兵說：「小范老子不如大范老子（指范雍）好欺」。邊境上的人民也稱讚范仲淹說：「軍中有一范，西賊聞之驚破膽。」

藉由實際守關幾年摸索出來的經驗，范仲淹已成爲一個允文允武的大將。雖然觀察使之職他實在是當之無愧，但無聲名祿位之累，予奪不慮，去留無憂，如此做官，心靈才能自由，精神才能舒展。

第四章 政治家應有的社會責任

士大夫一向以天下為己任，嫉惡如仇、憂患民生、剷除積弊，而潔身自好，以廉為榮。凡關乎國家和社會的大事，沒有不積極參與、引以為責的。范仲淹就是一個代表性人物。

一、合格的政治家必須善於變革

宋朝在真宗、仁宗、英宗統治的六十幾年間，是中央權力鞏固後，社會經濟發展最好的時期，同時也是朝政日益腐朽、衰弱的時期。范仲淹入朝擔任參知政事之前，先後在地方、朝中、軍隊中作官一、二十年，對官場現狀看得相當清楚，感觸也頗深。

譬如，宋初集中兵權的政策，導致軍隊龐大而腐敗。范仲淹禦守邊關時，發現兵將之間互不相知，缺乏訓練；而中央集權的結果，更導致冗官充斥，地方官苟且因循，貪污、賄賂、腐化；皇室更是日益侈靡揮霍，賦稅雖然不斷加重，財政仍然入不敷出，年年短虧。經濟在發展中，政治卻不斷在腐敗中，國家陷於重重危機，終於激起了此起彼伏的民變。

太宗在位期間，四川便有王小波、李順起義，當時范仲淹才五、六歲。四川是個很富足的地區，因此成為朝廷剝削壓榨的目標。北宋初年，趙匡胤派兵征服後蜀之後，大將王全斌等人貪取蜀地的財貨，幾乎到了無孔不入的地步，以致「軍政廢弛，寇盜充斥」、「部下掠奪無已，蜀人苦之」大大地耗損了地方元氣。而四川的地主對佃戶的剝削，也比別處更加嚴重。

《宋史・劉師道傳》記載了當時四川佃戶飽受剝削的情況：「川陝毫民多旁戶，以小民役屬者為佃客，使之如奴隸，家或數十戶，凡租調庸斂，悉佃客承之，時有言李順之亂，皆旁戶俘集。」

指的就是四川的豪門地主，除了田租之外，連田賦也歸佃戶負擔，貧民已經無法再忍受了。

《宋史・樊知古傳》寫到王小波起義：「蜀中富饒，羅紈錦奇等物甲天下，言事者競商榷功利，又土挾民稠，耕種不足給，由是兼併者益入賤販貴以規利。淳化中，青城縣民王小波聚衆爲亂，謂曰：『吾疾貧富不均，今爲汝輩均之。』附之者益衆。」可見當時土地兼併、賦役繁重，是造成王小波率衆起義的原因。

王辟之是治平年間（西元一〇六四—一〇六七年）的進士，距離王小波起義不過幾十年，他認爲是當時政策不當才導致民變的。王辟之在《澠水燕談錄》裡說：由於朝廷控制茶商特別嚴厲（宋初，茶採取官賣制），茶農把茶交由政府贖賣。王小波和李順便是朝廷壟斷四川茶葉貿易的受害者。

而蘇轍在《論蜀茶五害狀》中也指出：「臣聞五代之際，孟氏竊據蜀土，國用偏狹，始有榷茶之法。及太祖平蜀之後，放罷一切橫斂，茶遂無禁，民間便之。其後淳化之間，牟利之臣，始議焙取。大盜王小波、李順等，因販茶失職，窮爲剽劫。」據此可知，王小波等是因爲「販茶失職」走投無路，才不得不揭竿起義。

眞宗咸平三年（西元一〇〇〇年），又有益州戍卒趙延順等率衆起義的事件，他們擁王均爲主，號稱大蜀，改元化順，並且廣置百官，攻陷州縣。雖然十個月之後就被官兵擊潰，但是這種大規模的叛亂，相繼出現在四川，的確事出有因，應該仔細檢討朝廷的各種不當政策。

據《宋史》記載，自從仁宗寶元、康定年（西元一○三八—一○四○年）以後，因為與西夏交兵使軍費激增，嚴重擴大了賦稅的徵收範圍，導致民不聊生，於是「京東西盜賊蜂起」。樞密副使富弼也上疏說：「西鄙用兵以來，騷動天下，物力窮困，人心怨嗟，朝廷不能撫佐，遂使為盜。今張誨、郭邈山等數人，驚擾州縣，殺傷吏民，恣兇殘之威，泄憤怒之氣，巡檢縣尉不敢向前。」除了張誨、郭邈山之外，王倫兵變也造成嚴重的破壞。歐陽修於慶曆三年上奏說：「王倫暴起京東，轉攻淮南，橫行千里，旁若無人。……驅殺軍民，焚燒城市，瘡痍塗炭，毒遍生靈。」；在《再論置兵禦賊箚子》中又說：「王倫、張誨等相繼而起，京東、淮南、江南、陝西、京西五六路，二、三十州軍，數千里內殺人放火，肆意橫行，入州入縣，如入無人之境。」王倫領導的軍隊遍及二、三十州，活動的範圍相當廣。

而根據歐陽修的奏書，可以發現，王倫被討平之後，接著起事的又有「建昌軍一伙四百人，桂陽盜一伙七十人，草賊一伙百人。其餘池州、解州、鄧州、南京等處，各有強賊不少，皆建旗鳴鼓，白日入城，官吏逢迎，飲食宴樂。」

一波未平，一波又起，夷狄驕盛，寇盜橫熾。范仲淹深覺問題的嚴重性，他認為要挽救政治危機，必須要破舊立新，從上到下全面革新。

實際上，當時也有不少人提出改革的主張。早在真宗即位之初，揚州知州王禹稱就曾經應詔上疏，建言五事：一是「謹防邊，通盟好，使輦運之民有所休息」；二是「減冗兵並冗使，使山澤之饒稍流於下」；三是「艱難選舉，使入官不濫」；四是「沙汰僧尼，使民不耗」；五是「親大臣，遠小人，使忠良謇諤之士知進而不疑，奸險傾巧之徒知退而有惟」。他主張朝廷應該信任宰相，讓宰相擇用諸司長官。王禹稱極力主張減少官兵冗員，認爲這是「國用不足」的主要原因。

仁宗寶元二年，開始對西夏用兵，經費調度日益窘迫。宋祁上疏說明國用不足的原因在於「三冗三費」。所謂的三冗指的是：一、天下有定官無限員，州縣官增加到以前的五倍；二、廂軍幾十萬人不作戰而耗衣食；三、僧道越來越多，未受戒的已有五十多萬人。三費則是：一、道場祭醮，都以爲皇帝祝壽，爲民祈福爲名目，十分浪費；二、京師多建寺觀，又多設徒卒，只爲了添置官府的衣著和飲食；三、大臣被罷黜之後，仍帶有節度使的頭銜，浪費公帑。宋祁希望仁宗能「灼見根本，去三冗，節三費」，皇宮本身也應該要節儉，不要隨意浪費。他的奏論雖沿用王禹稱的主張，主旨仍在裁減官兵，節省開銷。

要求改革時弊的呼聲日漸高漲，范仲淹此刻也覺得要讓天下長治久安，唯有大力推動改革，讓有識有志之士能匡扶時政，於是他義不容辭地扛起了改革的重任。第一次是在天聖三年，他向垂簾聽政的皇太后進《奏上時務書》；第二次則是在天聖五年，向宰相王曾《上執政書》，他提出六項十八字的改革方針：「固邦本，厚民力，重名器，備戎狄，杜奸雄，明國聽。」

但這兩次建言都未被採納。慶曆三年，范仲淹又再一次向仁宗提出有名的《答手詔條陳十事》。先引《易經》中的經義，提出改革的理由。而後條陳十事，分析現狀，使皇上能接納自己的方案，堅定改革的決心。他說：「我國家革五化之亂，富有四海，垂八十年。納紀制度，日削月侵，官壅子下，民困於外；夷狄驕盛，寇盜橫熾，不可不更張以救之。」

他的十項改革主張如下：

一是明黜陟，「爲重定文武百官磨勘，將以何濫進，責實效，使天下政事無不舉也。」；

二是抑僥倖，「爲重定文武百官奏蔭，及不得陳乞館閣職事，將以革濫賞省冗官也。」；

三是精貢舉，范仲淹指出：「爲天下舉人，先取履行，次取藝業，將以正教化之本，育卿士之才也。」；

四是擇官長，「爲舉轉運使，提點刑獄並州縣長吏，將以正綱紀，去疾苦，救生民也。」；

五是均公田，「爲天下官吏，不廉則曲法，曲法則害民，請更賜均給公田，即使豐足，然後可以責士大夫之廉節，度天下政平，百姓受賜也。」；

六是厚農桑，「爲責諸道溝河，並修江南圩田，及諸路陂唐，仍行勸課之法，將以救水旱，豐稼穡，強國力也。」；

七是修武備，「爲四方無事，京師少備，困循過日，天下可憂，請密定規制，相時而行，以衛宗社，以甯邦國也。」；

八是減徭役，「爲天下徭役至繁，請依漢武故事，併合縣邑，以省徭役，庶寬民力也。」；

九是覃恩信，「爲赦書內宣佈恩澤，未嘗施行，並請放先朝人員，以感天下之心也。」

十是重命令，「為制書忽而行，違者請重其法，以行天下子之命也。」

這十件事歸納起來可分為三類：一類是澄清吏治，前五條都是針對當時的官僚制度而發的；二是富民強兵，包括原農桑、修武備與減徭役等；第三類則是勵行法治。

這個改革綱領終於被仁宗接受。除了「修武備」一項因其他大臣一致反對而為作罷外，其餘各項都從慶曆三年十月開始付諸實行，成為歷史上有名的「慶曆新政」。

姑且不論這次改革很快就遭到了挫敗，僅就范仲淹能提出改革主張並貫徹推行一事，就足以被視為一位出類拔萃的政治家。歷代政治家面對國家貧弱的現狀，多數都視若無睹，安於現狀，苟且偷生，否則就是不聞不問，只專注於自己的政治前途。「新政」失敗的主因在於牽動某些官員的既得利益，而遭到反對。但「慶曆新政」無疑為後繼者鋪了一條邁向成功的改革之路。「慶曆新政」失敗之後二十四年，便有熙寧二年的「王安石變法」。

二、縱使改革不成，也要為後繼者打下基礎

細究「慶曆新政」失敗的原因如下：

首先是沒有得到皇帝始終如一的支持。仁宗是一個比較寬厚仁慈的皇帝，心腸較軟，很少誅殺臣下。但反過來說，卻有著明顯的弱點，即沒有明辨是非、區別邪正的能力，容易聽信饞言；做

事更缺乏堅持到底的毅力與恆心。據王夫之所說，仁宗親政三十年，兩府大臣換了四十多人，都是屢進退，「人言一及而輒易之，互相攻擊則兩罷之，或大過已章（彰明也）而姑退之，或一沖偶乘而即斥之，……計此三十年間，人才之黜陟，國政之興革，一彼一此，不能以終歲」，即使賢者在位，因不能安於其位，也無法施展才能，做出成績來。這樣朝令夕改，反反覆覆，使「吏無適守，民無適從」，結果什麼事也辦不成。

朝臣都知道仁宗的脾性，蔡襄說他「寬仁少斷」。在改革之初，他就曾經提醒仁宗：「朝廷增用諫臣，修、靖、素一日並命，朝野相慶，然任諫非難，聽諫爲難，聽諫非難，用諫非難。三人忠誠則正，必能盡言。臣恐邪人不利，必造爲禦之說。……願陛下察之，毋使有好諫之名而無其實。」

在范仲淹、韓琦被重用之後，蔡襄又說：「陛下罷夏竦而用琦、仲淹，士大夫駕于朝，庶民歌于路，至飲酒叫號以爲歡。……雖然，臣切憂之。天下之勢，譬如病者，陛下既得良醫矣，信任不疑，非徒病癒，而又壽民。醫雖良術，不得盡用，則病且日深，雖有和、扁，難奏效矣。」

儘管蔡襄一再提醒，但最終還是未能阻止仁宗輕易的改弦易轍。最後還是完全聽信守舊派的讒言，懷疑、排斥以范仲淹爲首的革新派，造成革新派的失勢。失去皇上的信任和支援，「慶曆新政」就只有失敗一途了。

然而樹敵太多也是失敗的主因。新政以整頓吏治爲重點，其中包括限制官僚的恩蔭特權、考核官僚的政績，要裁汰和降黜其中貪汙、不才、老病等不稱職的官吏，既涉及中央官員，也包括地方官僚。由於不合格者在官僚團隊中佔絕大多數，因此牽扯層面很大，引起的反彈自然很劇烈。就地方政府來說，歐陽修認爲「天下州縣不治者十有八九」，范仲淹則說：「其間雖有良吏，百無一二」，官員的素質低劣至此，一聽說要考核整頓，必定會驚動朝野上下。

例如，由富弼奏薦的江南東路轉運按察使楊紘，持法不苟，貪官汙吏有的望風解官而逃，有的遲遲不敢到任。楊紘與提點刑獄王鼎、判官王綽因雷厲風行，還被反對者稱爲「江東三虎」。

而范仲淹剛剛調回京城，不像呂夷簡在中樞已經許多年，朝廷裡有不少黨羽，如王拱辰就是其中之一。和守舊勢力相比，改革派只佔少數，處於劣勢，而改革一開始，就連續宣佈許多裁汰冗官的相關政令，更得罪了不少人。正如《宋史・范仲淹傳》中所說的：「仲淹以天下爲己任，裁削幸濫，考覆官吏，日夜謀慮興致太平。然更張無漸，規模闊大，論者以爲不可行。」由於改革是在政府機構內部進行的，老百姓無權過問，當時也沒有新的社會力量可以借助，改革派最後在自己所樹立的敵人合力攻擊下，終因孤立無援而失敗。

慶曆新政失敗的另一個原因則是用人不當。爲了推行新政，范仲淹援引了一批文人狂士如石介、蘇舜欽、王益柔之流。他們恃才傲物，好發高論，往往脫離實際，放浪行骸。如石介在范仲淹、富弼剛剛進入兩府、夏竦被斥以後，馬上作慶曆聖德詩表示慶賀，彷佛已經取得了決定性的勝利，可見他對改革的艱難工作，缺乏必要的認識。而蘇舜欽、王益柔等挾妓飲酒作傲歌，則被政敵拿來大作文章，藉機動搖杜衍和范仲淹的地位，更是爲改革工作幫了倒忙。

范仲淹的新政是慶曆三年十月開始推動的，隨著改革派的失勢，已漸趨停滯，到慶曆五年十月罷諸路按察使爲止，總共只有兩年。由於時間短促，難以立竿見影，而有些措施雖然稍見成效，但旋即廢止，自然難以風行草偃，上行下效。

熙寧年間，王安石記取慶曆新政失敗的教訓，首先推行經濟、軍事制度的改革，沒有把裁汰冗官、澄清吏治這類最敏感、最艱難的問題擺在第一位，而且始終並未像范仲淹那樣展開考察全國地方官吏的活動。相反地，在他執政期間，還增加了地方低級官吏的俸祿，並且明文制定州縣胥吏的薪俸制度，這在中國歷史上是破天荒第一遭，過去胥吏從來沒有俸祿，只能靠勤索百姓和納賄爲生。王安石這樣做，無疑大大減少了阻力，擴大了改革的影響，結合更多地方人士的力量來進行變法。

王安石在中央成立了制置三司條例司，作爲推行新法的機構；又設置了檢正中書房公事一職（相當於宰相府的辦公室主任），提高宰相府同僚的地位和職權，並從下級官吏中選拔了一批精明強幹、擁護改革的人，如曾布、呂惠卿、章惇等，作爲改革的主力。如此一來，王安石在朝廷中就有了一群幫手，此時改革派的力量比慶曆時要強大多了。

此外，熙寧變法也從慶曆革新的經驗中受惠良多。慶曆新政中良好、妥善的經驗，被王安石所繼承和發展，其中最明顯的是興學和改革科舉制度。王安石也十分重視學校對培養人才的功能，曾大力整頓太學，創立三舍法，並鼓勵州縣置學，各級學校的教學內容也以精研經術爲主。在科舉考試的內容上，進士科只考試經術義理、時務策與論，取消了詩賦、帖經、墨義等科目，而且取消了明經及諸科，令考生改習進士科。這和范仲淹「先策論而後詩賦，清科墨義之外，更通經旨」的主張一致，而且做得更加徹底。

王安石還對宋朝的軍事之弊進行改革，推出了將兵法，這是以范仲淹在陝西所實行的將兵法爲藍本，並加以延伸而產生的。宋人徐度爲此評述道：「熙寧將法蓋本子范公之遺意。」熙寧期間，王安石裁併了州、軍、監二十餘處，縣一百多處，是范仲淹的「併合縣邑，以省傜役」措施的延續。王安石的農田水利法和范仲淹的「厚農桑」的精神也是一致的，而且措施更加詳細具體，而范仲淹「均公田」的用意，也爲王安石所繼承並加以變通。

三、文武並舉才能叫政治

北宋是在唐末「五代十國」的混戰中建立的王朝，確切地說，是經過政變建立起來的。由於江山易主，下臣自然不服氣，當時藩將的叛變、武將的奪權，使得國家戰亂不止，民生困乏。宋朝的開國皇帝趙匡胤依靠擁戴自己的武將建立了國家後，爲了革除五代十國軍人操持政權這一流弊，穩固大宋江山，曾先後兩次「杯酒釋兵權」，削弱了武將的權力，將兵權牢固地控制在自己手裡。

此後，宋朝政權逐步走向「重文輕武」的極端。例如，按當時的官員升職辦法「磨勘制」，文職官三年一升遷，而武職官五年才一升遷。

范仲淹非常清楚其中的弊端，文與武歷來是治國安邦的兩大支柱，沒有文治，就不能得民心，容易造成國家動亂、貧弱；而若沒有足以維護政權穩定和社稷安全的武力，也會導致國家滅亡。

中國歷代政治家都深諳文武之道，秦代兵書《尉繚子・兵令上第二十三》說：「兵者，以武為植，以文為種。武為表，文為重，能審此二者，知勝敗矣。」文治武功必須緊密配合，才能確保國家社稷的安全與穩定。文中的「植」指枝幹，「種」指種子，引申為根本，意即以武力為骨幹，以文德為根基。

這種思想，在尉繚子之前的孫武，就曾經講過。《孫子兵法・任軍篇》說：「令之以文，齊之以武，是謂必取。」而尉繚子之後的司馬遷在《史記・酈生陸賈列傳》中也曾談到：「文武並用，長久之術也。」

范仲淹曾針對朝廷這種厚文薄武、嚴重矯枉過正的治國方案數次上書，提議加強武備，以保國家長治久安。他說：「朝廷無憂則苦言難進，天下久平則倚伏可畏，兵久弗用則武備不堅，士曾未教則賢才不充，中外奢侈則國用無度，百姓窮困則天下無恩。」文中皆極力提醒國家注重軍備，以備不測之禍。

《宋史》的編撰者讀過《上執政書》後，曾感慨地說：「仲淹初在制中（當時范仲淹正在服母喪），遺宰相書，極論天下事，他日爲政盡行其言。諸葛孔明草廬始見昭烈數語，生平事業備見於是。豪傑自知之審，類如是乎！」作爲一個官小祿微的朝廷小吏，范仲淹不顧他人眼光，盡情議論朝政，確實是需要勇氣的。

宋夏交戰時，宋邊上的將領大多數都是文職官出身的，包括范仲淹本人也是。爲此他致信呂夷簡，提出開宋以來，用文官充當武將產生的流弊：「文法錢穀之吏馳騁於郡國，以克民進身爲事業，不復有四方之志」，等到和西夏發生了戰爭，才感到人才大大缺乏。他強調文武並治的方針：「竊以文武之道一，而文武之用異，然則終天下，定禍亂，同歸於治者也。……如延、環慶二帥，一路以文，一路以武；涇原，秦鳳二帥，亦如之。……既文武參用，二路兼資，均其事任，同其休戚，足以息今日之謗議，平他時之驕怨，使文武之道，協和爲一，何憂乎邊患矣。」

爲了貫徹「文武參用」的理念，范仲淹表示願意把環慶路的管理權讓給武臣，並且要求政府提高武將的待遇。他奏請朝廷將武將五年升遷一次的時限，縮短爲與文官一樣的三年，並特准表現優越的將士，一次跳升兩級，希望朝廷對文臣武將一視同仁，讓武將願意盡力爲國效命。

他還把文武並重的觀念實踐在人才的培育上，要求將領習文又習武。他在《奏乞指揮國子監保明武學生會經略部署司講說兵書》中說：「臣竊見邊上，甚有弓馬精強、諳知邊事之人，則未曾習學兵書，不知爲將之體。所以未堪擾擢。欲乞指揮陝西路、河東還路經略司，於將佐及使臣軍員中，揀選識文字、有機智武勇，久遠可以爲將者，取三五人，令經略部署司參謀官員等，密與講說兵馬，討論勝策。」

狄青是當時很優秀的將軍，當尹洙把他引薦給韓綺和范仲淹時，范仲淹送了一本《春秋》給他，並說道：「將不知古今，匹夫勇爾！」期許他文武兼備，成爲國家的良才。

范仲淹不斷提醒政府必須重武，並提出許多修武備的良策。而事實證明，只有文武並舉，方能使國家強盛，偏廢任何一方，就會導致國家衰弱，淪於受辱的境地，甚至難逃滅亡的命運。

《韓非子・內諸說下》中記載，孔子也主張文武並治，曾提出：「有文事者必有武備，有武事者必有文備。」因爲這個看法，使魯國人路不拾遺，魯國國力日強，讓強大的齊國久攻不下，氣得齊景公「食不甘味，夜不能寐」，最後使出美人計，送十六名美女給魯哀公，使他整天沈湎聲色，不理國政、不修邊事。孔子才失望地離開魯國到楚國去，而魯國在文武並廢下，最終面臨滅亡的命運。

北宋末期，宋軍大多不堪金兵一擊，而岳飛、韓世忠統帥的軍隊戰鬥力卻很強，特別是岳飛的軍隊多次重創強敵，深獲人們擁護。這是因爲岳飛一方面嚴整紀律、苦練精兵，提高部隊素質；另一方面以「精忠報國」的思想教化兵士，並要求「行師動衆，社毫無犯」，使金兵也不得不承認，「撼山易，撼岳家軍難」。

范仲淹教育將士的方法也與岳飛相同。奉命到延州治軍時，他所做的第一件事就是整頓邊軍。當時延州守軍共一萬八千人，分別由部署、鈐轄、都監三個官員帶領。部署官職最高，領一萬兵馬，其餘依次爲鈐轄領、都監。但是部隊裡卻沒有專人負責訓練兵卒，各部之間也沒有一個統一的指揮官，每次敵軍一來，都是官職低的領弱兵先出戰，官職高的卻統領精兵，逗留於兵營。因此屢遭挫敗。不問敵兵多少，弱兵先出，精兵不動，豈有不敗之理！

范仲淹認爲這正是邊軍不能克敵致勝的關鍵所在。於是他選出六將，把一萬八千兵馬平均分配給他們帶領，在六將之上又選出六人，分別率領六將兵馬；在六將之下又選出指揮使十二人，專門執掌兵馬教習，主持訓練。另外，每營選少壯勇健者二十五人，先讓他們習弓弩短兵，技精之後補爲教頭，每人領教十人，分批訓練指揮兵馬。一季之後，訓練工作大見成效。

不論治國或是治軍，文武並舉都是良策，值得今人借鑒。

四、敢於觸犯既得利益者，才能推進官制改革

宋朝的官吏升遷採用「磨堪制」，「磨勘」二字指的是人事資料，而所謂的「磨勘制」，是按照年資升遷的辦法，規定文官三年一升，武官五年一升遷，不限內外，不問勞逸，任期屆滿時，只要審閱一下磨勘，就可以升級。而審查不過是例行手續，升遷幾乎是一定的。

因此「尸位素餐」的官員非常多，即使能力、人望極差，甚至爲人所不齒，也能升官晉爵，

甚至能夠做到宰相。而一些不斷進取、興利除弊的官員，卻往往被看作喜歡「生事」的人，稍有差錯便會被排擠、陷害。不做事升遷有望，做事反而得咎，這就是宋朝中期的官場情況。

至於那些專掌錢財的肥缺，都被權貴子弟長期佔據著。朝中到處是懦弱、無賴的紈褲子弟。將帥不諳弓馬，學士不習書禮，三司不識財務，而且一朝得官，終生受用，只要不造反，無論怎樣不法，如何貪婪，頂多遭到貶降而已。這樣一來，人人因循苟且，但求無過，不求有功，官吏們只以自己的前程為重，毫無勵精圖治的進取心。

范仲淹對磨勘制甚為不滿，他在慶曆變法中，首先就要求政府重修磨堪制，將原來按資歷升遷的規定，改為按政績來評比。

這種新標準須有配套措施，范仲淹嚴定考核的方法，使「無功者不得擢，有善者必賞」，有「大功大善」的官員，應該不受磨勘的限制，准予大幅升遷；而沒有功績的官吏則不宜循資升級。范仲淹強調：升遷應該基於明確的政績，諸如對於政策提出建設性的建議、推廣教育、在司法上能辨沈冤、在經濟上增進農業生產、或善理財政等，這些政績需由吏部加以仔細校查。如果吏部的意見分歧，應將上呈皇上，由他作出最後的決定。

范仲淹認為縣令、郡守是親民之官，最應選擇得當。然而當時卻只問資歷，不分賢愚，以至「天下賦稅不均，獄治不平，水旱不得救，盜賊不得除」，逼得老百姓舉起鋤頭鐮刀，以求生存。正緣於此，范仲淹提議朝廷派能幹的轉運使、提點刑獄，到各路去作一番考察，把那些「非才、貪濁、老儒者」通通罷官，使那些有政績的人得以升遷。於是張昌之、王素、沈邈三位能吏被提拔出來，到各地去考察政績。

張昌之被任命爲河北都轉運按察使，在當時是一個衆所周知的能吏，人們說他「所至有聲」。張昌之在提點淮南路刑獄時，把蒙城縣知縣王申從監牢裡放了出來。當時王申得罪了亳州知州楊崇勳，楊崇勳仗著祖父和父親都是軍人，恃恩不法，誣陷王申，讓他下獄，直到張昌之爲他平反，他才沈冤得雪。

另一能吏王素，被任命爲淮南都轉運按察使。王素是名相王旦的兒子，仁宗生子，想替朝中官員加官厚祿，王素極力反對，認爲國家要把爵位留給有戰功的人，並且集聚財帛作爲防守邊塞的費用。

沈邈被任命爲說東都轉運按察使。此人在做侍御史的時候便直言極諫，曾向仁宗彈劾樞密使夏竦，揭發他與宦官劉從願勾結，一個在外專掌機密，一個在內陰爲詭詐，狼狽爲奸的事。和王素一樣，沈邈也反對無功授官。

這三位都是敢於仗義直言、不畏權勢的人，也都是范仲淹改革官制的積極擁護者。范仲淹自己在考察轉運使、提點刑獄時，也毫不留情，他深信只要賢者在位、能者在政，絕對可以醫國救民。

在檢查全國監司的名單時，范仲淹決心逐一撤換不適任的官員。但樞密使富弼不太同意這種做法，認爲他過於苛刻，太不留情。他對范仲淹說，你揮筆勾去自然容易，但這些人一家子可都要哭了。但范仲淹卻管不了那麼多，他風趣而自信地對富弼說：「一家哭總比一路（一路，是指一個官員管轄區的人民）哭好啊！」爲官不正或無能，貽害一方，而最直接的受害者，莫過於生民百姓。這樣的官吏越是官位穩坐無虞，百姓就越是水深火熱，生活堪憂。

《書》曰：「德能善政，政在養民。」實實在在提出了衡量政治、昌明與否的終極標準。民不得養以至千家鬼哭、萬戶蕭疏，這樣的政治要想不隳不毀，那才眞正是怪事了。從這個角度看，范仲淹的「一家哭總比一路哭好」，放到任何一個時代，都是至理名言。

從本質上看，任何一種社會政治改革，都是權力和社會利益的再分配。一種趨近於社會發展要求和大多數人利益的改革，總是以剝奪少數既得利益者的權力爲前提的。因此改革必然會是有歌有哭，那些只爲一己私利而貪占祿位的人，怎麼可能不哭呢？歷史上任何一次改革，在得到擁護的同時，也都無一例外地遭到另一些人的堅決反對。

五、權勢子弟受寵則天下難治

在封建時代，皇帝爲了籠絡官僚，總是給予他們各種特權，其中一項便是「恩蔭」。所謂「恩蔭」，就是施恩給當朝官吏的子孫，幫他們封官。這算是皇帝對下臣爲國鞠躬盡粹、嘔心瀝血一輩子的一種回報。但宋朝的「恩蔭」比其他朝代還要浮濫。

清代史學家趙翼就曾詳盡地描述和記載：「蔭子圖朝廷惠下之典，然未有如宋代之濫者。文臣自太師及開府儀同三司，可蔭子若孫，及其親大功以下親，並異勝親，及門客。太子太師至和保和殿大學士，蔭至異姓親，無門客。中大夫至中散大夫，蔭至小功以下親，無異性親。武臣亦以是爲差。凡遇南效大禮及誕聖節，俱有蔭補。……由斯以觀，一人入仕，則子孫、親族俱可得官，大者並可及子門客、醫士，可謂濫矣。」

而這只是宋朝「恩蔭」制度的定制而已，定制之外還有「特恩」，連前朝遺老的後代都可以得到官位。趙翼列舉了幾個實證：「曹彬卒，官其親族、門客、親校二十餘人。李繼隆卒，官其子，又錄其門下二十餘人。雷有終卒，官其子八人。此一人功臣加蔭者也。李沆卒，錄其子宗簡爲大理評事；婿蘇、昂、兄之子朱濤，並同進士出身。王旦卒，錄其子、弟、侄、外孫、門客、常從，授官者數十人。諸子服除，又各進一官。向敏中卒，子、婿並遷官，又官親校數人。王欽若卒，錄其親屬及所親信二十餘人。此以優眷加蔭者也。郭遵戰歿，官其四子，並女之爲尼者，亦賜紫袍。任福戰歿，官其子及從子凡六人。石圭戰歿，官其三子。徐禧戰歿，官其家十二人。此又以死事而優恤者也。」

因爲長輩爲官，子弟、親戚和朋友居然都可以無須科舉，透過「恩蔭」獲得官位。一個七品官，在郊祀大禮或皇帝生辰時，可蔭子孫一人做官。四品以上官，便可蔭嫡子孫以外的本家親屬。

二品宰相，則不但能蔭親屬，連門客和醫生也能跟著沾光做官。本官愈高，子孫疊蔭，世代無窮，可說是一人做官，雞犬升天。正例之外，更有「加蔭」，即賞賜前朝的、退休的、死去的，和剛剛出生的官僚子弟與親屬官位。有時一個功臣死去，家屬竟數十人得官。而享受獎賞最多者，自然還是皇族、外戚，他們的宗族，只有稍有些瓜葛可攀，便不至於當布衣。從玩竹馬的孩童，到繦褓中的嬰兒，都照樣訂做「紫緋佩魚」的高貴章服。宋朝官員有福，正所謂子子孫孫，爵祿不斷，無窮匱也。

如此濫授，不僅朝廷內外大小官員的素質不問可知，更是「害官院常患充塞，無缺可補」。那些靠苦讀中舉的人，可能幾年也補不到一個實缺。科舉制度表面上嚴格公正，實際上官位還是被「權勢子弟」搶先，令人民深感不滿。另外，官吏人數的不斷增加，終於造成冗員充斥的問題，並引起財政上的危機。

從眞宗景德年間到仁宗皇祐初年，不到半個世紀，宋朝中央政府官吏增加了一倍多，地方官吏也增加了三倍多，增添之速，實在驚人。宋朝的「恩蔭」制度，到後來已經起不了獎賞作用了，同時，還成爲國家嚴重的負擔。

而范仲淹力陳「重定文武百官奏蔭」，要求有爵位的官員只能在「過大禮」時，提名一個兒子補入實缺，其他的兒子與血親則只能給予候補的職位；地方的高級官員與軍官，到任二年後，方可享有這樣的權利；透過「恩蔭」得官者，不可擔任館閣職事及侍讀之類屬於天子近臣的官職，這類職務應該保留給有學識的士大夫。

范仲淹感覺到他提出的「抑僥倖」限制力還不夠，於是緊接著又上了第二次疏。疏中建議應奏蔭選人，在年齡達到二十五歲之後，遇南郊大禮，限半年內銓管院投狀，並予以考試。如果這些候補，連續三次考試都不能如願，則必須要有三位品行良好的官員來保舉，否則，仕途的大門就要永遠對他們關閉。

爲實現眞正的大治，范仲淹大膽革除恩蔭之濫，希望能讓賢者在位，杜絕致亂之源，充分顯現出深遠的政治眼光。

六、鼓勵創新，以法治克服人治之弊

君主政權以人治爲本，皇帝金口一開即爲國家的法律，任何人都不能違抗，而地方官秉承皇帝旨意來治理民事，其中也不免加入自己的好惡。如此一來，官員都根據自己的喜怒、愛憎、親疏遠近而實施不同的法規，很容易導致不公平、不合理的現象。

「人治」的弊端即在於此。而范仲淹畢生力求在人治的大環境中，建立一塊法治的天地，維護法律的權威和尊嚴，讓官員依法辦事，保持法律、法規的穩定性，避免朝令夕改。在當時，能有這樣的想法是很難能可貴的。

在宋代，自從太宗趙光義任用了大批文臣執政之後，儒學逐漸興起；待眞宗即位，更進一步確立了科舉考試內容以儒家經典爲主的原則，於是形成了儒家治國的局面。儒家治國重賞不任刑，再加上宋室對公卿百官過分優厚，等於是授予權力卻不要求他們負責，導致大臣以姑息爲安，綱紀日壞，法制日益鬆弛，甚至連皇帝的赦書，有些官吏也沒有施行，「使天下及民之意，盡民空言」。

有鑑於此，范仲淹建議朝廷派遣官吏到各地考察，目的就在確保中央所頒佈的法規、條例，能夠一一得到施行。

官吏對法令的頒佈除了草率處理，還經常更改，以致「上失其威，下受其弊」。對此，范仲淹要求立法應愼重，他希望厲行法治，信賞必罰，皇上所下的赦令，官吏必須立即施行。同時，起草法令應愼重行事，經過樞密院與大理寺的審核，刪去繁冗的律文，劃一制敕。敕令一經頒佈之後，不得任意增減變動，官吏要嚴格遵守，違者處罰，視罪情輕重，或「徒二年」或「仗一百」。

對於邊境上那些讓歷任官吏頭痛的大小羌族部落，范仲淹就採用了「法治」的手段。他初到邊關，就與羌族部落約法三章。規定已經「和斷」了的仇隙不能重犯，違反了要罰；傷了人的要罰一百頭羊、兩匹馬；殺人的要處以斬刑；債務上有爭執，可以上告，不能捆綁一般老百姓作爲抵押，違反的要罰羊五十頭，馬一匹；西夏大舉進攻，不按規定入保城寨的要罰羊，按照規定的，公家供給飲食。透過此，范仲淹將羌族人民治理得服服貼貼，使他們再也不敢無理取鬧，也不敢再陽奉陰違地偷偷幫助夏人了。

范仲淹執法嚴格，絕不手軟留情，在坐守邊陲期間，凡抓到逃兵必按軍法規定從事，堅持原則，治予死罪。雖然將與自己朝夕相處、受苦受累的士兵處死有些於心不忍，但任何人在法律面前都無情面可講。因此，就像諸葛孔明揮淚斬馬謖一樣，范仲淹也揮淚處罰違規的兵士。

在自己家族的內部事務上，范仲淹也秉持著法治的精神。

皇祐元年（西元一〇四九年），范仲淹利用多年積蓄為族人創辦了「義莊」。隔年，他制訂了「義莊規矩」，來約束族人的行為。後來他的兒子范純仁將「義莊規矩」的全文刻在石上，置於天平山白雲寺的范文正公祠堂中，即是被後人稱頌的「文正公初定規矩」。義莊規矩總共十三條，使義莊的經營管理顯得簡便易行。

可惜規矩訂立兩年後，范仲淹逝世，後人因為缺乏制裁違規族人的權力，感到義莊難以維持下去。其子范純仁曾為此在英宗治平元年（西元一〇六四年）上奏說：「今諸房子弟有不遵規矩之人，州縣既無勒條，李家誰為仲理，五七年間，漸至廢壞，遂使饑寒無依。」因此，范純仁請求：「朝廷特降指揮下蘇州，應系諸房子弟，有違犯規矩之人，許令官司受理。」結果皇上准許依所奏施行，義莊從此成為官方組織，義莊規矩也得到官府的協助執行，被賦予法律的強制性約束力，成為正式法規。

范氏義莊的規約，發展到後來已相當周密，這些規矩都是透過實踐，逐漸積累經驗而擬定的，因此都非常切合實際，被范氏後人一直沿用到清末，作爲維持義莊、約束族人行爲的家規。

藉此可以看出，范仲淹的「法治」觀念對後人產生了很大的影響，他們繼承他的遺志，並且不斷發展，建立出相當完備的地方性法規。這在當時代是很了不起的。

綜而觀之，范仲淹利用「法」來治國、治家，以「法治」取代「人治」，可說是走在時代的前端。

七、優秀的政治家不僅要惜才、愛才，還要挺身護才

慶曆三年（西元一〇四三年），范仲淹、韓琦內調之後，陝西四路馬步軍都部署、經略安撫招討使的職務，由鄭戩接任，仍駐紮涇州。鄭戩不講情面，爲政尙嚴，那時正知永興軍。他的妻子也是李昌齡的女兒，與范仲淹是連襟，兩人私交甚篤。抗擊西夏立過功的滕宗諒仍舊知慶州，張亢知渭州，文彥博知秦州，龐籍也依舊留在延安。

滕宗諒字子京，和范仲淹同年舉進士，過去在泰州海陵修海堤時，兩人又曾共事。范仲淹發現他在海濤驟至、兵民驚逸時，獨能鎭靜自若，從容處之，是個非常之才。

范仲淹並沒有看錯滕宗諒，後來的宋夏戰爭中，滕宗諒知涇州，因城中兵少，所以他招募農民數千，著戎服登城守禦，又募勇士偵察敵軍情勢，通報附近各州，使他們先作準備。當時范仲淹

正率領蕃漢兵共一萬五千人來援救，駐紮在涇州。由於天氣陰晦嚴寒，士卒情緒愁慘，滕宗諒便大設牛酒，犒勞士卒，充足的酒食柴薪，大大鼓舞了士氣。又在佛寺哭祭在定川陣亡的涇州士卒，並撫恤其妻兒，使各得其所，於是邊民稍安。

目睹這些事情後，范仲淹更加堅信滕宗諒是個危難可用的人才。於是被調任陝西四路經略安撫招討使後，就向朝廷推薦他繼任自己原來的職務。

張亢是禦夏戰爭出現的一位名將，被稱爲「少豪邁有奇節」。慶曆三年秋，夏軍在好水川之役獲勝後，聲勢更盛，發兵攻擊宋的河外諸城，先攻陷了北面的豐州（今陝西府穀縣西北），縱遊騎鈔掠麟州（今陝西神木縣北）、府州（今陝西府穀縣）之間。麟、府二州孤立無援，形勢十分危急，宋朝一度打算放棄河外，退守到黃河以東。張亢臨危受命，從陝西趕到麟州，單騎叩城。入城後，就在城外有水泉、有菜園的地方分別築堡，派兵防守，又用兵保衛老百姓到城外收割莊稼，首先解決了城內軍民的吃飯和飲水問題。以後又激勵將士，用計襲擊附近的夏軍，連戰皆勝，保證了麟、府二州之間道路的暢通。

張亢還屢次上書發表他對邊事的意見，反對引兵深入，主張聯合少數民族，修築沿邊城寨，輪番出擊西夏，使西夏人不得種地、放牧，謀略獨到。因此范仲淹對他非常器重，待之以國士之禮。

范仲淹到京不久，滕宗諒遭到禦史梁堅的彈劾，說他到慶州後浪費不節，使用公使錢十六萬貫。又告他在涇州時曾賤買牛驢來犒軍。仁宗聞奏大爲震怒，派人前往查問。范仲淹深知邊境情況和滕宗諒的爲人，知道所告罪狀不符合事實，見宰相章得象等人默不作聲，便冒著包庇滕宗諒的嫌疑，爲宗諒辨明冤枉。不久又有人控告張亢用公使錢的利息買馬，並濟周遊求索的人，范仲淹照樣挺身而出，爲他辯駁。

公使錢本是宋代的一種特有的、比較機動的款項，可以用在修建、宴請、饋贈官員赴任、罷官及入京往來的費用，邊境上的州、郡，常利用這筆錢來作買賣，獲利以充軍需，原是得到默許的。

當時因侵用公使錢而被彈劾的還有葛宗古、狄青、種世衡，他們都是范仲淹力薦的賢才。而他們遭受批駁，不過是守舊勢力的一種反彈，是改革與守舊兩派進行較量的一個回合而已。范仲淹激憤地爲受誣的官員辯駁，認爲朝廷若看不到沿邊將帥的功績和勞苦，只聽任別人在小問題上搜求罪證，加以陷害，必然會使邊臣憂懼，不敢放手做事，直接影響了邊防的安全。他懇求皇上能體察這個狀況，不要「使獄吏有功，而勞臣抱怨」。

范仲淹不但善於識才，而且惜才、愛才，爲了保護人才，不惜「横身當之」，不顧個人安危，向皇帝上疏，曉之以理，動之以情，這種做法已經成了他爲人之臣的自覺責任。而由於范仲淹的努力，才使滕宗諒等這些人免於罷官，改以降職處理。

范仲淹的連襟鄭戩主持邊政時，贊同劉滬修築水洛城，以讓援兵有路可走的計畫。水洛城在秦州和渭州之間，它的北面是少數民族的聚居地。築城時，鄭戩還派董士廉加以協助。

但是當時宋夏和議已經達成，戰事停止，渭州知州尹洙認爲過去一直戰敗，就是因爲城寨太多，造成兵力分散，於是命令劉滬停止修築，沒想到劉滬卻抗命加緊築城。尹洙大怒，便命狄青把劉滬、董士廉都逮捕了。

范仲淹知道此事後，連忙向皇上說明劉、董築城不是擅自爲之的。後來接到停工令卻仍繼續施工，是因爲劉滬在那一帶打過勝仗，降服了那裡的蕃部，又已動工，不能半途而廢。是計劃不當，才導致他們「以死抗拒，一面修築，意望成功，也求免罪」，絕無別的意思。

范仲淹還指出，劉滬是邊上有名、有戰功的將佐，朝廷要多加愛惜這樣的人才，不能輕易降罪。而狄青是個武夫，拘留了劉滬、董士廉，一旦發怒，行了軍法，那就無可挽回了。請求朝廷妥善處理，一則使劉滬、董士廉免於刑戮，二則避免狄青、尹洙犯下錯誤。此事經過這一番調解，才終於平息了。

范仲淹對人才備加愛護，在賢能之士遇到麻煩時，總是想盡辦法來保護他們，使他們免遭橫禍。對於不幸早逝的賢才他也總是深感惋惜，上官融就是一例，他只活了四十九歲，令范仲淹悲痛不已。范仲淹在他的墓誌銘中寫道：「或者曰：『儒生多薄命，天豈不爲善也？』余謂不然：『君子之爲善也，必享其吉；有窮且夭者，世皆重而傷之，雖一二人，猶以爲多焉。小人之爲不善也，必罹其凶；其禍且死者，世皆忽而忘之，雖千百人，若無焉。如仲川（融）之亡，可謂重而傷之者矣。』」

曾和范仲淹一起修築城牆的種世衡也是位早逝的英才，他在城築好之後染了病，不久便逝世了。范仲淹滿懷悲痛，爲他作墓誌銘《祭知環州種染院文》，記其生平甚詳。

慶曆五年（西元一〇四五年）秋，王質也病故了。王質字子野，與王素是堂兄弟，其伯父王旦，是眞宗時的名相。王質不滿二十歲就備受賞識，朝中權貴不是他家的親戚，便是故舊。雖有勢力，但他並不喜歡逢迎，平生嫉惡如仇，是一個正直有骨氣的人。在范仲淹因得罪呂夷簡而被貶謫時，朝中很少有人敢去送行，他卻領了兄弟子侄在城門設宴，爲范仲淹餞行。

王質後來把自己的長女嫁給范仲淹的次子范純仁。韓琦、富弼任樞密副使時，因爲王質清正方直，在縉紳中數第一，便推薦他主持選舉，做選拔人才的工作。

范仲淹對王質的亡故倍覺遺憾，因而在祭文中說：

余謫於江南兮，靡貴賤而見嗤。
公慷慨而不顧，日拳拳以追隨。
何交道之斯篤，曾不易於險夷。
仰萬石之家聲，結絲蘿以相維。

庶子子與孫孫，保歲寒之不衰。

詩中的萬石是西漢名臣萬石君，姓石名奮。因父子五人，官皆至二千石，故合稱爲萬石君。漢景帝說：「人臣尊寵，乃集其門。」家風孝謹，爲當世所稱道。「結絲蘿」指的是范王二家的婚姻。在這首祭詩中，范仲淹亦表現了歲寒相保的不朽情誼。

八、把及時推舉賢才當作安邦定國的大事

《詩》曰：「無競惟人。」國家強盛與否完全取決於人才的任用。范仲淹深知此理，因此經常向仁宗談論選賢與能的重要性。

他說：「得人則治，失人則亂」。唐太宗設文館，妙選賢良之士，讓他們輪流住在館內，請他們入內殿，往往議論政事到深夜。宋朝培養高級官員的館閣卻辦得很草率，經常在館供職的人也不多。宋初時，宋太宗以唐太宗爲榜樣，特建秘閣，「聽朝之餘，時或遊幸」，這是從開國之初就立下的傳統，不得不重視。

除了經常提醒仁宗宣揚善用人才的重要性之外，范仲淹也不遺餘力推舉賢良。

從太祖在世時開始，宋朝就把重兵部署在京城及周遭，形成內重外輕之勢。也因此汴京（今河南開封，當時的京城）的糧食需求量很大，每年從各地運來的糧食數目達到六百萬石。爲此，朝廷特設了一個漕運機構，管理糧食運輸，兼掌茶鹽泉貨，由發運使主持。但到了後來，糧食逐日短缺，漸漸滿足不了京師的需求。饑民搶糧的事情便開始發生。

在這種狀況下，范仲淹想起一個名叫許元的人。許元在宋夏戰爭中負責處理邊軍的糧餉問題，很受信賴。因此范仲淹建議請他來主持江南六路糧食的漕運。

許元果然是個理財能手，他對六路七十二州的糧食，竟無法滿足京師需求的情況感到驚訝。一到任，便下令沿江的州縣儲糧，一律留足三個月，多餘的全部北運。其他地方，依路途遠近陸續遞補。一千多艘糧船，迤邐相屬，浮江入運河，折而西向。不久，汴京的糧荒便解除了。

許元從此負責漕運工作，前後共歷經了十三年。從江南運至京師的糧食，每年必滿六百萬石，並且還有一百萬石的儲糧，以備非常時期使用。

同樣的事，賢者與庸者在位，結果會大相徑庭。治理國家更是如此：「得賢則國興，失賢則國衰。」

歷代政治家都非常注重人才的選拔，而英明的君主更是千方百計求賢良。堯爲求得舜，在諸侯面前對舜以禮相待，把兩個女兒都嫁給他，還將自己的十個兒子都送給他，甚至自己以臣子的身份朝拜他。禹爲了求得賢人，四處奔走，毫不懈怠，辛勞到面色發黑，全身不適，步履艱難，才終於尋得皋陶、伯益、直成、横革、之交五個賢人輔佐。所以禹的功績銘於金石，書於盤盂，流傳後世。商湯聽說有侁氏身旁的伊尹很有賢德，為了得到伊尹，娶有侁氏為妻，讓有侁氏把伊尹作為她陪嫁的奴僕，送給商湯，商湯得以如願。

范仲淹也是如此，他建議仁宗增加館閣臣僚，並提名十個賢士。分別是：杜杞、章岷、尹源、張揆、王益柔、呂士昌、蘇舜欽、楚建中、姚嗣宗、孫復。范仲淹說這些人有的「文詞雅遠」，有的「經術經通」，在士大夫當中都是很有名氣的。現在邊境上還有憂患，朝廷要千方百計，網羅人才。「俊哲所聚，雖危必安」。

杜杞是一位能吏。他的祖父杜鎬是館閣中重要的人物住的地方僅能遮風避雨，但一住二十多年，不謀遷徙。當時京西民變，商州、鄧州、均州、房州和光化軍都受到影響。范仲淹說杜杞學古通今，必定能在很短的時間內平定民變。

張揆做知縣的時候，特別著重租賦的管理。在他治下，老百姓都按時把租賦送到衙門。碰到旱災，懂得恤民的他，下令免去災區的租賦。在掌管成德（今河北正定）軍時，他曾經彈劾過度干涉帥權的宦官閻士良，政績顯著。

王益柔字勝之。范仲淹推薦他的時候，還沒有和他見過面。西邊用兵時，王益柔就提出要備邊、選將的意見。他是一位對歷史很熟悉的學者。司馬光寫完《資治通鑑》後，很多人向他借閱，但大多數的人往往還沒有讀完一紙便昏昏思睡。司馬光說：「真正讀完的只有王勝之一人。」

楚建中是個有膽有識的能人。宋夏議和之後，他仍提出要築安定、黑水八堡，控制一方道路。這八個堡都在延安的北面，使夏人不敢窺伺。

而章岷和蘇舜欽，范仲淹是相知已久的賢士。范仲淹在睦州（今浙江建德東）時，章岷擔任州從事，而後范仲淹調遷陝西，他又被推薦到陝西來；蘇舜欽則因為范仲淹的薦舉，被授為集賢校理，監進奏院。他曾致信范仲淹，說朝廷正值多事之秋，范仲淹執政後，卻不敢有所作為，他為此深感不滿，並提出七項具體建議。後來范仲淹所主持的慶曆新政內容，和蘇舜欽的想法大多吻合。

姚嗣宗是范仲淹在陝西發掘出來的人才，而孫復則是范仲淹服母喪時資助過的那名，行乞養母的秀才。

君主需要舉賢以成大事，成大事並非僅僅是一兩個人的進退使然，而顯示了當國者取捨邪正的明確態度。進者全為賢正，退者盡皆佞邪，天下也就因此而安寧了。

在現實生活中，我們也把得能者而用之，看成是使一個企業、一個地區乃至一個民族興旺發達的重要因素，我們把已經到來的二十一世紀，稱作人才競爭的世紀。其實，哪一個國家、朝代在興盛的時期，不是人才濟濟並且得而用之呢？賢者用而宵小退，是天下得治的先決條件。

范仲淹曾將那些愚昧不肖、素餐尸位者，稱之為「天之螟」、「民之螣（古書上所說的會飛的蛇）」，實在是很有道理的。一國之政，只有賢者在位，能者得用，才能使百姓得安。

九、開創慈善事業要講求實效

古代的大人物，在功成名就之後，都渴望能光耀門楣、回饋鄉里。范仲淹也不例外，因此興辦了素來深獲好評的范氏義莊。

錢公輔《義田記》中記載：「公既沒，後世子孫至今修其業，承其志，如公存也。」其實，不但范氏子孫，各地許多大家族，也都紛紛仿效范氏義莊形式及莊規，置義田、辦社會福利事業，從此成爲一種風氣。北宋的劉輝、吳奎昏都曾設立義田造福族人，南宋時則更爲普遍，清人全祖望說：「宋室之南，吾鄉先輩史汪沈諸公置義田以廩鄉人之窮者。而專以義田廩其宗人者三家，最初爲樓氏……，其繼爲餘氏，……最後爲吾全氏。」

又如宋樓錢《攻愧集》云：「陳公居仁，……命諸子斥田二頃，略用范文正公規矩，以給宗族。」

自宋以來，以至清代，范氏義莊一直是一個傑出的藍本。尤其是清代，義田義學的設立非常普及，范仲淹所開風氣影響之深厚，可見一斑。

范仲淹是在皇祐元年（西元一〇四九年）創立義莊的。翌年，他制訂了義莊規矩，就是所謂的「文正公初定規矩」：

一、逐房記口給米，每口一升，並支白米，如支糙米，即平時加折。
二、男女五歲以上入數。
三、女使有兒女，在家及十五年，年五十歲以上，就給米。
四、冬衣每口一條，十歲以下五歲上，各半條。
五、每房許給奴婢米一口，即不支衣。
六、有吉凶，增減口數，書時上簿。
七、逐房各置請米曆子一道，每月末於掌管人處批請，不得預先隔跨月份支請，掌管人亦置簿拘轄，簿頭錄諸房口數為額，掌管人自行破用，或探支與人，許諸房覺察勒賠填。
八、嫁女支錢三十貫，再嫁二十貫。
九、娶媳支錢二十貫，再娶不支。
十、子弟出官人，每還家待闕，守送、或任川廣福建官，留家鄉裡者，並依諸房例，給米絹，並吉凶錢數，雖近官，實有故留家者，亦依此例支給。
十一、逐房喪葬，尊長有喪，先支一十貫，至葬事又支一十五貫，次長五貫，葬事支十貫，卑幼十九歲以下，喪葬通支七貫，十五歲以下支三貫，十歲以下支二貫，七歲以下及婢僕皆不支。

十二、鄉裡外姻親戚，如貧中非次急難，或遇年歲不能度日，諸房同共相度指責，即於義田米內，量行濟助。

十三、所管逐年米斛，自皇祐二年十月，支給逐月米量，并冬衣絹，均自皇祐三年以後，每一年實熟，樁留二年之量，若遇凶荒，除給米量外，開始不支，或二年量外有餘，卻先支喪葬，次及嫁娶，如更有餘，方支冬衣，或所餘不多，即凶吉等事，均勻支給，或又不給，即先凶後吉，或凶吉同時，即先尊口後卑，如卑尊又不同，即以所亡所葬先後支合。如支上件食量，吉凶事外，更有餘羨數目，不得糶貨，樁充三年以上量儲，或慮陳損，即至秋日，方得糶貨，回換新米樁管。

右仰諸房院，依此共同遵守。

范仲淹資助貧窮的族人，置田收租，作爲族中公產，名爲義莊，其田爲義田，義田收取的米爲義米，儲存義米的倉庫爲義倉。他所制訂的規矩主要是詳細規定義莊中衣食的配給方式，例如無論男女，只要五歲以上，每月都可獲得白米三斗等。此外，婚喪喜慶時，也都有補助。如果遇饑年短收，義米則先用於主食，有餘時才當作婚喪的配給；而義莊周濟的物品雖是范氏族人優先使用，但是也可以用來接濟那些貧窮不能度日的外族姻親。

義莊設有一名負責人，是從范仲淹的子弟中挑選出來的，職責只限於收地租、儲藏適量的米，以及分配義米給族人，値得注意的是，他沒有權利出售剩餘的米。

在這十三條初定規矩中，並沒有關於教育活動的規定。但其實，在范氏義莊中還設有義學，義學也是靠義田的收入來維持的。牟氏的《義學記》中特別談及義莊的義學：「范文正掌建義宅，置義田義莊，以收其宗族，又設義學以教，教食咸供，意最近古。」

范仲淹在義莊成立的時候，同時設置了義學，義學也被稱爲義塾，常以義莊內的祠堂充當教室。

范仲淹設立義學的用意是可以理解的：他自己幼年時沒有機會入學，必須到長白山的寺廟中苦讀，設立義學就可以爲族中子弟就近提供學習的場所。在當時，貧窮子弟要出人頭地，必須通過科舉，因此立學勸讀就顯得更重要了。

義莊規矩訂立兩年後，范仲淹逝世，義莊一度難以維持下去。他的兒子范純仁爲此上奏，獲英宗協助，使義莊從此成爲官方組織，義莊規矩也變得具有法律性質。

范仲淹以照顧族人爲出發點，興辦義莊和義學，不僅實現了某種理想，也證明了自己存世的價値。

杜甫在《茅屋爲秋風所破歌》中，將文人們這種憂天下的慈悲本性，做了生動的描繪：「安得廣廈千萬間，大庇天下寒士俱歡顏，風雨不動安如山。」

十、端正文風，倡導文以載道

每一個時代都有屬於當代的文學。在封建時代，文學是政治的工具，常常被用來為政治服務。

北宋初期，中央集權的主要目的，當然是為了鞏固王朝的勢力，但結果也讓人民獲得比較安定的環境來發展農業和手工業，促使社會經濟繁榮。

隨著經濟的發展，出現了許多繁華的消費型城市，如汴京、成都、揚州等。一些達官貴人、富商巨賈過著窮極奢華的生活，這種生活反映在文學上，呈現出一種浮靡的文風：倚紅偎翠、淺斟低唱；歌功頌德、粉飾太平的作品大量出現，其中以楊儀、劉筠、錢惟演、丁謂為代表的「西崑派」為主流。這樣的文學創作，起不了激勵人心的作用，甚至會消磨人的鬥志，因此為正直的臣子們所鄙棄。

「西崑派」是因楊儀編了《西崑酬唱集》一書而得名的。這部詩集收錄了楊儀等十幾個文人歌詠昇平盛世的作品。內容不外是抒閑寫逸，並且醉心於雕章刻句，用字精確，對偶森嚴。他們自認是效法李商隱，實際上只是發展了李商隱追求形式美的唯美主義傾向。然而，西崑體的出現，對當時的文壇的確產生了很大的影響。

歐陽修在《六一詩話》中說：「楊大年與錢、劉數公唱和，自《西崑集》出，時人爭效之，詩體一同。」又說：「楊、劉風采，名動天下。」的確，「西崑派」在宋初文壇上風靡達三、四十年之久。

與西崑體詩文並稱的，還有晏殊、張先等人的詞。

這些詞是榮華富貴的生活與閑情的產物，絕大部分是描寫男歡女愛的豔情作品，充滿了濃烈的富貴氣與脂粉味，詞藻華麗，千篇一律，是「花間派」的迴光返照。

這一股潮流，不久就遭到了反擊，最初站起來發難的是柳開、孫復、穆修、尹洙、石介，經過范仲淹、梅堯臣、蘇舜欽等人的努力，到歐陽修集大成，才徹底扭轉了文風。

范仲淹曾總結說：「唐正元元和之間，韓退之主盟于文而古道最盛。至僖以降，寖及五代，其體薄弱。皇朝柳仲塗起而麾之，髦俊率徙焉，仲塗門人能師經探道，有文於天下者多矣。至楊大年以應用之才，獨步當世，學者刻詞鏤意，未暇及古也。其間甚者，專事藻飾，破不卒大雅，反謂古道不適於用。廢而弗學者不久之。洛陽尹師魯少有高識，不逐時輩，徙穆伯長遊，力爲古文。……歐陽永叔從而大振之，由是天下之文一體。」

正緣於此，趙孟堅的《淩愚穀集序》中說：「皇朝文明代興，廢厝以前，六一公歐氏未變體之際，王黃州、范文正諸公充然富贍，宛乎盛唐之制，亦其天資之後，已脫去五季瑣俗之陋，一陽動於廣錘，厥維有本。伯長一倡，尹歐仲塗和之，南三蘇又和之，元祐諸君子又和之，雖然古雅，至乾淳尙餘音損，其風棱骨峭，擺落繁華，亦一代之體也。」

這番話指出，范仲淹的作品已跳脫了五代文風的流弊，他在詩文改革運動中，扮演著一個相當重要的角色。他和柳開、石介等人，首先攻擊當時流行的西崑體。

范仲淹攻擊沿襲五代的時文說：「五代以來，斯文大剝，悲哀爲主，風流不歸。皇朝能興，頌聲來復，大雅君子，當抗心於三代。然九州之廣，庠序未振，四始之奧。其或不知而作，影響前輩，因人之尙，忘己之實。吟誦性情而不顧其分，風賦比興而不觀其時；故有非窮途而悲，非亂世而怨，華車有寒苦之述，白社爲驕奢之語，學步不至，效顰則多；以至靡靡增華，音濫，仰不主乎規諫，俯不主乎觀誡，抱《鄭》之奏，責夔曠之賞，遊西北之流，望江海之宗者有矣。」

范仲淹不只批評五代文風的無病呻吟，也攻擊宋初文人模仿這種文體，是學步效顰，忘己之實，更是變本加厲，使文章失去規諫和勸誡作用。而石介也抨擊西崑派：「楊儀窮妍極態，綴風月，弄花草，淫巧侈奢。」所以他極力反對這些無用之文。

孫復在《答張洞書》中，也確定了爲文的宗旨：「文者，道之用也；道者，教之本也。」這種以傳達理念爲目的，以寫文章爲手段的主張，就是范仲淹等改革派的文學理論基礎。

從「明道」出發，石介等人提出了「致用」的口號，提出文章要有勸導、教化的實際作用。石介十分明確地把文學定位爲教化的工具，而范仲淹在天祐三年提出的革新主張中，也包括了文風的改革，他說：「國之文章，應於風化，風化厚薄，見乎文章。……故文章之薄，則爲君子之後。

……況我聖朝千載而會，惜乎不追三代之高，而尙六朝之細，然文章之列，何代無人？蓋時之所尙，可能獨發？大君有命，孰不風從？可敦諭詞臣，與復古道，更延博雅之士，布於壹別，以救斯文之薄，而厚其風化也。」

范仲淹強調文章和社會風尙的關係，比如南朝文風浮華，正反應了社會的衰靡，因此他向仁宗建議「興復古道」。

不久，范仲淹在《上執政書》中又說：「今士林之間，患不稽古。委先王之典，宗叔世之文，……儻使呈誠之曰，先策論以觀其要，次詩賦以觀其全才。以大要定其去留，以全才升其等級。有講貫者，別加考試，人必強學，副其精舉，復當深思次漸隆古道。」

由於一般士人「言不及道」、「鮮於教化」，所以范仲淹主張：「夫善國者莫先育才，育才之方莫先勸學，勸學之道莫尙宗經。」

身爲一位政治家，范仲淹的宗經之說並非一種理論而已，他非常講求實用，也就是要求文章必須達到政治教化的目的。

除了文學理論的建立之外，范仲淹還試圖透過政治力量來改革文弊。他在《上執政書》中，主張以策論取士，這個意見雖未立即被接納，但兩年後，仁宗親下詔書，指責當時的浮華文風，並且要士人「當念文章所宗，必以理實爲要，探典經之旨趣，究作者之楷模，用復溫純，無陷偷薄，庶有裨於國教，期增閉於儒風。」可見當時的詩文革新運動，是由上而下，配合政治運動而展開的。在後來的慶曆新政中，科舉考試內容果然以策論爲主，藉此提倡平實樸素的文風。（《答手詔修陳十事》的第三事即是「精貢舉」，建議「進士先策論後詩賦，諸科墨義之外更通經旨，使人不專辭藻，心明理道。」）

雖然這種科舉考試實行不到一年，就隨著范仲淹罷政而取消了，但與范仲淹關係密切的歐陽修、梅堯臣等名士，仍然堅定地力復古文。當時被歐陽修拔擢的士人如曾鞏、蘇軾兄弟以及王安石等，不論詩文都名重一時，使士子群起仿效，文風乍變，終於革除五代以來的頹廢弊習，古文遂成爲文壇主流。蘇軾《提進士對禦試策》中說到當時古文盛行的情況：「昔祖宗之朝，崇尙詞律，則詩賦之士，曲書共巧。自嘉祐以來，以古文爲貴，則策論盛行於世，而詩賦幾至於熄。何者？利之所在，人無不化。」

以策論取士，不但可以選拔有政治頭腦的人才，更直接影響了當時的文風。宋文長於議論，就連詩賦也展現出敘事化、散文化的特點，都與這種考試內容密切相關。

而范仲淹不僅促成了當代詩文的革新，他自己也靠著豐富的創作，實踐了自己的文學主張，在《宋史・藝文志》中列有《丹陽編》八卷，《文集》二十卷，《別集》四卷，《奏議》十五卷。《四庫全書總目提要》評論范仲淹的作品道：「仲淹人品事業，卓絕一時，本不藉文章以傳，而貫通經術，明體達用。凡所論者，一一皆有本之言，固非虛飾詞藻者所能，亦非高談心性者所及。……觀仲淹之人與仲淹之文，可以知空言實效之分矣。」

的確，范仲淹的文章既不像道學家空談心性，也不像其他文人一樣虛飾詞藻，而是條理明晰、實用有根據的言論，與宋初的作家相比，他的文章有著豐富的思想內容。

例如，他在《帝王好尚論》中說：「王天下者，身先教化，使民從善，故《禮》曰：『人君謹其所好惡。君好之，則民從之。』孔子曰：『上好禮，則民莫敢不恭；上好義，則民莫敢不服；上好信，則民莫敢不用情。』由此言之，聖帝明王，在其正而已。」

范仲淹用大量的事例來證明帝王「好尚」對於國家的影響。他說到桀、紂好利欲，不喜聽逆耳之言，終至亡國；秦朝好用兵、重刑法，厭惡仁義道德，結果被漢朝所取代；隋煬帝好逸樂，不力行恭儉，國家也就歸唐朝所有了。所以帝王好尚，實與國家的興亡治亂息息相關，因此爲人君者，務必對自身的好惡相當謹慎，帝王必須常接近賢臣，不斷的議論治道，兢兢業業，惟恐百姓得不到實惠。從《帝王好尚論》中我們不難發現「民饑己饑、民溺己溺」的典型儒家的王道思想，而這正是宋代帝王學的基本精神。

又如，范仲淹認爲：國家應以網絡賢才爲急務。爲此他在《選任賢能論》中說：「王者得賢傑而天下治，失賢傑而天下亂。張良、陳平之徒，秦失之亡，漢得之興；房杜魏褚之徒，隋失之亡，唐得之興。故曰：『得士者昌，失士者亡。』」

思想內容的豐富性、務實性是范仲淹留給後人的寶貴精神財富，而他對於讀書爲文之道的精闢論述，也帶給我們許多啓發。儘管現代知識份子已經擁有更多的獨立精神、個人意識，但以天下興亡爲己任，仍是值得提倡的。

古代士大夫讀聖人之書，是爲了從中明理、自省，若讀書卻不知探求眞理，就只會變成書蟲，或是附庸風雅之人而已；而若不能學以致用，那麼縱然擁有知識也是白費的。同樣地，居官、立業不能益於社會和後代子孫，事業不會牢靠，官位必難居久，史冊難以留名。

十一、崇仁德、重品行的社會才有希望

孔子的思想精髓是「仁」，「仁」是政治、道德、教育、學術等思想的理論基礎。

孔子對「仁」的詮釋是「仁者愛人」，而實行的方式是「忠恕」。「忠」是己欲立而立人，己欲達而達人；「恕」是己所不欲，勿施於人。「仁者愛人」的思想，是對人類尊嚴的肯定，主張人和人之間要互相尊重，要對他人付出關愛。表現在政治上就是愛民的「仁政」，了解百姓的疾苦，替他們排憂解難，使之安居樂業，並且用崇高的道德來感化他們。這樣百姓才能眞心歸順，社稷江山才會永固。范仲淹爲官所秉持的，就是這種傳統的儒家精神。

范仲淹統領邊軍時，抱持著體恤、關心士兵的心情，改善了不少徵兵的陋習；他對沿邊的老百姓也非常慈愛。當時民衆因戰爭而飽受苛捐雜稅之苦，他則下令減免徭役和賦稅。在軍務繁忙之際，還對當地受災的老百姓進行賑濟。這種愛民之心，使范仲淹很受人民的擁護，戍邊工作也因此

得到許多支持。

范仲淹的仁愛和智慧，不只用在百姓身上，對一些難得的人才所付出的關愛，也表現了這一點。

與西夏開戰後，朝廷選派了一批衛兵前往邊城，狄青也在其中，被派到延州當個低階的軍官。他非常勇敢，每次迎戰，都是披髮、戴銅面具衝鋒敵陣，所向披靡。范仲淹發現，不禁讚歎道：「此良將材也。」為了培養他的謀略和智慧，還送給他一部《春秋》。狄青從此發憤讀書，日間不足，繼之以夜，通曉了秦漢以來許多將帥用兵之術，累積了軍事理論基礎，終於成為一代名將。

擔任鄧州任知州時，范仲淹曾對前來拜訪的金科狀員賈黯說：「對於富貴，你可以不愁了。一輩子要努力去做的，我看只有『不欺』二字。」不欺就是要人以至誠之性面世，並以此為立身處世的準則。賈黯後來官至尚書左司郎中，權知開封府，英宗時遷給事中，權御史中丞。《宋史・列傳》評論此人道：「修治自喜，在朝數言事，或從或否，人稱其介直。」真正不負范仲淹的期望，做到至誠二字。

賈黯於仁、英兩朝，數度擔任諫官，多次忤抗執政，確實是一個性情耿直的人。他擔任權御史中丞時，皇上詔使曾經彈劾過他的呂誨到朝中為官，呂誨因顧忌賈黯而逃避，不願到任。賈黯便對人說：「我曾經舉薦呂誨為御史，知道他是一個方正謹厚的人。他對我的彈劾本來就是出於為國之心的，而非私人嫌怨，我願意終身與他共事。」呂誨聽了感動，才放心就職。

賈黯的確可算是一個誠而無欺的君子。他後來對人說：「吾得于范文正者，平生用之不盡也。」

《河南邵氏聞見前錄》的作者也感歎：「嗚呼！得文正公二字者，足以爲一代之名臣矣。」范仲淹對老百姓施以仁愛，對賢士付出關愛，處處表現著「行德愛人」的智慧。

仁德必須在生活中實踐。神農氏說：「男子正當盛年不去耕種，天下就會有人受饑挨餓；女子成年不去紡織，天下就會有人遭寒受凍。」所以神農氏親自耕作，其妻親自紡織，顯現爲百姓謀福利的一片仁德之心。

上古時龍門未開鑿，呂梁山未打通，黃河從孟門山泛濫橫流，毀壞了無數丘陵沃野和平原，人民流離失所，禹擔起拯民於患的重責大任，疏通黃河、導引長江，築起彭蠡澤堤防，使東方洪水消退，一千八百多個國家受益，這千古功德，永世爲人民景仰。此亦爲仁德的實現。

墨子裂裳裹足，披星戴月長途跋涉十個日夜，爲了解救宋國人民將要遭遇的戰爭危難，到郢都去阻止楚國進攻宋國，他雖非君王，卻秉持著博大深遠的人道思想行德愛人，不僅使別人受益，國家也因此太平。

而仁者本身，也往往能直接受益。有一次秦穆公乘馬車外出，到了中途車壞了，右側的馬脫韁走失，被一群農夫抓到。等到穆公發現時，那一群農夫已經在岐山南面分食他的馬肉了。穆公見此深深歎息，不僅未發惱怒，而且頓生憐惜之情，他對農夫們說：「你們吃了駿馬的肉，而沒有喝酒，這馬肉會傷害你們的身子的！」於是穆公一一賞賜了他們酒後才離去。一年後（西元前六四五年），秦晉在韓原發生戰爭。晉兵包圍了穆公的車馬，情況相當危急。就在此時，曾經分食穆公馬肉的三百多位農夫，來到車下拼死保衛穆公，終於打敗晉軍，反而將晉惠公俘獲。

《詩經》有言：「君君子則正，以行其德；君賤人以寬，以盡其力。」君王待賢德之人要公正，以讓他們施展仁德；待普通百姓要寬容厚道，以讓他們盡心竭力。

歷史上，趙簡子殺愛騾取其肝以救胥渠之命的故事，就是一個很好的例證。趙簡子特別喜愛自己的兩匹白騾，一天夜裡，廣門邑小吏胥渠來到趙簡子門前，對趙簡子的門衛說：「我病了，醫生對我說吃了白騾的肝，病就會好，否則將死亡。」

門衛將此稟告趙簡子，家臣董安當時正在旁邊侍奉，惱怒地說：「胥渠這傢伙竟敢算計君王的白騾，請馬上把他殺掉！」趙簡子說：「爲了讓牲畜活命而殺人，太不人道了，而爲了讓人活命殺牲畜，不正是施行仁政嗎？」於是便叫廚師殺白騾，取出肝給胥渠。沒過多久，趙簡子興兵攻敵，胥渠率左隊七百人、右隊七百人爭先登城，英勇善戰，大獲全勝。

史上無數事例證明，推行「仁德」，具有改造人類和社會的巨大潛力。范仲淹即是終生奉行此道的有識之人。

十二、是否重視興學育才，是判斷政治家合格與否的重要指標

范仲淹一生對於興學育才，始終非常盡力。「十年樹木，百年樹人」，國家具備人才與否，是關係治亂安危的根本問題。

唐末五代以來，社會動亂不安，學校制度衰落，因此北宋最初四十年，地方很少有正式的學校，據《文南非通考》記載，宋朝建國之初，州縣沒有辦學校，只有一些私人講學的書院，規模也很有限。對於這些書院，政府只是稍予獎贈而已，例如賜扁額、賜國子監書、賜九經等，還沒有賜田的措施，也並未積極地鼓勵。

范仲淹對於國家學校不興、人才不舉的狀況非常惋惜。他認為要天下得治，「必先崇學校、立師資、聚群材、陳正道，使其服禮樂之文，遊名教之地精治人之術，蘊致君之方」。等可用之才出現之後，在朝中可以制禮作樂，在地方則可以移風易俗。社會風氣一改善，就會天下治而王室安，因此他將興學育才視為他政治生涯中的一大事業。

眞宗大中祥符八年（西元一〇一五年），范仲淹初入仕途，到廣德軍任司理參軍。到任不久，范仲淹就在廣德建立了州學，請了三個名士來當老師，為這偏僻的山區培養人材。這是他創辦學校的開始。

景祐二年（西元一〇三五年），范仲淹出守蘇州。蘇州是他的故鄉，范仲淹更把興學校育人才作爲其政教之本。他在蘇州設立郡學時還有一段趣聞，摘錄如下：「景祐二年，公在蘇州，奏請立郡學。先是公得南園之地，既小築而居焉，陰陽家謂必踵生公卿。公曰：『我家有其貴，孰若天下之士咸教育於此，貴將無已焉。』遂即地建學。既成，或以爲太廣。公曰：『吾恐異日患其隘耳。』」

范仲淹到蘇州之後，奏請設立郡學，當時他得到了南園這塊地方，準備蓋房子自己居住，有一個道士說這塊地方很好，後代將會非常顯貴。范仲淹就說：「與其將住宅蓋在這塊地上，讓自己的後代子孫顯貴，不如讓天下讀書人都在這裡受教育，那麼培養出的貴人一定會層出不窮。」於是就決定在南園設立郡學。學校建成後，有人批評蓋得太大了。范仲淹便答道：「我還擔心這個學校太小了呢！」

爲了替國家培育人才，范仲淹不惜獻出風水寶地建學校。學舍落成後，又聘請名儒胡瑗來講學，胡瑗以經術教授學生，立下的學規非常嚴密。一開始很多學生不能遵守，范仲淹便讓長子純祐入學。當時純祐不過十三歲，是數百名學生中年齡最小的，他在學校尊師好學，爲同學做出了榜樣。此後，蘇學越辦越好，一直名冠東南。後人稱讚說：「天下郡縣學莫盛於宋，然其始亦由於吳中，蓋范文正以宅建學，延胡安定爲師，文教自此興焉。」

景祐三年（西元一〇三六年），范仲淹由開封府尹貶到饒州擔任知州，「公下車，興庠序，曉教令，待賢受物。」這裡又是一例：范仲淹一到饒州，就開始興辦學校，明定學規。

《范文正公集年譜》記載了范仲淹在饒州建學的情形：「公又遷建饒之郡學，饒之山水，大率秀拔，公識其形勝，日妙果院，一塔高峙，當城之東南，屹起千餘尺，城下枕瞰數湖，水脈連秀，於是名之曰『文筆峰』、『硯池』。學既成，而生徒浸勝，由公遷指學基而興建也。」

可見范仲淹在饒州仍一如既往地重視興學工作。他親自爲州學選擇校址，城南有一座奇峰拔地而起，山上林木蔥鬱，山下有湖，湖光山色十分幽雅。范仲淹將奇峰題名爲「文筆峰」，湖泊取名爲「硯池」，都含有興學的寓意。可惜他離開太早，沒來得及動工。後來慶曆新政創辦學校時，就在范仲淹指定的這個地方修建了學舍，學子一天天增多，屢有科舉中第之士。當地人將這個功勞歸於范仲淹，在此爲他設立了祠堂，以表敬仰。

寶元元年（西元一〇三八年），范仲淹在潤州擔任知州，爲時雖短，卻仍不忘延師興學。潤州州學是太平興國八年（西元九八三年）柳開在任時建立的，規模不大，而且時興時廢，范仲淹到任後進行了整頓，擴建學舍，蒐羅人才，充實師資，任課教師多達三十餘人，使潤學面貌煥然一新。爲了邀請布衣李覯來潤州講學，范仲淹曾連續兩年，接連寫信說服他。對於教師的誠摯邀請，足見范仲淹對州學的關注。

范仲淹被調往越州後，仍以培育人才爲急務，興辦教育，建立州學。宋代江浙地區文風最盛，以科第成名的人數居全國之冠，范仲淹首倡興學，實在功不可沒。

范仲淹接任延州知州的時候，正值宋軍初敗之際，延州北面屏障盡失，處境十分險惡。范仲淹在日夜謀慮抵禦西夏的戰略方針、軍務十分繁忙的時候，也沒有忘記教育事業。他在城的東南邊興建了嘉嶺書院，爲延州的州學奠定了基礎。

慶曆改革失敗後，范仲淹被罷去參知政事的職務，貶到邠州，雖在政治上遭受沈重打擊，但興學之志不懈。到任剛二天，他就去拜謁孔府，視察建學情況，看到廟舍太狹小，不利於學習，於是另選了一塊寬敞的高地，「增其廟度」，「廣其學宮」，建起一座美侖美奐的學府，改善了學習的環境，對邠州士人的就學是很大的鼓舞。

除此之外，范仲淹還請求朝廷在各地大舉興辦學校，把教育當做國家根本大計。在應天府書院講學的那年，他上書宰相王曾，提出「夫庠序之興，由三代之盛王也，豈小道哉！」指出興學是古代三代盛王之舉，不是一般的小事，他分析當時形勢說：「士曾未教則賢才不充。」天聖八年（西元一〇三〇年），他又在《上時相議制舉書》中，強調善於治國的人沒有不培育人才的，而在培育人才之前，也沒有不先辦學、勸學的。

范仲淹總是從國家興衰的角度來思考教育的問題，光是這一點，就足以令後世政治家不敢望其項背。慶曆三年新政開始，范仲淹就以多年興辦學校的經驗，積極推行全國性的興學運動。隔年，范仲淹再次力請皇上注重學校的建立。他在上書中說道：「況天下困之人如此，將何以救？」即是說，天下危機四起，人才缺乏如此，將怎麼補救呢？言下之意就是要求皇上積極培養人才。

范仲淹的上書，果然引起了仁宗的重視和學者的迴響。宋祁總結了大家的意見上奏，對於興學的方式和必要性，都作了具體而詳細的建議，仁宗也從善如流，支持辦學。除了范仲淹、宋祁等人的建議外，還有一件事激發了仁宗興學的決心。慶曆三年秋，仁宗在天章閣召見八位政事大臣，詢問他們治理天下的要領有哪些？針對國家的現狀，應該採取哪些治國的措施？並且請他們當下把治國措施寫下交上來。沒想到八位政事大臣都惶恐得匍伏在皇帝面前，說道：「此非愚臣所能及，惟陛下所欲爲，則天下幸甚！」有感於人才的匱乏，不久之後，仁宗即下詔明令州縣立學。

朝廷規定，地方辦學，可以在所屬官員中選用教授，若爲數不足，則「由鄉裡宿學有道業」的人充當。學生在校學習三百天後，才能參與考試。曾經參加過考試的，學習時間可免減少一百天。

詔書公佈後，地方辦學的熱情高漲，各地的州學、縣學差不多都辦起來了。據《宋史》中的《職官志》記載：「詔諸路州軍監，各令立學，學者二百人以上，許更置縣學，自是州郡無不有學。」

在教學內容上，范仲淹大力提倡「宗經」，主張以詩、書、禮、樂、易、春秋，即以儒家的六經作爲主要教材。由於當時科舉專以詞賦和墨義取士，以致士人中有的追求詞藻聲律，有的只是死背經書的章句，並不能選拔出眞正有用的人才。針對上述弊病，范仲淹提出要培養能通達儒家經邦治國之術的，有從政能力的人才，這種想法的確是相當進步的。同時，他也主張培養一些具專業知識、技能的人才，如醫學、數學等。在武將的訓練上，他也相當著重兵法的教學，「講說兵馬，討論勝策」，以育將才。

范仲淹辦學成效卓越，他順應社會發展的潮流，成功地開展了興學育才的活動，使學風不變，人才輩出，爲以後宋代學術文化事業的發展，作出了積極的貢獻。

第五章 政治的管理方略

謀劃政治必須遵循方略，方略即是方案和策略，而品行正方略才會正確。自古至今，沒有哪一個社會是靠虛偽奸詐的陰謀步向繁榮的，更難以想像品格低下、靠愚弄百姓起家、自身不潔的政客，能使社會清明。因此良好的政治方略應是至誠、求實之略。

一、以和代戰，通過外交解決國際爭端

宋夏之戰爲雙方帶來了巨大的人員傷亡。三川口之役，大將劉平和石元孫率領的軍隊，全部被夏軍擊潰，傷亡慘重；任福率領的數萬人馬經好水川一役，只有一千多人還師。李元昊進攻定川寨，使宋軍損失士卒九千多、馬匹六百多。宋方死傷人數前後不下二十萬，而西夏雖然打了幾次勝仗，但死亡人數也不少。《西夏傳》中記載：「元昊雖數勝，然死亡瘡痍者亦殆半，人困於點集。」同時，戰爭也破壞了經濟生產，使得民不聊生。三川口大戰之後，延安城壁蕭條，原野上也很少有人影出沒；金明以北一百里的地方，本來有幾十所城寨，全部被毀；夏軍所經之處，屍橫遍野，千里無火煙。

目睹了戰爭造成的慘像，范仲淹心情十分沈重。在給晏殊的信中，他談及自己到延安，入金明，舉目所見「秋霖弗上，禾穗未收，斯民之心，在憂如割。」百姓疾苦、邊關情事，憂之在心，如焚如割，怎能不讓將軍夜不成寐，鬢添新白？

而戰事勞民傷財，爲了支付浩繁的軍費，朝廷不斷徵收苛捐雜稅，沈重的負擔壓得人民透不過氣來。西夏境內的情況也好不了多少，李元昊的部下也多次反對他的兵變。

范仲淹深知戰爭帶來的嚴重後果，因此一直主張避免使用武力，力開和議之門，希望以外交

手段解決爭端。

慶曆六年正月，夏軍來犯，朝廷命范仲淹從鄜延路出兵，范仲淹卻認爲：鄜延是西夏過去向大宋進貢的必經之路，鄜延軍應該以防守爲主，不能草率出擊，要爲招降西夏兵留後路，若不這麼做，就不知道得等到什麼時候才能平息戰火了。

范仲淹「議和」的主張很有戰略眼光，不僅造福了兩國人民，更爲日後西夏的「求和」預先開了一扇門。西夏首領李元昊始終明白，憑藉那塊不毛的彈丸之地，是無法與處在廣闊、富饒中原的大宋抗衡的。他只是想透過戰爭掠奪一些土地和財富而已。

范仲淹看清了李元昊的企圖，抓住一切可以「和議」的時機，展開政治外交。好水川戰役之前，李元昊曾派高延德到保安去求見范仲淹，向他轉達夏國求和之意。高延德原是塞門寨的寨主，因爲塞門陷沒被俘，而歸順夏國。

其實當時西夏並無求和的誠意，只是在大宋戰守未決的時候，施展的一種詭計。目的在讓宋軍鬆懈防備，並趁機大舉進攻。

范仲淹雖然也心生懷疑，但爲了促使李元昊早日「求和」，便以一封書信表達大宋渴望和平的決心。在信中，他先追溯了眞宗以來的宋夏關係，說兩國好和超過三十年，宋朝向來以「仁」爲立國之本，人民只知道稻穀長得茂盛，不知甲兵爲何物。在西夏發動戰爭之後，皇上派他主持邊事，也還是叮嚀再三，要他切莫濫殺無辜，要盡力做到「有征無戰」。范仲淹爲早日招降李元昊，用心良苦，在信的末尾，他還向李元昊講了八條「逆順」之理，其中，談到宋朝有人投奔夏國之事：「宋朝領土廣闊，人才衆多，有人到夏國去並不奇怪。大宋朝廷對於這種人，也絕不處罰。他們的家人至今依然安居樂業。而投奔夏國的人，應當對夏主盡忠，報答知遇知恩，倘能『同心向順』，不用說能享富貴，他們的家人也更能得到好的待遇。」

李元昊得了范仲淹的書信，仍不肯取消皇帝稱號，好水川一役獲勝，更使他態度強硬。他的回信措詞非常傲慢，范仲淹擔心仁宗知道後「怨而興兵」，關閉「和議」之門，所以就當著西夏使臣的面把信燒了，只錄了副本，並且把其中一部分加以刪改，送到京城。

范仲淹與李元昊通信、私派使臣這件事在朝廷引發了一場風波。宰相呂夷簡說：「人臣無外交，希文這件事做得太糟了。」，參知政事宋庠，認爲范仲淹當處斬刑；樞密副使杜衍、知諫院孫沔則持反對意見，上書爲范仲淹辯解。最後皇上將范仲淹貶到耀州去，以示處罰。

范仲淹理應了解「人臣無外交」的道理，爲什麼還要越職行事呢？事實上，范仲淹不把西夏請和的事上報，說是擔心報了朝廷不作答覆，絕了「和路」，而答覆了又可能使夏人更輕視中國，不得已才出此下策。范仲淹越職外交雖屬不當，但他爲謀求「和談、招降」所作的努力是値得肯定和佩服的。一般政治家面對種族、領土之爭，有誰不是極力「打、殺」，又有誰會想到「和談」？雖然戰爭是人類一切罪惡的起源，但是直到今天，還是有一些政治家面對爭端時，總把拳頭高高舉起，隨時準備出擊，使世界依然不得安寧。

接任范仲淹延州掌兵職務的是龐籍。龐籍與他相知甚深，並深受他的影響，龐籍延續了和西夏議和的工作。

慶曆三年正月，李元昊派使臣賀從勖帶了國書來延州求和，書中稱宋朝皇帝爲父，自稱爲子；稱宋爲「東朝」，自稱「西朝」。龐籍看了來書，對使者說：「來書不稱臣，我不敢向朝廷報告。」賀從勖說：「子事父，如臣事君。希望去汴京正式請和。假如皇上一定要我們稱臣，就回去再商議。」朝廷這時已經答應和議，仁宗派人秘密通知龐籍：「只要元昊稱臣，即使僭號也無害。」四月，宋廷派邵良佐帶了和議條件去夏國，答應封李元昊爲夏國主，在保安軍和高平寨設立榷場，進行貿易，歲賜絹十萬匹，茶三萬斤，宋夏雙方的戰事於是平息。

和議談成之後，宋夏恢復了正常的經濟文化往來，雙方人民暫時獲得休養生息的機會。范仲淹在這場爭戰中憑著智謀和膽識，發揮了關鍵作用。也許有人認爲范仲淹居邊關三年，並未在戰場上取得輝煌的勝利，而元昊雖然稱臣，卻增加了西夏的歲幣，但實際上，評價一個歷史人物的成就，是不能脫離當時的客觀條件的。宋夏開戰之初，敵強我弱，雙方軍事力量懸殊，范仲淹接手的是一個爛攤子，但他透過持久的防禦戰，消耗了敵人的力量，並藉此爭取時間培養兵力，使雙方力量達到平衡，最終爭取到一個和局，使宋朝西陲轉危爲安。

二、用懷柔手段解決少數民族的問題

在中原領土邊緣，生活著許多少數民族，由於風俗習慣、生活方式的不同，以及各民族的排他性，處理好與少數民族之間的關係，歷來是中國各朝統治者最棘手的問題。

在這方面做得最好的，莫過於第一個一統中原的皇帝秦始皇。他對異族的態度並不像常人所想像的那樣殘暴無道，而採用了懷柔的手段，為統一鋪路。當時的巴蜀是秦國伐楚和統一西南的戰略重地。在夏天，長江水暴漲，秦軍如果從蜀地的岷江坐船，順江而下，五天就可以到郢；而在漢中的秦兵，四天就可以到達五渚。為了鞏固這個基地，秦朝對待居住在巴蜀的少數民族特別優惠。

譬如，由於巴蜀多是不毛之地，許多異族的農業技術也還處在原始的刀耕火種階段，秦始皇就減免他們的賦稅。《七國考》中記載：「一戶免其一頃田之租，雖有十妻，不輸口算之錢。」相較之下，田賦比內地輕得多；《漢書・食貨志上》也說：「至於始皇，遂併天下，內興功作，外攘夷狄，收泰半（師古曰：三分取其二）之賦，發閭左之戍，男子力耕不足糧餉，女子紡織不足衣服。」史學家普遍認為秦始皇對巴蜀人民的政策格外優寵。而秦始皇之所以如此，是因為巴蜀土著居民強悍善戰，難以制服，減輕賦租在緩和相互之間的關係上，很有裨益。

除了減免賦稅，也減輕刑罰。秦統一中國後一向採取嚴刑峻法的統治手段，對巴蜀人民卻很柔和。秦法明確規定，巴蜀部落的首領若犯罪，可以以其他方式贖罪。如結群爲盜，可以寬判爲「贖鬼薪鋈足」刑，即戴著腳械，爲祭祀鬼神上山砍柴，服三年刑；應處宮刑的，可以寬判爲贖宮，即爲贖刑（秦通常有爵贖、金錢贖、勞役贖、戍役贖，而這裡的贖宮顯然是指金錢贖）。按秦律規定，一般人犯「群盜」罪，應判處「斬左止爲城旦」刑，即斬斷左腳後還要服五年修築城防的天役。

相對而言，「贖鬼薪鋈足」刑不僅能夠保住左腿，還可以少服兩年刑。而秦朝減刑的目的除了意圖招撫外，也是因爲這些地區原本就比較落後，法紀本身不完備，不能全用秦法進行制約。

在經濟上也放寬了，秦朝向來講求「耕戰」，重農抑商，但卻予以巴蜀的私人工商業較優厚的政策。《史記·貨殖列傳》如此記載：「巴蜀婦清，其先得丹穴，而擅其利數也，家也不訾。清，寡婦也，能守其業，用財自衛，不見侵犯。秦始皇以爲夏婦兩客之，爲築女懷清台。夫……清窮鄉寡婦，禮抗萬乘，名顯天下，豈非以富邪？」，「丹」即丹砂，也就是硫化汞，是當時重要的藥物和染料。司馬遷認爲，清這個女人作爲一個窮鄉寡婦，卻能揚名天下，就是因爲她非常有錢。而秦始皇在其他地區抑制私人工商業的發展，對巴人清卻非常禮遇，還築了懷清台，讓人們瞻仰，褒揚巴蜀地區私人工商業的發展。

透過一系列的懷柔政策，秦始皇妥善處理了秦與巴蜀異族之間的關係，有效治理這個地方，帶動這裡的經濟發展，奠定了一統中國的根基。後來，秦始皇進軍嶺南時，糧餉由湘水經過人工運河——靈渠，進入漓水，巴蜀地區成為重要的軍糧供給地。

宋夏開戰後，守邊的范仲淹對少數民族的問題也非常重視。宋夏邊境一帶散居著不少羌族部落，人馬精勁，熟悉戰鬥。當時他們處於宋夏兩大勢力之間，往往持觀望態度，是雙方都要爭取的一支力量。宋朝過去對他們採取撫綏政策，將歸順宋朝的羌戶稱為「熟戶」，他們的首領或封官號，或受賞賜。反之則稱為「生戶」。

戰爭開始後，元昊威逼利誘，暗中約定環、慶羌族部落酋長六百多人，充當進犯宋境的嚮導，作為攻宋的前鋒。這種狀況對宋軍非常不利，初期的邊將范雍等人更採取了十分錯誤的做法，他派兵侵掠山界，殺戮羌部老幼，取他們的首級回朝邀功，因而激怒了羌族群衆，促使他們對漢人產生了仇視心理，向西夏靠攏。

范仲淹清楚地知道，羌族部落的力量很強大，如其中的明族、滅藏、康奴等，他們擁兵數萬，不容小覷。因此與這些部族的關係是否良好，深深影響著對夏戰爭的成敗。因此，他向朝廷上奏，要求迅速糾正過去的失誤。

他親自到慶州視察，檢閱羌人的武備力量，用皇帝的名義犒賞他們，並與他們約法三章。其中約定，已經「和斷」了的仇隙不能報，違反了要懲罰，傷了人的罰一百頭羊、兩匹馬，殺死人的要處斬刑；債務上有爭執，可以上告，不能捆綁一般老百姓作為抵押，也即不得私綁人質，違反了的要罰羊五十頭、馬一匹；西夏大舉進攻，不按規定入保寨的要罰羊；按照規定的，公家供給糧食。

透過這些明確的規約，羌族得到了有效的治理，進而歸順於宋。爲了更進一步收服羌人的心，范仲淹與諸蕃部首領推心置腹地交談，經常叫自己的幕僚爲蕃戶解決耕田牛具的問題，他招募熟戶，分給土地，盡可能讓他們過著富足的生活。，對於低收入戶，則按口借粟米給他們，解決糧食的問題。因此沿邊羌民非常擁戴他，叫他做「龍圖老子」。這個稱號甚至傳到西夏境內，使夏人也這麼稱呼他。

自此，元昊攻宋，兵未發，消息已由屬羌送到慶州，西夏日益陷於孤立。范仲淹的招撫政策取得了顯著的效果。爲了長期保持這種友好關係，他還特別提拔擅於外交的將領，以至誠對待羌人、信守約定的種世衡就是其中一位。

可惜種世衡英年早逝，使范仲淹痛惜不已。在墓誌銘上，范仲淹特別總結了種世衡「和羌」的貢獻。從中能看出他們透過「招撫屬羌，收心爲上」的主張，徹底感召了羌族部落，使羌人成爲抵禦西夏的重要力量。

皇祐四年，范仲淹病逝，數百羌人爲他哭泣、齋戒三天，足見對這位「龍圖老子」的愛戴和眷戀。

三、遇事必須考慮周詳

禍亂衆生，若不能有效控制，往往波及日後情事，形成連鎖效應。然而事出必有因，當徵兆出現時，應當審慎對待、考慮周詳，不能抱任何僥倖心理。

慶曆三年春，宋夏雙方開始進入和議階段。朝廷對夏宋前景抱持著美好的想像，於是將范仲淹和韓琦調回朝中，但他們兩人卻是憂心忡忡，想到還沒有完全安寧的邊境，心情就非常沈重。他們在奏章中向仁宗分析建議：西夏「以四十年恩信」，尚「一旦翻覆」，如今夏人求和，眞僞未知，傳聞指出他們又在調集兵力，這很讓人擔心。假如李元昊以求和爲名，「別營凶計」，趁虛而入，邊境恐怕又會陷入虎口。

事實上，李元昊的野心一向很大，性格反覆無常、詭計多端，在此之前就使過詐和一計。慶曆元年，他曾派人到延州與范仲淹議和，並且求盟於韓琦，暗中卻又派兵攻渭州，軍隊逼近懷元城，幸好及時被韓琦識破，才未造成重大損失。誰知這次請和是不是故技重施呢？群臣經過分析，認爲西夏連年與宋交戰，物耗很大，國力空虛，宋、夏久不通市，夏民已「飲無茶，衣無帛」，而且西夏國內也出現了明顯的厭戰情緒。

向來主張和議的范仲淹，在思慮這件關乎國家安危、軍民生命財產的大事時，卻更爲深遠。

他認爲西夏此次雖確實是誠心求和，但朝廷卻不應過於樂觀，還是應當持些許保留態度，隨時作好應戰的準備。這種想法，正是「先天下之憂而憂」的表現。

宋夏議和，拖延了很長的日子，一直到慶曆四年五月，雙方才終於締結和約。而就在這一年，契丹和西夏發生了戰爭。契丹國主親自率領十萬大軍西征，駐兵雲州（今山西大同市）、朔州（今山西朔縣），並遣使至宋，要求與西夏斷絕往來。

范仲淹對契丹西征的疑慮重重，他擔心契丹出兵的目的在中原：「河東路兵馬不精、名將極少，假如契丹、西夏都不守盟信，乘我不備，突然襲擊，我國必然會陷入危難。契丹長於攻城，這回又攜帶了炮手，以及床子弩之類攻城用的武器。而契丹和西夏的交界，一片荒漠，根本無城可攻，只要入我國境，床子弩和炮手就可發揮威力。集中力量攻下三、兩座城，其他城堡就會一起淪陷。即使這回不這麼做，也不過是先取得我們的信任，以便下回讓我們措手不及。」他向朝廷要求增派幾萬兵以備河東。然而朝中重臣韓琦、杜衍和富弼卻認爲契丹已得到了宋增加的歲幣，與西夏又有宿怨，兩國交鋒對大宋影響不大，沒有必要增兵河東。

此時宋夏剛剛議和，范仲淹對邊防卻更爲重視，他在邊境屯田，增修城、寨，派士兵防守；裁汰老弱殘兵，招募年輕力壯的新兵、訓練弓箭手，並愼選具有智謀的守將。這種種事蹟在常人看來，范仲淹也許有些過於謹愼、杞人憂天，但他表現的卻是「智者未見於萌」的遠見，這恰恰是宋朝官員所缺少的危機意識。

關於憂患意識的缺乏，歷史上的教訓也不少。春秋時，晉獻公將春妾驪姬立爲夫人，聽信驪姬讒言，逼太子申生自殺，而立驪姬所生的奚齊爲太子。國人和群臣雖然都很不滿，但礙於獻公，也無可奈何。沒想到這件事卻是後來晉國二十年動亂的源頭。獻公一死，晉大夫里克立即率領國人殺掉奚齊。奚齊的老師荀息將驪姬之妹所生的公子卓立爲君主，安葬獻公後，里克又率領國人殺了公子卓。於是晉國沒有了君主。

這時逃亡在外的公子夷吾用土地賄賂秦國，以求得保護，回國爲君。秦穆公率軍送他回國，夷吾得以立爲君主，是爲晉惠公。惠公在晉安定後，背棄秦國恩德，不予秦國土地。秦穆公便率軍進攻晉國，在韓原大敗晉軍，俘擄惠公，帶回秦國囚禁在靈台。此後動亂連年，一直到晉文公即位，晉國才獲得中興。

這段歷史留給後人的啓示是多方面的。若當初晉國群臣對獻公寵愛驪姬之事特別重視，將其禍患充分估量，及時匡正，則不可能出現逼太子申生自殺的事，也就不會有立奚齊爲太子的事，緊接而來的三個國君被殺，一個國君被俘，無數大臣卿士死於禍亂，全國蒙受二十年動亂之苦的事情，也可能會完全避免。

范仲淹不管在什麼情況下，都能全面、準確地分析利弊所在，寧可將困難和不利的因素估計得充分一些，以便及時採取措施避凶遠禍，正是如此，才替國家免除了許多危難。

四、恩威並用，是帶兵的基本原則

恩威並施，自古就是優秀將領的帶兵原則。在戰爭時期，大凡統帥軍隊進行戰爭，必須有嚴明的紀律，同時還要愛兵如子，只有這樣，軍隊才能有強大的凝聚力和戰鬥力。紀律之嚴就是「威」，愛兵如子就是「恩」。范仲淹在邊關，作爲一軍之長，深悉其妙。爲了扭轉整個戰局，他到邊關之後做的第一件事就是改變軍容，整頓士氣，使用的便是恩威並用的手段。

除了加強軍事訓練之外，范仲淹也針對軍紀不嚴明的問題做了處理，有違軍令者，輕者罰，重者斬。到任不久，就殺雞儆猴，處斬無端苛減士兵糧餉的辦事員司員勳、張武、黃貴，腰斬煽動鬧事的士兵王義、冒功邀賞者王瓊等人。

范仲淹一面整肅軍紀，一面對士兵施加恩惠。他非常體恤邊防士卒的艱辛，並如實向朝廷稟報，說他們吃的是粗糧，一年到頭不知肉味，希望政府能提高他們的待遇。在生活上，范仲淹也與士卒同甘共苦，朝廷賜給他的金帛，他都分給諸將領。

對於將領則論功計賞。范仲淹知道將領們出生入死，置生死於度外，爲國家效命，所圖的就是希望功績能獲得肯定，得到朝廷的獎賞。因此他請求朝廷重定戰功賞格，並且將應該受獎賞的將領分等呈報。

狄青和種世衡被列在第一等。范仲淹說狄青「有度量，勇果能識機變。」；說種世衡「足機略，善撫馭，得蕃漢人情。」第一等共四人。第二等十一人，周美名列第一。對西夏的戰爭中，他是少數能打勝仗的一個，並且善於招撫羌民。第二等中還有一位名叫安俊的將領，在羌族中也頗有威名，被稱為「安大保」。

作為一名統帥，首先要與將領們相知，本著實事求是的原則，范仲淹在給他們的評語中儘量多加美言，使朝廷重賞他們。

經過范仲淹整紀後的軍隊，煥然一新，士氣和戰力都提升很多，出師有紀，軍容嚴整，可見恩威並施確實為治軍良策。事實上，歷代許多大軍事家都非常重視這一點。劉基在《百戰奇法．愛戰》中談到：「凡與敵戰，士卒寧進死，而不肯退生者，皆將恩惠使然也。」意指軍中士兵凡是與敵人戰鬥，寧願冒死前進，也不願退兵，都是因為平時常受將帥的恩惠。《孫子兵法．地形篇》中也說：「視卒如愛子，故可與之俱死。」孫武認為，統禦部卒，必須用恩威並施。如果「愛而不能令，厚而不能使，亂而不能使」，便是領導無方。

隋煬帝大業末年（西元六一六年），唐高祖李淵命令李靖征討蕭銑，李靖初戰有功，深獲李淵賞識。後來李靖用帖誤了戰機，致使戰役失利，李淵大怒，要將李靖斬首，由於眾臣苦苦求情，才免他一死。李靖決定戴罪立功，西元六二〇年，率八百精銳部隊收復了開州、通州。李淵見到李靖後非常高興，表示自己對他從前的過錯早已忘到九霄雲外去了，請他不必介意。而李靖則從幾次征討的戰績和失敗中領悟到：李淵是賞罰分明的君主。因此對於戰爭絲毫不敢怠慢，勇猛殺敵，立下了不少戰功。

五、凡事能身先士卒，下屬必當以一擋五

榜樣的力量無窮，行動就是無聲的命令，如果領導者身先士卒、身體力行，部屬往往能自覺地跟隨他一起努力奮鬥，這是展現領導者智慧最好的方式，這一點，范仲淹做得非常好。

景祐元年，范仲淹奉調到蘇州。蘇州瀕臨太湖，是江南著名的水稻產地之一，年產量達七百萬石之多，素有國家糧倉的稱號。但蘇州經常遭遇水患，范仲淹到任時正值蘇州大水，爲了治水，他親自到海浦查勘，以便了解情況，制定出解決的方案。

治水方案制定後，范仲淹力排衆議，奏請朝廷批准，進入施工階段。爲了使治水工程早日完成，在數九寒天，他頂著刺骨的北風，跋涉於泥濘積水之間，佈署工程，並常常留宿在海邊。這個做法，使下屬和百姓們的工作熱情倍增，向來被歷任官僚認爲不可根治的水患，在不到一年的時間內就平息了。

不論是治水、處理地方行政公務，或者領兵打仗，范仲淹都是秉持著身先士卒的精神，身體力行。他知道歷代很多將軍，也都對此奉行不悖：《宋書・檀道靜傳》：「卒勵文武，身先士卒，

所向摧破。」《南齊書・戴僧靜傳》：「僧靜率力攻倉們，身先士卒。」《資治通鑑・隋紀・煬帝大業九年》：「（煬）率感每戰，身先士卒，所向摧陷。」就是很好的例證。

北齊隆化元年（西元五六七年），齊軍圍晉州。在交鋒過程中，晉州的樓堞都被毀壞了，城牆只剩下七尺高，雙方打得非常激烈。周守軍梁士彥慷慨自如地對部衆說：「死在今日，吾爲爾先」。部下見主將身先士卒，指揮有方，皆勇烈齊備，呼聲動地，無不以一當五。

西元九一七年，晉國將軍李嗣源率軍救援幽州，過了現在房山縣西北，沿山間小河向東前進。李嗣源派部將李從河率三千騎兵爲先鋒，到達山中時，遇契丹騎兵萬餘人堵住山口。李從河的部屬盡皆失色，進退兩難。在危急的此刻，李嗣源帶領百餘騎跑到隊前，奮勇前進，反復三次攻入敵陣，斬契丹酋長一人。士兵跟隨著一齊進攻，迫敵後退，出得山口。

擔任陝西經略安撫招討副使時，延州情勢危急，但當時被任命的將領遲遲不肯到任，范仲淹感到延州不能無守，於是挺身而出，自薦延州知州。他的請求得到朝廷批准後，上謝表道：「臣職貳統戎，志存殄賊，所宜盡瘁，敢昧請行。自薦老成，大漸於漢將；誓平此賊，詎擬於唐賢。」

其中的漢將指的是李廣。霍去病擊敗匈奴時，李廣年事已高，「數自請行，上以爲老，不許良乃許之」；而「誓平此賊」，用的是郭子儀的故事。到延州以後，范仲淹首先考察沿邊的防務情況和地形。三川口一役後，延州城北幾十座城寨被西夏軍焚毀，土地爲夏人所占，沒有人敢到那裡去。他親自到這些守兵不敢去的地方作調查，爲萎靡不振的宋軍打了一劑強心針。

「身先士卒」的道理除了牽先衝鋒殺敵外，還要能與下屬患難與共。《紀效新書・卷首・紀效或向》說：「所謂身先士卒，非獨陣身先，件件若處要當身先；所謂同滋味者，非獨患難時同滋味，平處時亦要同滋味。」

而「士未飲而不敢言渴，士未食而不敢言饑」的范仲淹，正是一位能與士卒同甘共苦的將領。

六、垂拱而治，充份授權

事必躬親的人，很少有不失敗的，而英明的人明確職分，「其所為少，其所因多」，親自去做的事不可能多，所能依靠的卻很多，這就是垂拱而治的智慧。

棋手不用任何蠻力，把握時機、技高一籌便能獲勝。成功的領導者技高之處，在於能覓得賢人，並知人善任。堯就是如此，善於憑藉一切可以憑藉的賢哲和事物，來完成自己的事業。

堯給人的印象是：總是穿著有寬大下擺的衣裳，從不為瑣碎的政務所擾；而管仲認為可以把國家託付給隰朋這樣的人，因為他既效法前世聖哲，又求助於當時賢德，對於不該管國政的不去打聽，不需瞭解的事務不去過問，對別人無傷大雅的過失裝作沒看見。魏文侯以卜夏為師，與田子方交友，對段幹木以禮相待，使國家大治，自身恬逸。

垂拱而治是多少政治家希望達到的境界，實際上卻又很少有人能做到。當今一些地方首長在處理政務時，或許能夠靠自己的勤勉使地方得到治理，但終究很達到這一個理想境界。

古人宓子賤常在堂上靜坐彈琴，卻把亶父治理得很好。巫馬期披星戴月，早朝晚退，晝夜勞作，親自處理各種政務，亶父的政績也不過平平而已。巫馬期問宓子賤其中的緣由，宓子賤說：「我使用人才治理，人盡其用，當然恬逸；而你使用力氣來治理，當然費力傷神。」由此可知，宓子賤可以說是了解垂拱而治的智慧，以一己之力凝聚衆人之力，借力使力，因此很輕鬆地就將地方治理得很好。巫馬期則不然，損傷生命，耗費精力，手足疲倦。教令又煩瑣，雖仍治理得不錯，但始終難以更進一步。

事必躬親固然可敬，但治理的最高境界卻是垂拱而治。在六出奇計的陳平對漢代的一統天下，立下不少漢馬功勞。晚年時被漢文帝任命爲宰相。有一天，文帝召見陳平和另一位宰相周勃，文帝首先問周勃：「你經手裁決的事件，一年約有多少件？」周勃回答：「臣不肖，對這不清楚。」文帝又問：「那麼，國庫一年的收支大概有多少？」周勃也答不出。文帝見周勃身爲丞相，一問三不知，面露不悅之色，把周勃嚇得汗流浹背。

文帝又拿同樣的問題問陳平，陳平回答說：「這些問題，我得問相關的負責人才能知道。」文帝接著問：「誰是負責人呢？」陳平回答：「負責裁決事件的人是司法大臣，負責國庫收支的人是財政大臣。」漢文帝接著又問：「所有的事都有人負責，那麼要宰相何用呢？」陳平不慌不忙地答道：「宰相要使百姓各得其所。對外須鎮撫四方的蠻夷與諸侯，對內則要督促所有的官員做好份內的工作。」

漢文帝對這番話深表贊同。而范仲淹從政多年，也逐漸學會了垂拱而治的治政之道。駐守延州時，在戎馬倥傯之中，他並非手忙腳亂，而是井井有條地將軍務分派給各路將領，放手讓他們管理，充分發揮自己的智慧，正因如此，他才有閒暇遊覽延安景物。《依韻和延安龐龍圖柳湖》詩，正是他以恬適的心情遊覽時寫給龐籍的：

種柳穿湖後，延安盛可遊。遠懷忘澤國，真賞即雲洲。
江景來秦塞，風情屬庾樓。劉琨增坐嘯，王粲鬥銷憂。
秀髮千絲墮，光搖匹練柔。雙雙翔乳燕，兩兩睡馴鷗。
折翠贈歸客，濯清招隱流。宴回銀燭夜，吟度玉關秋。
勝處千場醉，勞生萬事浮。王公多雅故，思去共仙舟。

他透過王粲、劉琨、庾亮，直抒自己的胸臆。而西北塞上風光，在他的心中和筆下，真是勝賽江南，哪裡還有一點點寒煙落日、羌管悠悠的蕭瑟蒼涼？

大凡賢明之士絕不會每事躬親，苦形愁慮，只需運籌帷幄，便能決勝千里。「軍中有一范，兩賊聞之驚破膽。」由這句民謠，便可知當時范仲淹治軍禦敵的成果。慶曆新政失敗後，范仲淹被貶到邠州，兼陝西四路沿邊安撫使。半年後，宋夏議和，邊境上的貿易也將恢復，四路安撫使「今後別無事務」。於是他便改知鄧州（今河南鄧縣）。鄧州即南陽郡，原是上郡，後升爲望郡，人口近三十萬，是個大州。唐初，突厥族屢屢進犯長安，李淵就曾打過遷都到此的主意。而范仲淹到鄧州後，政平訟理。從政之瑕，常與賓客琴詩宴遊，過了一段「南陽偃息養衰顏，天暖風和近楚關」的平靜日子。

鄧州城下有百花洲，風光如畫。范仲淹在這裡修復了覽秀亭、菊台等台榭亭閣，允許百姓到此遊樂。還建立了花洲書院，在院內春風堂講誦經學，甚得爲官之樂。

「步隨芳草遠」，是范仲淹在鄧州寄晏殊的一句詩。晏殊被罷相之後，正退居陳州（今河南淮陽）。這是一首五言律詩。寫鄧州景物，亭台魚鳥，草色歌聲，沁人心肺。「百花爭窈窕，一水自漣漪。」詩中呈現范仲淹一派閑情雅致之態。

在給韓琦的信中，他說這個地方應酬很少，想不到「勞生亦有此遇」。寫信給朱家的侄兒，說一切都要善自寬解，人生本是樂少憂多，只要能自適就好。在鄧州，他自稱「疏懶成性，日在池塘，或至歡醉」。

鄧州是歷史名城，諸葛亮曾隱居於此。漢光武帝起兵，依仗的南陽子弟、亡台二十八將，都和這個地方有關。在范仲淹之前的知州是孫甫。孫甫字之翰，和尹洙是好友，范仲淹在詩中說他以清淨化民，鄧州物產豐盛、土地肥沃，自己一到這個地方，便感到「優遊豈減居林泉」，「琴樽風月夕不眠」。顯然讚揚了孫甫在鄧州的無爲而治。

離鄧州南面不遠是光化軍（今湖北光化西北），知軍是范仲淹的老友李簡夫。軍和州、府是同一級的地方行政區域，光化軍是下等軍，人口不到鄧州十分之一。簡夫和范仲淹的交誼很深：「來難得舊交遊，莫歎樽前兩鬢秋。少日苦辛名共立，晚年恬退語相投。龔黃政事聊牽強，元白領封且唱酬。附郭田園能置名？與君乘健早歸休。」

龔、黃指的是龔遂、黃霸，這兩人都是循吏。龔遂爲渤海太守，叫老百姓賣劍買牛，努力耕作。黃霸治郡時，戶口年年增加，治績當時數第一。元、白就是元稹和白居易，白居易爲杭州刺史，元稹爲越州刺史，這二位詩人時相唱和。范仲淹詩中點出龔、黃、元、白的關係，實際上就是用他們來比喻自己和李簡夫的友誼。

范仲淹在鄧州時，因爲慶曆四年在進奏院參與宴會，與女伎雜坐，而被貶到濠州的王洙，這時也移知襄州（今湖北襄樊市）。襄州在鄧州的南面，王洙路過鄧州，與范仲淹相會。後來范仲淹寄詩一則給王洙說：「高車赴南峴，沿郊主東道，風采喜一見，布素情相好。屈指四十秋，於今歲寒保。」另一則說：「與君誓許國，無忝於祖考。潔如鳳食竹，樂若魚在藻。安得長相親，時時一絕到？不忘平生期，明朋滿懷抱。」

王洙在襄州，重修了羊祜祠。羊祜，字叔子，是西晉開國元勳，鎮壓襄陽，常輕裘緩帶，身不披甲，垂拱而治，甚得軍民之心。臨終舉存杜預代替他，杜預最終平定吳國。羊祜很喜歡這裡的山水，春秋佳日，常至峴山，「置酒言詠，終日不倦」。羊祜死後，襄陽人在峴山立碑以爲紀念，見此碑者莫不墮淚，因此名爲墮淚碑。

羊祜祠修成之後，范仲淹爲這位在治理政事上與自己不謀而合的古代聖賢作了《寄題峴山羊公祠堂》詩，以示紀念：「此山自古有，遊者千萬輩，堙滅皆無聞，空悲歲月邁，公乎仁澤深，風采獨不昧。於今墮淚碑，觀之益欽戴。」在詩中，范仲淹也極力讚美王洙這位腹有詩書的老友，稱道他無爲而治的善政：「卓有王源叔，文學偉當代，借麾來襄陽，高情極恬退。山姿列雲端，江響拂天籍。行樂何逍遙，覽古忽感慨。不見叔子祠，蕪沒民疇內。千金贖故基，廟貌重營繪。襄人復其祀，水旱有修賴。太守一興善，比戶皆歡快。源叔政可歌，又留千載愛。」

年逾八十的退休宰相張士遜和范仲淹也時相唱和。范仲淹《依韻酬太傅張相公見贈》詩說：「出處曾無致主動，南陽爲守地猶雄。醉醒往日漸漁父，得失今朝賀塞翁。七裡河邊歸帶月，百花洲上嘯生風。臥龍鄉曲多賢達，願預逍遙九老中。」字裡行間都表現著逍遙自在的心境，沒有一點爲官的煩惱，正是到了垂拱而治的境界。其實「垂拱」並不是無所作爲，什麼也不做，而是一切順應自然不強求。因此「無爲」只是手段而不是目的，無爲的目的還是有爲，與老子進一步闡明的「無爲而無不爲」同理。這樣的「無爲」，有利於與民休息、惜民養民。

鄧州的百姓在范仲淹的「無為」下豐衣足食，以至於後來他被朝廷調遷到荊南時，百姓紛紛攔駕，請求他留任。

七、善用媒體，掌握宣傳管道

媒體能夠左右輿論，誰掌控它，誰就把握了輿論的主導權，從古到今都是如此。范仲淹所處的時代，傳媒管道不像今天這麼多，當時能夠運用的就是發行量很少且很慢的書籍，以及自己的口才。

宋朝，中央設置了監察官，又稱言官，本來分兩部分：一是專司諫諍的諫官，在唐代屬於門下省，他們不負彈劾百官的責任，只糾正皇帝的過失。宋代設置了諫院，有諫議大夫、司諫、正言等官，但必須有特別命令委任在諫院辦事，才是真正的諫官。其他官吏若受到「知諫院」的命令，也算是諫官。二是專管彈劾百官的禦史台，台長為禦史中丞，另有侍禦史、殿中侍禦史、監察禦史等官。

禦史台和諫院合稱台諫，都屬於監察系統，但二者各司其職。宋初，宰相權重，台諫不敢多議論政事。真宗逐漸加大台諫的權力，明令諫官不只能規諫皇帝的過失，凡是朝廷得失、文武百官的任用，以及政府各部門工作不當，都可以加以批評。「知諫院」、「禦史台」跟現在的監察機關差不多。它更是一個主導輿論的機構，兼具宣傳的功能。

仁宗景祐年間，宰相呂夷簡擅權，壓制輿論，不讓士大夫隨意論事，因此當時「知諫院」和「御史台」都沒有發揮正常的功能。范仲淹對此相當不滿，雖然他不是諫官，沒有發言權，但卻敢冒死向皇上進諫，言人所不敢言。雖然呂夷簡權重位高，勢力難以動搖，但范仲淹的諫言多少也發生了影響。

到了慶曆之初，情況發生了很大的變化，為了推動改革，仁宗主張國家大事付諸公議，增設諫官，還把過去因言事被貶的歐陽修、餘靖等人提拔到諫院的崗位，鼓勵他們大膽進言。

歐陽修等人明白仁宗的用意，清楚知道要推動改革，必須要善用輿論的力量。有鑒於此，歐陽修為進行改革大造輿論，一時台諫權憑藉自己控制輿論的優勢，淩駕於宰相之上，左右政局。言事之風既開，「士恥以鉗口失職」，紛紛仿效，因此士大夫議政之風大盛。歐陽修等人運用輿論，為慶曆新政的推行鳴鑼開道，功不可沒。

廣開言路、強化輿論的監督作用，可以防止執政大臣的專權和壟斷行為，揭發政治弊端。但過猶不及，由於仁宗的大力提倡，而把輿論推向了極端，。為了鼓勵臣子進言，對言官採取保護政策，即便說錯了，或不合皇帝的意，也大都不過調職了事，不加重責。而凡因諫諍或彈劾大臣得罪的，往往獲得輿論稱讚，反而取得更高的聲譽。范仲淹三次被貶，被稱為「三光」，就是一例。

在這種情況下，言事者務求高名，好持苛論，往往罔顧客觀條件的限制。而宰相受到彈劾，照例必須辭職，因此造成執政大臣撤換頻繁，影響了行政的穩定性，正如後人王夫之所批評的：「天下無一定之衡，大臣無久安之計，或信或疑，或起或仆，旋加諸膝，施墜諸淵，以成波流無定之字。」

更因為仁宗准許言官風聞言事，可以拿道聽塗說、未經調查之事來彈劾別人，就是錯了也不必負誣告之責。這樣造成有些言官喜歡隨意攻擊大臣，甚至專門揭人隱私、彈劾小過，中傷士大夫。

撇開這些流弊不談，由上觀之，可見輿論在當時影響力之大，以及取得發言權的重要性。水能載舟，亦能覆舟。范仲淹等人因取得發言權而使慶曆新政順利開始，但守舊派後來也掌控了「台諫」的輿論力量，獲得可乘之機。

當時禦史台是王拱辰等守舊份子的勢力範圍，他們為了達到推翻改革派的目的，不擇手段，如夏竦偽造書信，誣告石介與富弼謀反；王拱辰借奏邸之獄迫害蘇舜欽；錢明逸藉張甥案（歐陽修的甥女被告與人通姦）將歐陽修牽連下獄等。

皇祐二年，范仲淹在杭州任職，適逢浙西大旱，饑民流移滿路，災情十分嚴重。范仲淹因此發放浙西儲糧，以工代賑，修倉庫、官舍，每日動用上千民伕。又號召杭州的寺院主持利用荒年工價至廉的機會，廣招民工，大興土木，增加人民的就業機會。他本人則帶頭日日在湖上宴遊，自春至夏，使杭州的富戶大家也空巷出遊。就這樣調動了官方和私家的力量，利用餘財，以惠饑民。

當時在杭州從事貿易、飲食等服務行業以及民工的饑民有數萬人。而由於饑荒，杭州的穀價日日飆漲，范仲淹意識到必須動員商販從外地調進糧食。但該如何執行？他知道首先必須加強宣傳，於是派人四處張貼告示，說明杭州糧食匱乏，並特意放出風聲，哄抬穀價。各地糧商見有利可圖，便日夕爭進，把糧食運到杭州來，糧食多了，穀價也就穩定了。這樣做的效果很顯著，大饑之年，杭州竟看不出一點災荒的跡象，治安良好，百姓生活也獲得了保障。

范仲淹充分利用宣傳工具，把救災工作安排得井井有條，自己也不勞神費事。因此，他的上司指責他「嬉遊不節，不恤荒政」，「公私興造，傷耗民力」。但百姓卻對他十分敬仰，「裡巷之人皆知其名字」。

皇祐三年，范仲淹奉調青州。由於宋代送納賦稅沒有固定處所，青州的田賦按例要到博州繳納，兩州之間距離約二百里，老百姓運送穀物，曠日廢時，再加上盤纏和運費，負擔不僅遠遠超過賦稅本身，而且還會延誤農時。范仲淹了解情況後，就規定人民在青州按所納實物折價成錢，然後派人拿錢到博州高價收購糧食，並利用「布告」大肆宣傳。博州百姓聞訊踴躍賣糧，不到五天，就買足了青州人民應當繳納的田賦，省去了他們運輸的勞苦。

在那個資訊不發達的時代，范仲淹能利用輿論宣傳解決問題、爲自己打造聲勢，不愧爲足智多謀的政治家。

八、要作大事業，必須逐步作好準備

慶曆年間，西邊戰事連連，國內起義的盜賊此起彼伏。在內憂與外患交相侵迫下，仁宗也逐漸認識到局勢的嚴重性，有意列除天下弊政，進行一番改革。

很明顯，當時能夠領導這場革新運動的最佳理想人物，就是范仲淹。當年他雖因反對呂夷簡兩遭貶謫，在士大夫中的聲望卻因此大為提高，同情和支援他的人始終占多數。在出任西線戰事以後，他力挽歸諫，取得迫使元昊稱臣請和的成就，更使他名重一時，成為眾望所歸的人物。

歐陽修等革新派利用范仲淹的聲望，竭力要把他推向改革的宰執位置。然而仁宗過於優柔寡斷，呂夷簡罷相後，仍然命他參與商議軍國大事，又提拔夏竦為樞密使，準備接替呂夷簡為相；雖召范仲淹、韓琦入宮，但又只讓他們在掌兵戎的樞密院任職。歐陽修等人當然不滿意朝廷這次人事調整，覺得目標還未達成。

直到慶曆三年正月，陝西轉運使孫沔首先上言，指責呂夷簡，言辭非常激烈，終於打動仁宗的心，讓他決定罷免呂夷簡，起用革新派人士。就在這個月，朝廷宣佈了中央人事調整的名單：呂夷簡罷相，為司徒，監修國史；晏殊、章得象為平章事兼樞密使，擔任宰相，調到蔡州的夏竦任樞密使；賈昌朝為參知政事，富弼為樞密副使。

其中夏竦資格最老，地位高，也有才幹學識，但爲人奸詐陰險，名聲很不好。所以任命他爲樞密使的消息一傳出，立即引起強烈反彈，禦史台和諫院的言官們交章論劾。由於夏竦的形象太糟，百官紛紛進言反對，仁宗迫於輿論壓力，在四月份宣佈樞密使職務由杜衍接替，韓琦、范仲淹爲樞密副使，夏竦未至都門而罷，議判亳州（今安徽亳縣）。

如此，歐陽修等人再次獲得小小的勝利，讓支持改革的杜衍上台。而此時呂夷簡雖被罷相，卻仍以司徒的名義干預軍國大事。蔡襄等人上書指責呂夷簡爲相前後計有二十餘年，貪戀權勢，「養成天下今日之患」，要求免除他參與議政的特權。迫於無奈，呂夷簡只好自行引退。

革新派費盡周折，終於將朝中人事徹底改組。然而即便到了此時，中央還存在著阻礙改革的力量。晏殊就是其中之一。晏殊是最早提攜范仲淹的人，但他對改革並不熱中。後來爲了對付呂夷簡，又推薦歐陽修等爲諫官，但他自己爲相之後，對諫官們動輒批評朝政很惱火，便常和歐陽修等人發生衝突。最後，以革新派爲主的諫官們聯合起來把他逼下台；章得象則以明哲保身爲宗旨，根本不贊成改革。韓琦曾指責說：「章得象在中央時，正是國家多事之秋。我和仲淹、富弼每至相府，議論時政，他則數數閉目，裝做沒聽見。」章得象聞言反駁，說范仲淹等人倡議的改革，如小孩玩跳躑遊戲，不可遏止，只有觸牆跌倒後才會認輸。他老於宦海，深於世故，早料定改革不會成功，並且暗中加以破壞。此外，參知政事賈昌朝，也非常謹愼，反對改革。

不久，革新派遭到守舊派的反擊，韓琦因此下台。當時宋夏尚未議和，「西事未寧」，不可能把范仲淹和韓琦都留在中央，守舊派為了削弱革新派在朝中的勢力，提議將兩人再派到陝西。革新派則要求一個在內，一個在外。蔡襄明確提出將范仲淹調來樞密院，留韓琦在邊防。他說：「以物議言之，一臣之忠勇，其心一也。若以才謀人望，則仲淹出韓琦之右。讓內者謀之，而處外者行之，故仲淹宜來，琦當留邊。」仁宗接受了這個建議。

樞密院只是掌管軍事的部門，若想進行全面改革，還必須讓范仲淹進入中書省。及至五月，王倫兵變，又逢忻州地震，京畿久旱不雨，朝廷震恐，於是批評朝政者更振振有詞。革新派乘機將范仲淹推進中書省。歐陽修上疏，責備參知政事王舉正「柔懦不能曉事」，應予罷免；又指出當今國家多難，西夏和契丹交相侵逼，「正是急於用人之際」，尤其應當重用范仲淹。他說范仲淹素有大才，天下之人都期望他成就宰輔之業，而朝中大臣，多妒忌范仲淹的才能和名望。陛下現在能加以擢用，是深知其可用。只可惜沒有大用，因為樞密只掌兵戎，中書乃是天下根本，總治萬事。希望陛下令韓琦任樞密，調范仲淹至中書，使其參預大政。

餘靖、蔡襄也紛紛上疏，支持歐陽修的論點。他們三人的奏章非常有力，仁宗頗為之心動，王舉正也自求罷職。七月，朝廷罷王舉正，任范仲淹參知政事。八月，以范仲淹的積極支援和追隨者富弼為樞密副使，以韓琦取代范仲淹宣撫陝西，慶曆新政於焉起步。

范仲淹主導新政之後，第一件就是大力拔擢進取、勇於革新的人才。透過智慧和謀略，在朝中奠定了穩固的人脈基礎，與他們一起開啓改革的大門。

九、當政敵氣勢正盛，不妨暫掩鋒芒

慶曆新政使范仲淹多年埋藏於心底的抱負終於實現，當他正準備爲國家勵精圖治、開創一番新局時，但一場政治風暴也隨「新政」的逐步推行由遠而近，向「新政」的推手們襲來。原因在於新政中的諸多措施，嚴重危害了大批既得利益者。新政推行不到八個月，《十事疏》中的改革措施還只有一部分付諸實施時，行進中的改革腳步，就因多數官僚的反對和阻礙，而漸趨緩慢。在熱烈的改革聲浪背後，守舊勢力正迎面撲來。

歷史不斷在重演，回首景祐中期發生的政治鬥爭，以呂夷簡爲代表的守舊派官僚，就是以「朋黨」這把利器，來逼退范仲淹等人的。如今隨著新政展開，一場比前一次規模更大、氣勢更血腥的政治風暴，也逐步醞釀成熟。守舊派重施故技，范仲淹諸人「私結朋黨」的謠言再度四起，不斷傳到仁宗的耳裡。

慶曆四年初夏，仁宗當面問范仲淹：「自古以來只有小人結爲朋黨，難道也有所謂君子之黨嗎？」范仲淹沒有意識到仁宗試探的意圖，便坦率地答覆到：「臣在邊時，見軍中好戰者，自爲一黨，怯戰者也自成一黨。在朝廷，邪正之人未嘗不各爲一黨，關鍵在於陛下是否能明察區分。君子結黨而行善，對國家又有何害呢？」

仁宗聞言反而更加懷疑范仲淹等人結黨營私了。在這種情況下，歐陽修只好別出心裁，作翻案文章《朋黨論》，以子之矛攻子之盾，反擊守舊派。文中說君子才有眞朋，而非壞黨。而「小人無朋，甚暫爲朋者，僞也」，問題的關鍵不在於人們是否結爲朋黨，而在於辨別朋黨的性質爲何，所以君主當「退上人之僞朋，用君子之眞朋，則可達到天下大治」。然而朋黨從來都是君主之大忌，歐陽修雖再三解釋，仁宗還是不能放心。

山雨欲來風滿樓，當時被奪權的夏竦及其黨羽，也趁勢糾集反對派官僚，開始煽風點火。他們對歐陽修、石介等人恨之入骨，大肆宣傳朋黨論。夏竦指使宦官藍元整上疏，向皇上說，蔡襄數年前稱范仲淹、歐陽修、尹洙、餘靖爲「四賢」，四賢得志後，便延引蔡襄爲同黨，這種做法是以國家爵祿爲私惠，膠固朋黨，苟以報謝當時歌詠之德。聽此讒言，仁宗不禁漸生疑心。外面又風聲不斷，於是滿腦子都覺得「朋黨之論，滋不可釋」。

反對派並不就此罷休，借勢火上加油。他們進一步施展陰謀詭計，必置范仲淹等人於死地而後快。六月，夏竦策劃了一起聳人聽聞的「革新派政變」事件。他得知石介寫信給富弼，信中以「行伊、周之事」相期許。伊、周是指商周的賢臣伊尹和周公，行伊周之事，即是輔弼天子的意思。

夏竦命令女奴暗中臨摹石介的手跡，僞造一份石介代富弼擬定的廢帝（仁宗）詔草。富弼爲樞密副使後，掌管宦官升遷，他新立章程，削減宦官的權力，宦官們早就懷恨在心。夏竦利用僞信陷害富弼，到處張揚，太監也隨聲附和，不斷煽動仁宗，說范仲淹、富弼等人「欲傾搖朝政，覬幸功名」，仁宗的疑慮，此時愈益加深了。

面對反對派的猛烈攻勢，范仲淹、富弼都意識到局勢的嚴重。范仲淹認爲反對派只是對自己和富弼不滿，爲了不讓事態擴大，他決定退出朝廷，暫時平息這場戰火，好讓其他相關人士在朝中立穩腳根，繼續推行「新政」。他一再請求到西北安定邊政。此時西夏與遼正好有些衝突，軍隊調動頻繁，西北形勢又緊張起來，范仲淹藉機請求前往巡視，於是以河東陝西宣撫使的名義到西北前線去，而富弼也以河北宣撫使的名義離開京城，得以暫時離開這一場混亂的鬥爭。在這之前不久，歐陽修也已調任到河北去了。

由於改革派自動離開朝廷，守舊勢力更加猖狂。他們由打擊新政，進一步對改革派官員做人身攻擊，剪除革新派的羽翼，不久即發生所謂「奏邸之司決」。

蘇舜欽是杜衍的女婿，自景祐三年政爭初起時，即旗幟鮮明地站在范仲淹一邊，慶曆三年以集賢校理監進奏院，寫了著名的《上范公參政書》，在政治、軍事、經濟等方面都提出了積極的建議。他和王益柔都是范仲淹推薦的名士，兩人年輕氣盛，力主改變，好發議論，侵犯了權貴，因而得罪了禦史王拱辰等人。

十一月七日，進奏院舉辦樞神女吳賓的年節例會。蘇舜欽按慣例將院內積存的一些廢紙賣掉，又湊點錢，用些錢辦了酒席，還邀來一批名士。祭神之後，這些年輕的官員大吃大喝，席間還召來妓女作陪，一邊奏樂，一邊敬酒。他們豪興大發，即席賦詩，親作《傲歌》，內有兩句：「醉臥北極譴帝佛，周公孔子驅爲奴。」少年新進酒酣耳熱時，連儒家聖人都不放在眼裡。

握有禦史大權的王拱辰知道這件事之後，知道機會來了，於是立即指使諫官魚周詢、劉無瑜進行彈劾，將他們扣上貪污公款、與妓女雜坐、侮辱聖人的罪名。此案交由開封府審理，宦官連夜將參加酒宴的人全部拘捕，一時震動京城。在審理過程中，王拱辰提出王益柔侮辱聖人，宋祁、張天平又火上加油，其罪當死。賈昌朝則暗中支援王拱辰，希望借此順便整肅杜衍和范仲淹。這時章得象還一如既往，不置可否，晏殊也不表態。最後韓琦說話了，他說：「益柔少年狂語，不值得這樣計較。如今國事正值多事之秋，大臣放著大事不管，只顧攻擊一個小小的王益柔，恐怕是醉翁之意不在酒。」仁宗聽後，才稍稍同意從寬發落。

雖說如此，結果還是盡加貶斥。蘇舜欽、劉冀被以監守自盜的罪名被貶爲平民，王益柔則被貶到復州管鹽稅。其餘如尹洙、章岷等十個人，也全被貶謫到外地。朝中改革派突然被一網打盡，守舊派額手稱慶。

改革派形勢的確是急轉直下，十一月十二日，仁宗再下詔訓誡百官勿結朋黨。而范仲淹在陝西聞訊，知道「新政」已難以挽救了，如今只有徹底放棄一途。想到自己已經年老體衰，與其與守舊派鬥得你死我活，不如退下來靜養身心。守舊派的陰謀總有一天會不攻自破。面對守舊派旺盛的勢力，范仲淹決定採迴避態度，請辭參知政事職務。

向來不多話的章得象，這時偏偏落井下石，以巧言陷害范仲淹。他對仁宗說：「仲淹素有虛名，遽然解職，只怕天下人都要說陛下廢黜賢臣了，不如先賜詔不允，若范仲淹即上謝表，那麼他要挾君主的意圖就很清楚了，那時再罷免他。」仁宗同意了。而對范仲淹來說，留不留任已無所謂了。但他對仁宗的慰留信以爲眞，所以上了謝表，正中章得象的下懷。於是慶曆五年，范仲淹卸去參知政事之職，被貶邠州。

隨後富弼也被免去樞密副使職務，杜衍則受到誣告，而被罷相。史稱杜衍「好薦引賢士，抑制僥倖」，任樞密使時，每每有詔封賞大臣權貴的子弟，他大多都扣住不下達，退還仁宗。自范仲淹、富弼相繼外出巡邊，他獨撐危局，更引起守舊派的忌恨。後來，朝廷任命賈昌朝爲宰相兼樞密使，代替杜衍；宋庠則爲參知政事代替范仲淹。

正直耿介的韓琦還想作最後努力，三月初，他上書仁宗，爲富弼辯解。指出朝中發生的一系列事件，都是政敵「攻擊忠良，取快私仇」，並非國家之福。希望仁宗明察愼斷，不爲朋黨之論所迷惑。但仁宗並沒有理會他，韓琦見營救無效，也自請外出，結果被罷去樞密副使職務。

以河北都轉運按察使的身份在外的歐陽修，此時也想力挽狂瀾，他奮不顧身，抱定「士不志身不爲忠，言不逆耳不爲諫」的宗旨，上書辯解，說范、富、杜、韓四人根本無黨，所謂朋黨乃是誣告，出於小人陷害云云。他說杜衍爲人清愼、深守規矩；范仲淹氣度恢弘自信；韓琦品格純正率直；富弼則敏銳而果斷，四人性格各異，雖然都忠君竭誠，但見解往往不盡一致，平時論政，也各執己見，多不相認。他還列舉了許多他們相爭的事例作爲佐證，證明四人眞所謂「忠臣有不和之節」，說他們「平時親居，則相稱美不暇；爲國論事，則公言廷爭而無私」，現在扣以朋黨罪名，實在是誣陷。

此疏所言合情合理，但奏摺送入朝廷後，卻被守舊派卻攔下。歐陽修一向議論切直，大忤權貴，這次論范仲淹等被罷黜之事，更是遭黨論者忌恨，被守舊派視爲眼中釘，非拔掉不可。碰巧這年三月，守舊派找到機會，以歐陽修的甥女張氏與家奴私通的事來陷害他，令他被降職，貶到更遠的滁州（今安徽滁縣）去。

至此，慶曆新政的支持者在朝中幾乎已被排擠殆盡。一年前還慷慨激昂，想勵精圖治的仁宗則完全退縮了。隨著改革派官員的外調，王拱辰、賈昌朝等守舊派官僚，又在朝廷取得了統治地位，新政訂立的措施逐項被廢除，直到慶曆五年完全失敗。宋朝喪失了一次變法圖強的難得時機，慶曆改革如同在一潭死水中投石，激起一陣浪花，翻騰一陣後又復歸平靜。

面對新政失敗，以及守舊派的猛烈攻勢，范仲淹等改革派人士採取理智的態度，不以流血喪命告終。他們避其鋒芒，不與守舊派強碰，是極明智之舉。因爲這次改革雖然未果，但影響力卻很大，二十四年後的「熙寧變法」，就是他的延續。

十、適才適所，用其所長，是最佳的舉薦方法

世上無完人，若以十全十美的標準來衡量人，必然難以發現賢才。具備大智慧的君子，總是寬以待人、嚴以律己，即使肩負天下重任也能遊刃有餘。

為了成就一項事業，有時必須捨棄一些東西，對此我們無法過度苛責。季孫氏劫奪公家政事而自專，孔子想曉之以理，但這樣做肯定會被疏遠。於是就以去接受季孫氏的衣食為跳板，以便向他進言。魯國人以為孔子受養於權貴，有沾染權貴之嫌，交相指責他，孔子卻說：「龍在清澈的水裡吃，在清澈的水裡游；螭在清澈的水裡吃，卻在渾濁的水裡游；魚在渾濁的水裡吃，也在渾濁的水裡游。現在我上不及龍，下不若魚，大概像螭一樣吧。」這段話給我們的啓示是：想建功立業的人，哪裡能處處合乎標準呢？救援溺水者會沾濕自己的衣服，追趕逃跑者要失態奔跑。所以既要成就事業，又要顧全一切是不可能的。

君主用人絕不可求全責備，必須注重人才的特質，而不要特別計較他的小毛病。處境貧窮的寧威得到桓公的賞識，被召見時，先向桓公建言如何治理國家，又向桓公建言如何治天下，桓公聽了非常高興，準備任用他。「群臣諍諫道：寧威是衛國人，衛國離我們齊國不遠，不如去探聽一下他的為人再做打算。」

桓公卻說：「不必如此，詢問調查只不過是擔心他為人有何小缺點而已。即使為人有缺點又何妨呢？」以人的小毛病而忽視人的大優點，是君王失去天下賢才的原因。權衡之後用其所長，是恰當的舉薦方法，桓公則已掌握住這個重點。

范仲淹也是如此，他用人「多取氣節，闊其細故」，看人之所長，避人之所短。他在陝西時所任用的官吏，多是有過失遭到貶謫的人。有人問他為什麼如此，他回答說：「有才能而又沒有污點的人，自然應當大用，但確實有才，卻不慎犯了錯誤的人，假如不因事起用，不給他改過自新的機會，豈不從此就廢棄了嗎？」唐代宰相張說也曾薦舉「負犯之人」作將帥，他的理由是：「活人於死者必捨生而報恩，榮人於辱者必盡節而雪恥。」

范仲淹取士的標準是以德行為先，其次是才能，但他並不將這標準絕對化，因為並非每個人都是德才兼備的，這時就應視用人的目的而定，如此一來，就能起用更多的人才，使人才各盡其能，建功立業。對於這一點，後人們最喜歡舉用孫沔和滕宗諒的被任用的例子來做說明。

孫沔字天規，《宋史．本傳》中說他：「跌蕩自放，不守士節，然材猛過人」，是個才能突出，又有明顯缺點的人。他直言敢諫，曾上章彈劾呂夷簡，措詞十分尖銳。在宋夏戰爭中，他先後任陝西都轉運使、環慶路都總管、知慶州等職，在邊境能夠養練士卒，招撫蕃夷，恩信最著。此人雖然優秀，但卻喜歡宴遊女色，行為不檢點，屢次違法，被台諫彈劾，受到降職的處分。英宗即位後，要選擇一個能守邊的大臣，卻苦無適當人選。歐陽修當時是參知政事，主張起用孫沔，說他過去守環州有成績，「今雖七十，心力不衰，中間曾以罪廢，然宜棄瑕使過」，而范仲淹也十分贊同。

滕宗諒字子京，和范仲淹同年舉進士，二人關係很好，范仲淹也打從心底敬佩他。不過，滕宗諒也有小缺點，范仲淹就說他：「宗諒舊日疏散，及好榮進，所以招人謗議」。但他的過人之處在於能臨危不亂，鎮靜自若，處事從容，非常人所能及，范仲淹因而認定他是個非常之才。這一點後來在范仲淹修復泰州海堰，以及對抗西夏軍入侵時，都得到了證明。宋夏戰爭中滕宗諒知涇州，時值葛懷敏兵敗定州，西夏軍長驅直入，諸郡軍馬震恐。滕宗諒城中兵少，但並沒有驚慌失措。他招募農民數千，登城守禦，又募勇士偵察敵軍遠近及其形勢，通報附近各州，讓他們先作準備。當時天氣陰晦嚴寒，士卒情緒愁慘，滕宗諒大賞牛酒，犒勞士卒，酒食柴薪充足，大大鼓舞了士氣。又在佛寺哭祭陣亡的士卒，並撫恤其妻嗣，使各得其所，邊民稍安。此時范仲淹正好蕃漢兵一萬五千人自環慶入援，駐在涇州。目睹這些事情以後，更堅信滕宗諒是個危難可用的人才。所以此後屢次推薦他，而他每一到任，諸事也果然井井有條。

朱熹對范仲淹的用人之道有著高度評價：「范、歐（指范仲淹和歐陽修）諸賢非徒有德而短於才者，其於用人蓋亦兼收而並取，雖以孫無規、滕子京之流恃才自肆，不入規矩，亦將護容養，以盡其能，而未嘗有所廢棄，則固非專用德而遺才矣。」縱觀古今中外，范仲淹的用人擇人之道與那些立下大功績和貢獻的人物是不謀而不合的。

十一、微言慎行，防止意外之失，方能有所建樹

自古災禍多出於口舌，多言爲禍害之首。因此古人說：「禍從口出」、「緘口自重」。作爲官吏，多言的後果更爲嚴重。范仲淹出入仕途，三次被貶出京城，正是因爲言談不愼。

慶曆三年正月，元昊派使臣到延安求和，宋夏戰事停息，兩國進入和議階段。這時，朝廷也準備作大幅度的人事調整。三月，呂夷簡罷相，范仲淹和韓琦被任命爲樞密副使，歐陽修則在知諫院任職，當時的諫官除了他之外，還有蔡襄、王素和餘靖等人，他們都是當代賢良。

四月，時任國子監直講的石介，就范仲淹、韓琦等人被委以重任一事，作了一篇《慶曆聖德頌》，對革新派人士一一讚頌備至。尤其極力讚揚了范仲淹的功績，如向太后進諫，抗擊西夏軍，同士卒共甘苦等等。石介還用皇上的口吻，把范仲淹和富弼，比作古代名臣夔和契。並指斥夏竦爲大奸之人，表示朝廷把夏竦罷回蔡州，是「大奸之去，如距斯脫」。距是雄雞腳爪，雞鬥時便用腳爪互相攻擊。

范仲淹赴京途中讀到這首詩，對於石介不顧後果的言談，感到憂心忡忡，他擔心這樣會對新政產生不利的影響。因爲此時他已深切體悟到愼於言談的道理。石介寫出這篇頌後，他的老師，當時「退隱泰山，著書不仕」的孫復也斷言：「子之禍，自此始矣。」這首《慶曆盛德頌》的贊詞雖

然切合實際的，但由於作者嫉惡如仇，語氣偏激，很有可能淪爲政治鬥爭的工具，甚至影響慶曆新政的前途。

謹言愼行，有時是一種韜光養晦，過於偏激是謀事的大忌。史載石介「好議都省時事，雖朝之權貴，皆譽訾之，由是群謗渲興，漸不可遏。介不自安，求出倅濮州，言者競攻學制之非，詔遂罷聽讀日限，一切依舊」。可見慶曆新政的新學制的廢止，與石介的開罪權貴，不無關係。作爲一個幾經起落的政治家，范仲淹一開始就看出這篇頌詩可能帶來的負面影響，因此初次讀畢，就對韓琦說：「此人可能壞事。」，而石介自己在新政失敗後，也被逐出京城，通判濮州，未到任就亡故了。

被石介指斥爲「大奸」的夏竦卻不放過石介，誣陷他和另一個謀反的人有牽連，說他逃往契丹，並沒有死，要求開棺驗屍。石介家鄉幾百人保證石介眞已死，才免發棺，但他的子弟仍受到處罰，流放他州，過了許久才被准許回到家園。

石介是個學者，研究過唐史，作了一部《唐鑒》，借佞臣、宦官、宮女，「指切當時」，一點忌諱也沒有。范仲淹對他很瞭解，任執政時，餘靖曾推崇石介作諫官，其他執政都同意，只有范仲淹反對，說道：「石介這個人剛正不阿，是大家都知道的。但他脾氣古怪，一旦作了諫官，一定會要求皇上做一些難以達成的事。稍有不順心，便會拉著皇上，叩頭流血，什麼事都做得出來。」對於任用石介，范仲淹十分愼重。

而並不僅僅臣子需要微言慎行，作爲國家的最高統治者說話更要慎重。因此殷高宗即位後，居喪三年間不曾說話，卿相大夫們爲此憂懼，高宗解釋說：「以我一人之統轄四方，唯恐出言不當，所以不說話。」天子對言語愼重到如此地步，因而從不失言。

成王在閒暇時，摘下梧桐葉子當作圭，授給其弟唐叔虞，並戲謔地說：「我以此封你。」叔虞高興地告訴周公，周公卻鄭重其事地問成王：「天子封賞過叔虞嗎？」成王說：「我只是開開玩笑。」周公回答：「天子無戲言。天子一言既出，則職官記錄，樂人吟誦，士紳頌揚。」因而成王只得把叔虞封在晉這個地方，從此成王懂得了愼言的道理，周王室也更加穩固。

楚莊王爲國君三年，看似不理政事而好隱語。其臣成公賈入朝進諫，君臣以隱語相對。成公賈說：「有鳥停在南方土山之上，三年不動不飛不鳴，這是什麼鳥呢？」莊王聞言，便明白了成公賈所要表達的事，便用隱語相對道：「有鳥停在南方土山之上，三年不動，藉以安定意志；三年不飛，藉以豐滿羽翼，三年不鳴，藉以觀察民情。此鳥三年不飛，一飛沖天；三年不鳴，一鳴驚人。」君臣隱語相通，彼此會意。第二天上朝，莊王宣詔，提拔者五人，罷免者五人。其任免果然恰當得體，深得衆人之心，群臣大喜，舉國慶賀。莊王一貫愼於言語。愼於言語不是不言語，而是爲了避免發言時的失誤。

爲官者一定要常懷憂危，戒愼恐懼，注重微言愼行的道理，才能有所建樹。

第六章 君子處世有道

范仲淹的處事態度與許多歷史上的謀臣不同，他在乎「誠」與「直」，兩字相加便是「正」字。天地有正氣，賢人以「正氣」自勵。「正」字當頭，「謀」字便使用得很少；所用之「謀」只是為了「善」而行的藝術策略。

范仲淹的處世幾近無「謀」，憑著一種做人的正氣做事進言，為此他樹敵不少，但「敵人」最終也感於他的正氣，又和他成為「友人」。雖然他處事無謀，實則才是不敗之大謀。

一、充當先鋒，把最危險的事留給自己

謀大事之人，無不抱著「不入虎穴，焉得虎子」的決心，與困境、厄運、自己的各種消極意志，甚至死神決鬥。如果不能冒險犯難，不敢朝最危險的道路前進，抱著隨時準備奉獻出生命的決心，就永遠沒有出人意料的成就。

古今中外所有的偉大人物都擁有大無畏的英雄氣概、勇於冒險的豪邁性格、堅忍不拔的堅強毅力，以及敢於創新、敢於犧牲的高尚精神，范仲淹也不例外。

范仲淹在汴京做國子監判官時，正值郭皇后暴斃。京城之人議論紛紛，都認爲這件事和閻文應有關。宰相呂夷簡和閻文應一向親密，郭皇后之所以被廢，他們都暗中使了力。而范仲淹對於經常假借皇上旨意，作威作福的閻文應也一向很不滿，皇后暴死，閻文應更是罪責難逃。爲此，范仲淹抱著必死之心揭發他的罪行，在向皇上進諫之前，他對長子純祐說：「吾不勝，必死之！」所幸最終正義戰勝了邪惡，直臣戰勝了佞臣。閻文應被貶至嶺南，死於道上。

范仲淹就是這樣一位敢作敢爲、剛直不阿的正義之臣。他在朝廷奸險的謀略爭鬥中，不僅敢站出來與強大的敵手對抗，也擁有一整套克敵致勝的辦法。

呂夷簡當丞相的時候，朝廷引進了不少與他攀親帶故、靠關係、走後門的官員，范仲淹對此

很不滿，不僅經常與他爭論，直接批評他的用人之道，更向皇帝上「百官圖」，說明官場現況，抨擊宰相如何出於私心、提拔自己的人。當時呂夷簡權勢如此之大，范仲淹卻屢屢挑戰權威，的確是勇氣可嘉。適時挺身而出，對抗邪佞，是正人君子應做、必做、非做不可的事。在現實生活中，不怕得罪人，尤其不畏權勢的人實在很少。范仲淹是一個令人敬佩的榜樣。

二、修德從善最重要，聲名只是精神上的副產品

范仲淹的一生，積極進取、頑強拼搏一生，從他的身上，可以看見儒家知識份子追求的「天行健、君子自強不息」的美好精神。在貧困艱辛的求學道路上，他從來沒有哀聲歎氣、怨天尤人過，而是克服萬難、勤學苦讀，用聖人求學的精神來勉勵自己。

在政治上，范仲淹正可謂三起三落，但始終對朝廷忠誠不二，爲國家盡心盡力、鞠躬盡瘁，死而後已。在文學上，他追求創新的精神，提倡質樸與寫實的文風，對後人產生重大的影響。而在道德上，他德才兼備、卓絕不群。這些優秀的品格，都是出於他對聖人言行的深刻理解與崇拜。他的一生，是古代儒家思想最完美的實踐。

范仲淹求學時只以喝粥度日，深恐嚐過肉味，就不能安於貧窮。安貧樂道的精神，與孔子的得意門生顏回一脈相承：一簞食、一瓢飲，居陋巷，人不堪其憂，回也不改其樂。他們之所以能如

此，是因爲有著更高的精神追求。所謂「道」就是道義與精神的追求，要想改造社會，實現自己的理想，就必須理解「道」。而「道」的理解與闡釋，處於不同生活階層的人有著不同的理解，亦有著膚淺與深刻的區別。

范仲淹爲了使自己領悟到聖人之「道」，因此安於貧窮，力求投入與古代聖人相同的生活體驗中。希望自己貧窮卻能安心讀書，研究學問，進而報效國家。他用詩歌抒發了這種心情：「白雲無賴帝鄉遙，漢苑誰人奏洞簫？多難未應歌鳳鳥，薄才猶可賦鷦鷯。瓢思顏子心還樂，琴遇鍾君恨即銷。但使斯文天未喪，澗松何必怨山苗。」這些詩反映了他在求學時代的生活：研究六經，崇尚聖人之道。

經過幾年艱辛的學習，范仲淹對儒家經典，諸如《詩經》、《尙書》、《易書》、《三禮》、《樂經》、《春秋》等書的主旨，都已通曉，獲得了家思想的精髓，開始以天下爲己任，急於推行聖人之道。

古聖人云：「造物之心，以貧試士。貧而能安，斯爲君子。」意即說明造物主的用心，就是要用貧窮來考驗讀書人，貧窮而能安心的，方能成爲君子。范仲淹牢記了這句聖人之言，堅持以苦爲樂，學而有恆，終於使自己深刻領會了儒家經典。大中祥符年間，他金榜提名，中了進士，正是「寒窗苦讀」的結果。

因直言進諫而三次遭貶，但始終忠於朝廷，沒有絲毫的頹廢和隱逸之思，充分反映了范仲淹忠君愛國的高尚情操。可以說是從孔子、屈原、杜甫等偉大聖賢那裡繼承而來的精神作風。屈原忠心愛國，卻遭讒言所害，兩次被逐，離朝廷日遠，卻心念國家，為了那個腐朽的朝廷，為了苦難的人民「雖九死而猶不悔」，於是作《離騷》、《懷沙》等篇，以述其心志，其瀝瀝之心，可與日月爭光；孔子為推行仁政，不辭勞苦，周遊列國，屢遭冷落，但仍癡心不改；在安史之亂中，大詩人杜甫顛沛流離，但仍不忘君主和人民的苦難，萬里奔波，渴求一見明主，陳述治國救民之道。這種種為國分憂的精神，在范仲淹這裡得到了完善的繼承和發揚。

他積極起來反抗官場的亂象，勇於在黑暗之中發出諍諍之言，使自己化為明燭照亮暗夜裡的人們，溫暖慰藉他們的心靈，充滿眞正的愛國情懷。古代才德兼備的偉大聖賢都是這麼做的，儘管社會黑暗，他們仍積極投身政治運動，努力抗拒黑暗勢力，改造社會，在封建時代發揮了中流砥柱的作用，社會越黑暗，他們的奮鬥之心越頑強，報國之心也越執著，心憂天下，而敢於為民請命。范仲淹正是抱持著這種積極入世的思想，一方面仿聖人之言行，積極實現理想與抱負，一方面追求可以流芳千古的好名聲。

重視名聲，是古代知識份子的共通性，這是出於儒家主流文化的倡導。然而，范仲淹重名、求名，卻與一般人有著天壤之別。他追求名聲，是希望能為世人樹立一座精神指標，以供時人和後世敬仰、效仿；而普通人追名逐利，大都是從利己的角度出發，製造名聲，換取實際利益。范仲淹重視名譽，所以用聖人的標準，嚴格要求自己的言行，督促自己步上聖人之道。

范仲淹的一生以憂國憂民的思想和奮鬥進取的精神，使「名」從無到有，從小到大，從暗到明，最後到達上下推舉崇仰的地步，這都與他對理想精神的追求分不開。

賢者重名，愚者重利，重名者實際上最重視精神追求，不斷提升自己，希望自己的精神達到完美的境界；而重利者則奮力追求物質生活的享受，不停向社會攫取財富，揮霍享受，卻沒有高尚的精神境界。范仲淹是卓越的賢者。他的追求，並非一味苛求或沽名釣譽的製造名聲，他的名聲是崇高精神境界和傑出才能所帶來的結果，也可以說是精神追求的副產品。

三、文章千古事，富貴如浮雲

范仲淹是北宋著名的政治家、軍事家和文學家，在政治、軍事和文化方面均有卓越的貢獻，立下豐功偉績。這是范仲淹在當時赫赫有名的主因，但使他名垂千古，爲後世永懷的，卻是他不朽的文章。

《三國演義》的卷首詞中說：「滾滾長江東逝水，浪花淘盡英雄，是非成敗轉頭空。」；蘇東坡在《赤壁賦》中也寫道：「大江東去，浪淘盡，千古風流人物。」這些詞都深刻地揭示了英雄被歷史所遺忘的必然。歷史是無情的，在某個時代能夠叱吒風雲的人物，並不一定就能被歷史所青睞，有時歷史反倒認爲他們是跳樑小丑，不値一哂。然而歷史卻又是公正的，一個人爲人類作出了多大的貢獻，歷史便會給你多高的地位，並不因為你在世時位卑而遺忘你。范仲淹以文章聞名天下，永垂千古，即是明證。

身為北宋重臣，范仲淹有著崇高的社會地位，但卻還能在繁忙的政務之餘，擠出時間與心血讀書、著文，並不因為從事政治而忽視文學，也不認為寫文章與政治家的身份互相矛盾。古人講究立言，儒士們本身即是文學家，范仲淹亦是如此，他認為文章是與政治、軍事同等重要的大事，其價值甚至遠遠超越這兩者。因為政治、軍事等問題只是暫時性的存在，處於一個狹小的歷史時空中，但文章不同，字裡行間記載著人們的理想和卓越的精神追求，這些東西超越歷史時空，將在萬古之中大放異彩。然而當時許多高官厚祿者的看法並非如此，他們通常認為文章乃不足掛齒的雕蟲小技。

范仲淹本著比一般人更深遠的歷史眼光，在從政之餘，絕不荒廢文章大事。他苦心創作，死後留下洋洋灑灑的《范文正公集》二十卷。這二十卷文集是他一生心血所凝成的，也是留給後人最寶貴的精神財富。

物換星移，滄海桑田，那些與他同時代的高官們，都已經被歷史洪流淹沒了，只有范仲淹，卻依然在歷史的浩瀚長空中燦爛如昔。這是歷史對范仲淹的褒揚與讚美，同時也是對高官顯爵者的無情嘲諷。

范仲淹重視文章的目的之一，就是想抒發自己的政治抱負和情懷，使自己的思想與精神能夠爲人所理解和接受。同時也在表明自己絕不與朝廷那幫奸佞之臣同流合污的心跡。

當同時代的朝臣在烏煙瘴氣的政治鬥爭中爾虞我詐，相互傾軋，消耗有限的人生時，范仲淹自有更崇高的精神追求。他把政治理想寄託於高雅、永恆的文學、脫俗的山水，以及與歷史上志士仁人的對話之中。當然，因爲不屑與小人爲伍，他也屢屢受人排擠、壓迫，被迫長期過著輾轉流離的窮苦生活。然而他並不在意，這些腦滿腸肥的達官貴人，雖一時得意，歷史卻很快就會將他們遺忘；而自己縱然窮困潦倒，但心高志潔，憂民憂國，終將爲後人所理解。

每當經歷重大的政治事件或是人生走到了轉折處，他都留下了許多優秀的詩文，表現自己當時的心境及政治理想。言忤宰相，三出京城，貶赴饒州而到廬山遊覽時，曾遇到一位叫做程用的道士，程用爲范仲淹畫像，范仲淹則自詩於其上，詩云：「無功可上淩煙閣，留取雲山靜處看。」當時他在貶放之中，但詩中卻呈現了不以進退爲憂，並處之泰然的心境。一年後，他由饒州移知潤州，在給朝廷的謝表中，也表達了同樣的意思。這些都是他在進退之時的自我表白，展現了隨遇而安的高尚情懷。

古代先賢在進退之時往往作詩言志，以表高潔；進諫遭貶時，亦寫詩抒發其志。《和謝希深學士見寄》是范仲淹在饒州時所作的詩：「天地久開泰，過言防結托。誰憐多出處，自言有本末。……豈獨世所非，千載成迂闊。」這再一次表明自己堅定的聖人之志，以及不被理解的無奈和蒼涼。當時也有許多逍遙自放的詩文。《郡齋即事》詩寫道：

三出京城鬢有絲，齋中瀟灑勝禪師。近疏歌酒緣多病，不負雲山賴有詩。半兩黃花秋賞健，一江明月夜歸遲。世間榮辱何須道，塞上衰翁也自知。

遊廬山時，他這麼寫道：

五老閑遊倚舳艫，碧梯嵐徑好程途。雲開瀑影千門掛，雨過松黃十里鋪。客愛往來何所得，僧言榮辱此間無。從今愈識逍遙旨，一聽升沈造化爐。

此時他已寵辱皆忘，閒適自得，有如一位隱者。單看詩文，無論誰也不會想到他是一個屢遭謫貶的朝廷命官。

然而在謫貶之際，心中難免時有孤憤之情。因此在遊山玩水之時，他常常借物抒懷，借史詠志。如在《釣台》詩中，他說：

漢包六合網賢豪，一箇冥鴻惜羽毛。世祖功臣三十六，雲台爭似釣台高？」雲台是漢明帝圖畫中興功臣的地方，而這首詩就是范仲淹心中厭棄功名祿位，憂國憂民卻進退不止的高潔情懷的寫真。

遊吳王離宮靈岩寺時，他也留下了詠史抒懷的詩作。在伍相祠，范仲淹寫道：

胥也應無憾，至哉忠孝門。生能酬楚怨，死可報吳恩。直氣海濤在，片心日月存。悠悠當日者，千載只慚愧。

他在靈岩寺的另一首詩作也說：

古來興廢一人愁，白發僧居掩寺門。越相煙波空去雁，吳王宮闕半啼猿。春風似舊花猶笑，往事多遺石不言。唯有延陵逃遁去，清名高節老乾坤。

借助歷史故事，范仲淹表明了自己一腔忠直可對蒼天，一片忠心與日月共存的氣慨。

在邊疆面對國家動亂，范仲淹同樣有詠懷之作。寫有「人不寐，將軍白髮征夫淚」的《漁家傲》就被譽爲是描寫邊塞軍旅生活的千古絕唱。這首詞充分反映出范仲淹在邊關的生活情景，以及憂傷的心情。

而最能夠反映他高遠思想的作品，莫過於那膾炙人口的名篇佳作《岳陽樓記》。文中道出古代知識份子最高遠的精神境界，不知引起多少古今憂國之士的共鳴！

范仲淹一生忍受清貧，文章與政治兩不誤，只明他深刻理解古聖先賢崇尚的三個人生標準：立德、立言、立功。他是一位在這三方面都付出大量心力的人物，因此能名垂千古。

四、成大業者，不可不愛惜羽毛

范仲淹一生尚名節、提倡名節，持節而行，且始終如一。尤其到了晚年，他對此更加重視。皇祐三年冬天，他以日漸衰弱的老病之身，取硯研墨，用小楷工書《伯夷頌》，並分送給至交好友，如當時已經致仕去官歸隱的杜衍、同列宰輔又一同罷官的富弼，和甫卸相任而出知許州的文彥博，都曾得到這篇手書。

《伯夷頌》是韓愈名文。在這篇文章中，韓愈極力讚揚伯夷的持道守節，不顧世人非議、堅持正道的行徑：「若伯夷者，窮天地亙萬世而不顧者也。昭乎天地不足爲明，崒乎泰山不足爲高，巍乎天地也不足爲容也。」范仲淹書《伯夷頌》時，是用長白山之「青金」製成的青金硯磨墨的，用如此名貴的石硯所出之墨，書贊風節高士之頌，也許只是一種無意的巧合，但他以工整的楷書書寫，分贈至交，藉此明志並勉勵別人，則絕非偶然。伯夷持節而獨行，力踐之而不惑，那昭乎天地、明乎日月的高風亮節，既是范仲淹所景仰，也是他畢生不輟的追求。用他自己的話說，則是「素以直擬圭無玷，晚節當如竹有筠。」呼應著賢士君子心意相通的情感。

文彥博收到贈詩後，寫了一首《題高手公范文正親書〈伯夷頌〉卷後》詩，表明自己對他的理解與敬佩：

書從北海寄西豪，開卷才窺疏發毛。范墨韓文傳不朽，首陽風節轉孤高。

晚年的范仲淹，對世事都已看得相當透徹，胸懷主見，寵辱不驚，所思所慮所求，都已超出自身的榮辱得失。他的心境恬淡自然，《宋朝事實類苑力卷三十四歌詠》，載錄了一首范仲淹在青州時寄給鄉人的五律，詩中說道：

長白一寒儒，登榮三紀餘。百花春滿路，二麥雨隨車。鼓吹迎前導，煙霞指舊廬。鄉人莫相羨，教子讀詩書。

他歷經了四十年的宦海沈浮，告老還鄉，仍是一介寒儒，青年時代的功名心、壯年時代的豪情壯志，到了晚年都已遠遠隱去，唯有「教子讀詩書」是最大的快樂。

范仲淹在晚年力保晚節，他希望自己的一生一塵不染，保持士大夫應有的高尚品格，正是繼承了古代聖賢「志士不飲盜泉之水，廉者不受嗟來之食」的精神。他深深贊同古人尚名的想法，曾表示：「三古聖賢何嘗不苦於名乎？某患邀之未至爾！」說明古聖賢也苦苦求名，而自己還擔心未達到他們那種境界呢！

他認爲名節比祿位、權位更重要。因爲尙名惜節，代表這個人的精神是高潔的。愛惜名聲的人，總是那些能以善德自勸，以忠信自律的君子，立身行事必然有所爲有所不爲；反之，則是不怕遺臭萬年的人。在晚年，他爲了保持名聲，退出了朝廷那個是非之地，這是相當明智的抉擇，因爲在朝中一絲一毫之誤，都有可能毀去一個人一生的英名。

司馬遷在《報任安書》中，用詳細的史實，精闢地講述了氣節的重要：「古者富貴而名磨滅，不可勝記，唯倜儻非常之人稱焉。蓋文王拘而演《周易》；仲尼厄而作《春秋》；屈原放逐，乃賦《離騷》；左丘失明，厥存《國語》……；詩三百篇，大抵聖賢發奮之作也。」這些偉大的人物在遭受磨難時，始終保持著崇高的氣節，正所謂功名一時，富貴難久，精神不死，氣節千秋。

范仲淹到了晚年，雖沒有發憤著書，但在清閒的幽居生活中，仍寫出了名垂千古的佳構，從其中的心靈吟唱，可以看出他的高尚情操。

五、重精神，輕物欲，以聖賢爲榜樣

范仲淹的一生，可謂跌宕起伏。既有寒窗苦讀的沈默，又有爲官作帥的倜儻，既有屢遭貶謫的失意與坎坷，又有扶搖直上的輕鬆與暢快。雖然坎坷和磨難遠多於輕鬆暢快，但面對人生的悲喜，他始終不改其志。

文天祥有詩云：「人生自古誰無死，留取丹心照汗青。」宋代女詞人李清照也說：「生當做人傑，死亦爲鬼雄。」人的生死相續，與萬物變化同出一理，能積極地修心養性，陶冶情操，使自己生活得更加充實、自信，才能更加超然物外，使人生得以不斷昇華。

親友非常關心范仲淹退休之後的打算。當時的大臣告老之後，多居於西京洛陽。洛陽有很多名園，唐朝宰相裴度的綠野園即其中之一，因此當范仲淹表明退隱之意時，便有敬仰他的人想爲他買下這座園子。范仲淹雖然很尊敬裴度，但認爲「取其物而朋之」，於心不安，因此拒絕了。

而他的子弟們也勸他在洛陽修建一座園林，作爲晚年的居所。范仲淹同樣不肯，他說自己擔心的是地位太高、退不下來，並不擔心退休後沒有養息之處。洛陽這個地方，園林很多，誰會攔阻我去遊覽呢？難道一定要有自己的園林才可以遊樂嗎？

要躲避世俗物欲的誘惑，只有經常保持理智和清醒，著重精神的培養。屈原、陶淵明等，便是做得最好的典範。屈原是楚國的大政治家，偉大的愛國詩人。他出身貴族，學識淵博，善於外交辭令，二十幾歲時，便擔任左徒官，與楚懷王商議國事，發佈號令，對外接待賓客、應對諸侯。

當時秦、楚爭霸已成定勢，屈原主張聯齊抗秦，一統天下。他爲此提出合縱的策略，卻遭到上層保守勢力（上官大夫勒尙等人）的嫉妒和反對。勒尙在楚懷王面前挑撥離間，破壞屈原的威信，說屈原每次公佈法令後總是誇耀自己，說除了他誰也辦不成。

楚懷王的幼子子蘭也在懷王面前屢進讒言，使得多疑的懷王因生氣而疏遠了屈原，將他貶謫，屈原因而哀歎說：「忠誠竟有罪，這實在令我始料未及！」屈原一再被逐，最後流放到湘南二十餘年，終年漂泊，過著非常艱苦的生活，但始終沒有放棄自己的政治主張。他走遍湖南、湖北，接觸人民，懷著憂國憂民、憤世嫉俗的心情，寫下了大量的詩章。名賦《離騷》就是他交織現實與幻想的長篇政治抒情詩。在作品中，他上天下地、馳騁四方去追求自己的理想，揭露黑暗勢力的醜惡嘴臉，迸發出嫉惡如仇的精神，表現出追求理想的堅貞意志和深摯的愛國激情。

因爲楚國日益衰落，自己又屢遭排擠，屈原深感前途渺渺，自己無立足之地，於是滿懷悲憤地寫下了詩篇《懷沙》。五月五日這天，在長沙附近的汨羅江畔，面對祖國破碎的江山，屈原仰望長空，悲壯地大聲吟誦《懷沙》詩篇：「知死不可讓，願勿受兮。明告君子，吾將以爲類兮。」大聲悲歎：「我知道我只有死路一條了，爲了理想我絕不吝惜自己的生命。光明磊落的君子啊！我將以你們爲榜樣。」然後，屈原抱著一塊石頭，懷著一腔浩然正氣，縱身躍進波濤之中，時年六十二歲。

屈原的正氣、品格、愛國忠貞，歷來被人們敬仰和懷念。詩人李白說：「屈原詞賦懸日月，楚王台榭空山丘。」，楚王的樓閣成了荒丘，屈原的正氣卻盈滿乾坤，與日月爭輝，與山河同在。

范仲淹一生也追求高潔的精神。因此，在他死後，譽美之詞頗多。仁宗親書其碑曰：「褒賢。」並在碑文中說：「以其遺表無所請，使京向其家所欲。」范仲淹死時，絲毫沒有提及家事的意思，所以人們說他至始至終，爲官作宦，都不是祿仕。好友韓琦，得知他的死訊，也讚他是「前不愧於古人，後可師於來者」，對他評價之高，無與倫比。

范仲淹謫之江南時，梅堯臣就曾與他互贈詩文。在他死後，梅堯臣更做《聞高平公殂謝述哀感舊以助輓歌三首》悼念，開頭就說：「文章與功業，有志不能成」，這是當時追悼范仲淹的人共同的悲哀。而未章極其沈痛，既說范仲淹，也是自道：「貧賤常甘分，崇高不解諛。雖然門館隔，泣與衆人俱。」范仲淹一生的精神對時人影響之大，由此可見一斑。

六、坦然面對過失，從容接受後果

人貴有自知之明。而如何面對過失，也是爲人處世必須學習的重大課題。范仲淹在好水川戰役後，自願降職、讓官，就是因爲深具自知之明，且明瞭自身的缺失。

古代有一則掩耳盜鈴的故事。范昭子逃亡齊國後，有個老百姓想把范氏的鐘盜走。鍾太大背不動，於是就想用木槌把鐘敲碎。敲鐘時，鐘聲轟然作響。盜鐘人擔心別人聽到鐘聲來搶鐘，急忙把自己的耳朵捂起來。這種行爲不過是欺騙自己而已，與那些討厭聽到自己的壞話，企圖堵住別人嘴的人如出一轍。

一個人的安危存亡往往是由自己所決定的，關鍵在於能否意識到自己的缺失，這是一件相當困難的事，尤其對一國之君而言，更是如此。因此古代君王多依靠正直之士來看清自己的過失，就如同保持平直必須仰賴準繩；畫方圓必須借助圓規、直尺一樣。所以天子設輔弼、施保，用以揭發自身的過錯，這樣他們方能小心謹慎。而愚蠢之人則隱瞞過失，掩蔽視聽，史上無數暴君，都是因爲這樣，才把國家推向滅亡之路的。

除了擁有自知之明，能時時刻刻反省、檢討自己的行爲之外；范仲淹也透過朋友的提醒，來發現自己的錯誤。他的摯友很多，總能相互鼓勵，指正彼此的過失，讓對方不致陷入危機。

范仲淹力促宋夏和議，曾私派使臣送信給李元昊，並且將他傲慢無禮的回信焚毀，卻招致許多非議。朝中有不少臣子認爲應當治他重罪，也有人紛紛起來聲援他，後來此事已貶謫作結。事後，范仲淹曾上表給皇帝，說自己過於「狂率」，自甘受罰，並且詳加說明事情的經過，以及自己選擇這種處理方式的理由，表現了在仕途災難面前坦然處之、積極應對的智慧：一方面承認自己的過失，表達自己的忠誠，另一方面也使自己避免了一場災禍。

《商箴》上寫道：「天降災布祥，並有其職。」說明禍福是人自己招惹的，禍福背後總找得出人爲的緣由。范仲淹以自己的忠直招致了災禍，雖然是枉屈的，但他自我檢討，甘願受罰，即是自身品德使然，同時也是他避禍求福的一種途徑。

在仕途生活中，要心平氣和地受不當受之罰，必先有透視人生的智慧，不以物喜，不以己悲，無論貧富貴賤都要心情豁達。在這方面，孔子是最好的榜樣。他曾困於陳、蔡之間，七日未曾吃過米糧，學生宰我疲困餓冷，孔子弦歌於室，顏回擇菜於外。子路和子貢一起說道：「先生在魯國被逐，在衛國隱居。在宋國一棵樹下習禮而被人砍倒樹，在陳國、蔡國又遇到困境。要殺先生、辱先生者衆多，先生卻弦歌、鼓舞不斷，先生不知恥辱怎麼會到了這樣的地步呢？」顏回聽了這些話，無言以對，便將這些話告訴孔子。孔子不高興地推開琴，喟然歎道：「仲由和端木賜是小人呀！叫他倆過來，我把道理告訴他們吧！」子路和子貢一進來就說：「像我們現在這樣，算窮困了吧！」孔子說：「這是什麼話呢？君子在道義上通達，爲眞正的通達，在道義上窮困，爲眞正的窮困。現在我們堅守仁義之道，因而遭亂世之患，理應如此，怎麼叫窮困呢？既無愧於道義，臨難不失品格，就無所謂窮困。」孔子說罷，端莊嚴肅地重新操琴。子路則威武地拿起盾牌起舞。子貢自愧地說：「原來我們不知天之高地之厚也！」若能如此理解窮達福禍，無論何時都坦然面對自己的過失，禍患便能順利消解，福澤常伴周遭。

七、仗義執言，敢向權貴說不

雖說禍從口出，飯少說話是明哲保身之道。然而卻非正人君子所應爲。賢者總是仗義執言，置個人生死於度外。唐代的魏徵就是敢於直言的好官。

《唐書》中記載：「徵（指魏徵）狀貌不逾中人，而有膽略，善回人主意，每犯上苦諫，或逢上怒甚，徵神色不移，上亦爲霽威。」每當太宗因爲魏徵犯上直諫而動怒時，魏徵神色不變，太宗也就息怒了。

唐武德九年（西元六二六年）十二月，擔任簡點使的官員外出徵兵，唐太宗李世民下令把十八歲至二十歲的男子，點召入軍。魏徵再三反對，不肯簽署敕令。太宗問他爲何如此固執？魏徵嚴肅地說：「如果把這些男子都徵入軍中，那麼田地該由誰來耕種呢？這樣國家又要從哪裡取得賦稅呢？」緊接著，魏徵又數落太宗即位以來，三件失信於民的大事。太宗愕然而悟，鄭重地自我檢討說：「我不尋思，過亦深矣。行事往往如此錯失，若爲至理？」於是，就撤銷了這項命令。

魏徵經常勸諫太宗，由於總是不留情面，使太宗有時也忍不住發怒。有一次太宗散朝回家，自言自語地叨唸：「非殺了這個鄉巴佬不可。」文德皇后問他：「是誰冒犯了陛下？」太宗就說：「魏徵在朝廷上一次又一次地損我顏面，使我常常不能自由自在地辦事。」

皇后聽了這話，立即退回室內，換上上朝的禮服來到大廳，太宗驚奇地問：「妳這是做什麼？」皇后回答：「我聽說主上聖明則臣下忠心，現在陛下聖明，所以魏徵才得以進諫直言。我執掌後宮，哪能不慶賀呢？」太宗聽了，明白了道理，轉怒爲喜。

良馬不會非常馴服，良臣也不會諂媚討好，在貞觀朝，魏徵就是這樣的人，有時候，連唐太宗也很怕他。有一次，唐太宗準備遊南山，車馬已經備好了，太宗怕魏徵反對，又下令撤銷了計劃。還有一次，唐太宗曾得到一個獵隼，正放在臂上逗著玩兒，看見魏徵來了，馬上藏到懷中，由於魏徵奏事時間太久，獵隼竟被窒息而死。

魏徵正直忠誠，敢於直言諫諍，太宗把他比作鏡子，他對侍臣說：「以銅爲鏡，可以正衣冠；以史爲鏡，可以知天下興亡；以人爲鏡，則可以明自得失。我經常持有著這三面鏡子，用以防止自己的過失。現在魏徵已死，朕就失去一面鏡子了！」

太宗還把魏徵比作良工。貞觀七年，魏徵出任侍中，加封鄭國公。不久，他因病請辭，要求當一名教官。唐太宗爲此有點生氣，說：「我從仇敵中將你選拔出來，任命你擔任要職，你見我有了過錯，沒有不勸諫的。黃金放在礦石中未被發現，有何可貴呢？只有經過高明的冶煉工匠鍛造，加工成爲器皿，才會被人們視爲珍寶。我把自己比擬爲未經冶煉的金礦，而把你比作高明的金工。你雖有病，但還沒有衰老，怎能就這樣生活呢？」在太宗勸說下，魏徵停止了辭官的要求。

魏徵作爲唐朝一代名臣，對三百多年後的范仲淹，影響很大。范仲淹三次遭貶，都是因爲仗義執言之故。

第一次因爲直言批評章獻太后遭貶，卻也得到仁宗的賞識，以及歐陽修的鼓勵。歐陽修在給他的《上范司諫書》中說：范仲淹被封爲右司諫時，洛中士大夫欣聞此事，紛紛議論，翹首企足，期盼他有所作爲。從此可窺見范仲淹的直言敢諫，在當時衆人盡知，且寄予厚望。

景祐元年冬，歐陽修再次寫信給范仲淹，當時范仲淹早已因爲阻止仁宗廢后，而被罷了諫官之職，貶到睦州當知州了，歐陽修讚揚他：「登朝與國論，每顧事是非，不顧自安危。」

第三次遭貶，則是因爲做《百官圖》，以言辭忤逆宰相呂夷簡。他三出京城，都是緣於口直心快，不懼權勢，敢說敢當。即便如此，范仲淹仍然始終如一，不改其性。

他在康定元年寫過一封信給呂夷簡，信中對自己就作過如此剖白：「仲淹於縉紳中獨如妖言，情既沮齬，詞且睽戾，有忤天子大臣威。……然則忤之情無他焉，正如草木之性，其本不怪，乘陽而生，小已遏，不伸不直，而大醜彰於形質，天下指之爲怪木，豈天性之然哉？」表明自己耿直的心性。

他還曾作《靈烏賦》一篇，以靈烏自比，慨然抒懷：「我烏也勤於母兮自天，愛於主兮自天，人有言兮是然，人無言兮是然！」此言正是范仲淹眞實心靈的寫照。南宋劉宰稱范仲淹爲北宋第一人；金元遺山說范仲淹「求之千百年間，蓋不見一二」，正是他性格剛正不阿的明證。

八、無奈時當急流湧退，以成方圓

一個人的事業、功績，發展到如日中天的時候，即使不急流湧退，也得避禍有方。對於這一點，范仲淹可說處之有道。他受命抵禦西夏，最終迫使元昊「議和」，以及推行名噪一時的慶曆新政之後，都主動請求外調，遠離京城，情願寄情於山水，淡泊士宦，安享晚年，以避不測之禍。

古人說：「勇敢與才略震動主上的人，本身難免會遭到危險。因此，功蓋天下的人，不能接受封賞。」

這是非常普遍的歷史現象。韓信被捕時，就曾感歎道：「果然像人們所說的！走狗烹，飛鳥盡，良弓藏；敵國破，謀臣亡，天下已經安定了，所以我應當死啊！」這是韓信不能急流湧退，沒有避禍意識，又沒有避禍方法的結局。

建議劉邦殺死韓信的是蕭何。張良出走後，劉邦馬上封蕭何爲相國，加封五千戶，兵卒五百人。有個叫召平的人前來見蕭何，對他說：「你的禍患就要開始了，最好不要受封，並出盡家財資助軍隊，這樣劉邦才會高興。」蕭何聽從了召平的計謀，劉邦果然龍心大悅。

不久，鯨布謀反，劉邦又親自帶兵征討，一舉擊滅。蕭何又出盡家產，安撫百姓，並資助軍隊。此時又有人來拜見蕭何，對他說：「你被滅族的災禍不遠了！你位尊相國，功勞又非常大，還能再增加嗎？你入關中，深得百姓的信賴，也已有十多年了！民心都歸附於你，劉邦必然十分注意你，怕你傾動關中，現在你怎麼不多買田地，低息放貸款呢？這樣劉邦才會對你放心。」蕭何聽從了那人的計策，劉邦聽說後，十分高興。這就是蕭何採用的避害自保的策略。

秦朝時，秦始皇的愛將王翦，曾統帥兵馬六十萬，繼李信、蒙恬之後，再次攻打楚國，臨行前，秦始皇還親自送他到灞上。他向始皇求賞許多田宅園池。

秦始皇說：「你安心去吧，何愁貧窮呢？」王翦說：「我作為您的大將，有功勞，不能得到封侯，所以作為您的鄉臣，我也及時請求田地產業，好為子孫立足。」王翦取得楚國後，又陸續派人回朝見始皇嬴政，求賞田地。有人詢問他原因，他答道：「秦王疑心重，又不相信人，現在出盡全國將士，賦予我大權，我多請求田宅，為子孫立產業，以消除他對我的不信任。否則，他一冷靜下來，必定想要殺害我。」這是王翦的自保策略。

秦昭王時，有個名叫蔡澤的人批評范睢辭相位之舉：「太陽正中就要西斜，月亮正圓就要缺損，物極盛時必衰。進退盈縮是自然常理，而因時變化，是聖人處世之道。商鞅為秦孝公之相，明法令，禁奸人，有功必賞，有罪必罰，平權衡，正度量，劃分田地，以發展百姓的產業。他又加強軍事建設，提高了作戰水準，所以兵事一起，領土就會擴大，休兵時，國家就很富強，因此秦國無敵於天下。商鞅在諸侯中確立了威信，成就了秦國的大業，已是功成名就，於是受車裂而死。楚國方圓幾千里，兵員百萬，白起率領幾萬人與它作戰，一戰攻下郢都城，再戰吞併了蜀國，北邊征討少數民族，又跨越魏國而攻擊強大的趙國，屠殺了四十多萬人，血流成河，哀聲如雷。再攻入邯鄲，使秦國有了帝業。楚趙二國，是天下強國，也是秦國的宿敵。從白起以後，都害怕歸服了。這都是白起的功勞。他打下了七十多座城市，大功已成了，於是在杜郵賜劍受死。這些有功之臣之所以難逃殺身之禍，在於他們功成之後卻不隱退，以至於禍及本身，這正是只知去，卻不知回頭之故。」

聽蔡澤一番議論，范睢深爲贊同，說：「好！我聽說，有欲望而知止的人，就會免除欲望的宰割；富有而不知足的人，就會失去他的富有。」於是范睢把蔡澤推薦給昭王，自己則稱病辭官，免除了禍難。

面對君王威權，和歷史上的一樁樁血案，范仲淹再剛直，也難免不寒而慄。他記取前人的教訓，急流湧退。當他所推行的慶曆新政正進行得轟轟烈烈時，爲了不讓守舊派置自己於不利的陰謀得逞，范仲淹多次請求出安定西北邊疆，離開京城這個多事的地方。西北之行的確使范仲淹走出政治風暴的漩渦，免去了不測之禍。然而，他的政治雄心也因此開始慢慢冷卻了，藉著巡視邊境的名義，他走遍了宋朝與遼、西夏接壤的各州縣。

在保德（今山西保德）的一個旅店裡，他曾發現了一卷書名爲《因果識見頌》的佛書，並且請府州（今陝西府穀）承天寺的僧人錄了副本藏在承天寺中。四年之後，自己則爲這本少見的佛書寫了序。

府州的南面是麟州。麟、府二州，山川環繞境內五六百里，東面是黃河，漢族及其他一些少數民族，過去都在這裡耕種。五代以來，這個地方被雲中火族折氏所據。北宋建立，折氏臣服，他的子孫世世代代都擔任州官。這兩州當時被稱爲河外，有人認爲這是塊無用的土地，主張放棄。但是因爲宋夏戰爭中，李元昊曾攻打過這個地方，卻不得其門而入，並沒有攻陷，可見是適於防守的區域。因此范仲淹提出修築城寨、招撫流亡的計劃，推薦張亢知麟州，允許這個地方的老百姓釀酒、賣酒，廢除專賣，鼓勵流民回歸。從此這個區域得到了妥善的治理。

張亢的侄兒張熹是個機敏能幹的人，范仲淹安撫河東時，帶著他一同出行，走遍各州。每回范仲淹一邊下棋，一邊要他處理民事時，往往一盤棋還沒有下完，張熹便順利把事情解決了。在旅途中，他常常向范仲淹說到江南的山水。范仲淹因此寫了一首七言絕句，說：「數年風土塞門行，說著江山意暫清。求取罷兵南國去，滿樓蒼翠是平生。」詩中毫不隱諱地流露出內心棄甲歸田，安享晚年的渴望。這是舊時代中國知識份子理想的歸宿。

不久之後，范仲淹向仁宗上謝表，請辭參知政事的職務。謝表中說道：「臣涉道尚淺，立身本孤。偶緣英主之知，獲側迂臣之列。進登二府（指中書、樞密院），參預萬機，議刑賞則不避上疑，革僥倖則多招衆怨。心雖無愧，跡也難安。」當然，更重要的一點，是招怨多，恐怕會有不測之禍，在專制體制之下，知識份子確實命運多舛。

辭去參知政事一職之後，他曾在邠州當了一段時間的沿邊安撫使，不久他又稱病，請求調往鄧州這個被他稱爲「善地」的地方靜養。鄧州雖大，卻是范仲淹所期望的地方：政務清閒，煩擾的事務少，自然少去了許多的鬥爭與麻煩。自此，范仲淹的政敵也對他完全放了心。

到鄧州後，他寄情於山水，宦情淡泊，詩意連綿。他當時的人生哲學是：「欲少禍時當止足，得無權時且安閒，心憐好鳥來幽院，月送微雲過別山。此景此情聊自慰，是非何極任循環。」而這樣急流湧退的想法，也是一種順應時事的智慧。

九、剛柔相濟、方圓相輔，才能成他人難成之事

范仲淹處事剛柔並濟，明白柔弱勝剛強的道理。史上一則有名的故事，有助於了解范仲淹的品格和想法。

戰國時，秦昭襄王約請趙惠文王到西河外的澠池（在今河南省），相互訂立友好盟約。澠池當時已被秦國控制，因此趙惠文王十分擔心會被昭襄王扣留，於是召集群臣，共商對策。

趙惠文王說：「秦王曾以結盟的名義欺騙楚懷王，將楚懷王囚禁在咸陽，至今楚人還爲此傷心不已。現在又約我相會，會不會像對待楚懷王那樣對待我呢？」

廉頗和藺相如都認爲，如果趙王不去赴約，等於是向秦示弱，於是藺相如表示願意護送惠王前去赴會；廉頗則表示願意輔佐太子固守本土。

趙惠文王聽藺相如說願一同前往，便十分高興地說：「藺大夫尚且能完璧，何況寡人呢？」此時平原君趙勝說：「昔日宋襄公單車赴會，遭到楚國的劫持；魯君與齊王相會於夾穀，有左右司馬陪同，則全身而退。即使有藺大夫爲您護駕，最好也要挑選五千名精兵作爲隨從，以防不測；此外，再派大軍在三十里外屯紮，才是萬全之策！」

趙惠文王聽從趙勝的勸諫，以李牧爲中軍大夫，要他率精兵五千名相隨，並讓趙勝率大軍緊跟其後。

廉頗將趙惠文王一直送到邊境上，對他說：「大王與虎狼之王相會，結果實難預測，現在我估計路途及盟約所費時日不超過三十天。如果過期您還未歸來，我就立太子爲王，以杜絕秦國的非份之想。」趙惠文王表示同意。

趙惠文王和秦昭襄王如期相會於澠池。飲至半酣，昭襄王借著酒意說：「我聽說趙王精通音樂，而我這裡有寶瑟，請趙王彈一曲，以助酒興吧！」趙王臉紅了，又不敢推辭。秦昭襄王侍者將寶瑟置放在趙王面前，趙王只得彈了一曲沖目靈曲。秦昭襄王連聲稱好，並笑著說：「我曾經聽說趙國的先祖趙烈侯十分愛好音樂，想不到您盡得家傳。」於是，命令禦史記下這件事。秦國禦史就秉筆刻簡，寫道：「某年某月某日，秦王與趙王相會在澠池，趙王爲秦王鼓瑟。」

藺相如走到秦王跟前，秦王對藺相如不加理睬。藺相如將盛酒用的皿器取來捧著，在秦王面前跪著請秦王敲擊，秦王就是不肯答應。

藺相如說：「大王可依仗秦國強大的兵力來欺人。可是，在這五步以內，我就可以把我的血濺到大王身上。」

秦王左右侍從被藺相如的凜然正氣懾服了，誰也不敢上前。秦王雖然滿肚子不高興，但懾於藺相如的威嚴，只得勉強將瓦器敲了一下。藺相如這時才起身，將趙國禦史召上來，命他寫道：「某年某月某日，趙王與秦王相會於澠池，秦王爲趙王敲盆。」

秦王的大臣見藺相如如此作賤他們的君王，很不服氣。其中有幾位從宴席中站起身，對趙王說：「今日蒙您拜訪，請您割十五座城池替秦王祝壽吧！」藺相如也對秦王說：「既然趙國進十五座城池給秦國，秦國也應該有所回報，請求秦國用咸陽替趙王祝壽吧！」秦國客卿胡陽等人，私下建議秦王將趙王拘留起來，秦王不同意這樣做。因爲他已得到密報，知道趙國佈置得相當延密，大軍就駐紮在附近，因而不敢貿然行事。秦王知道動用武力不會有好結果，就更加敬重趙王，兩人相約爲兄弟，保證雙方互不侵犯。

爲了取得趙國的信任，秦王將太子安國君的兒子異人作爲人質，留在趙國。大臣們不知道秦王的用意，秦就解釋說：「趙國國力正在增強，暫時不能圖謀它。將王孫送入趙國，就是爲了讓趙國更加信任我，而我便能專心一意對付其他國家。」大家都非常佩服秦王卓越的見識。

澠池之會歸來，趙惠文王非常感激藺相如爲自己挽回了面子。他對群臣說：「我有了藺相如，就如泰山一樣安穩，趙國的地位也就重過九鼎。藺相如的功勞眞是誰也沒法比呀！」於是，拜藺相如爲上卿，位出廉頗之右（古人以右最尊）。

廉頗對此憤憤不平，認爲趙王十分不公允，他怨懟地說：「我出生入死，攻城掠地，維護趙國的安全，從情理上來說，應該是我的功勞最大。藺相如只不過稍微動了動口舌，能有多少功勞？官職卻在我之上，況且他出身很低微，我怎麼甘心屈居於他之下呢？如果我看到他，一定要讓他瞧瞧我的厲害。」

廉頗的話傳到藺相如的耳朵中，從此每次上朝，藺相如都託病不去，以免與廉頗相遇。賓客們都以爲藺相如害怕廉頗，私下常常議論這件事。

有一天，藺相如因故外出，恰巧廉頗也外出。藺相如遠遠見廉頗的車隊，就命手下將馬車趕到小巷中躲起來。等廉頗的車隊過去之後，方才出來。賓客們十分氣憤，就一塊兒去見藺相如：「我們遠離故土，拋卻妻兒投奔您的門下，就是因爲認爲您是一位頂天立地的大丈夫。廉將軍與您同列班，況且職位在您之下，然而廉將軍竟然口出惡言。可是，您不僅不報復，反而在上朝途中躲避他，您爲什麼如此怕他呢？眞讓我們感到羞愧！我們請求辭去。」

藺相如說：「在你們看來，廉將軍與秦王相比，誰更厲害呢？」

賓客們說：「廉將軍當然比不上秦王。」

藺相如說：「以秦王之威權，天下沒有人可與他抗爭；而相如敢當面叱責他，侮辱他的群臣。相如即便沒有才能，也不會怕廉將軍。我考量的是，強秦之所以不敢對趙國用兵，就是因爲有我們兩個人在。如果我與廉將軍相爭，兩虎共鬥必有一傷，就爲秦國侵犯趙國提供了機會。因此，我強忍著不與他發生衝突，就是將國家大計放在首位，個人的得失放在次位。」聽了這番話，賓客們都爲藺相如的見識所折服，此後更加敬佩藺相如。

然而，藺相如愈謙讓，廉頗愈氣盛。趙惠文王十分擔憂這件事。虞卿就自告奮勇地爲廉頗與藺相如說和。虞卿見到廉頗後，先是歌頌一番他的功勞，然後話鋒一轉，說：「論功勞是你大，但論氣量還是藺相如大。」並將藺相如對賓客們所說的話告訴了廉頗。廉頗聽了感到十分慚愧，負荊向藺相如請罪，說：「鄙人志量淺狹，不知相國如此寬容，就是死也不足以贖罪。」

藺相如說：「我倆並肩事主，雖刎頸不變。」後人所說的「刎頸之交」和「負荊請罪」就是源自於此。

藺相如以社稷利益爲重，剛柔並濟，其智慧令人不得不折服。而范仲淹比起藺相如也毫不遜色。范仲淹與宰相呂夷簡之間的關係相當微妙，他對呂夷簡爲相時期的一些做法向來耿耿於懷：一不滿他對章獻太后獨攬朝政、不還政於皇上不聞不問；二不滿他對仁宗廢后一事上火上加油；三不滿他利用職務之便，任親嫉賢，培植私黨。而呂夷簡對范仲淹也多有不滿，兩人在政見上經常不一致。例如景祐三年，契丹聚兵燕薊，聲言將入寇，孔道輔建議遷都洛陽。范仲淹認爲國家太平，豈有遷都之裡。不過洛陽負關、河之固，有險可守，只是空虛已久，毫無儲糧，如何能作都城？不如把陝西和東路的餘糧都運往洛陽，儲蓄起來。將洛陽作爲戰時退守的據點。呂夷簡卻認爲這個想法不切實際。他認爲應在河北邊境設防，增強守備，若只修築京城，反而是向敵人示弱。

他們兩人的對立爆發在范仲淹將京城官員晉升情況，繪製成《百官圖》獻給皇帝，毫不留情揭露呂夷簡濫用私人的問題之後。不久，他又做《帝王好尙論》、《選賢任能論》、《近名論》、《推委臣下論》四論，攻擊呂夷簡，直指他的要害。他寫道：「初以推委而天下治，終以推委而天下亂。何弊之然哉？當推委之際，進擢十人，上從其九，是九分之恩出於下矣，如此則數年之間，左右前後，皆權臣之賞也。若黜辱十人，上從其九，是九分之威出於下矣，如此則數年之間，中外遠近，無敢忤權臣者，故下之情不達，而上之勢孤矣。此明皇之失，爲後代之鑒。」進而提出以君權限制相權的主張，「則區別邪正，進退左右，操榮辱之柄，制英雄之命，此乃人主之權，不可盡委於下。」

范仲淹還以歷代宰相專權，以致社稷易姓的教訓，警惕仁宗。呂夷簡當然也不甘示弱，他抨擊范仲淹離間君臣，反扣他朋黨之罪，最後將他從京城逼走。然而，他們兩人之間的鬥爭，都是起因於公事，而非個人恩怨，所以彼此從不記私仇。范仲淹爲反抗呂夷簡的勢力，雖然十分剛強，但他也不乏柔性的一面。

康定元年，國事紛亂，宋夏邊境戰火頻傳，范仲淹出任邊帥，身兼邊防重任；精於權術的呂夷簡，則接替張士遜，恢復宰相之職，三度入主中書。

仁宗這種安排固然是時勢所迫，但在國家面臨危難之際，他也力圖打破官僚間派系的隔閡，擢用人才。呂夷簡這年已經六十三歲，知道范仲淹有才幹，聲譽很高，而自己則年事已高，於是他表現出不念舊惡的胸襟，向仁宗進言，將范仲淹擢升爲龍圖閣直學士、陝西經略安撫副使。仁宗很高興，當面稱譽呂夷簡是長者。在這裡，呂夷簡對自己的政敵採取了「不可抑止之人，扶助爲上策」的謀略，拉攏了政敵，又讓皇上感到他氣量很大，不愧爲政壇老手。

而范仲淹也認爲國家正值危急混亂之秋，應以和爲貴，而此時呂夷簡位居首相，可直接干預邊事，爲顧全大局，盡心對付西事，他也不計前嫌，採取了柔性的態度。

不久，范仲淹入朝，仁宗勸他要與呂夷簡盡釋前嫌，共同爲國家效力。范仲淹一向光明磊落，坦然答道：「我所議論的，皆關國事，與宰相個人並無嫌隙。」又面謝呂夷簡。呂夷簡也說：「我豈敢爲舊事而耿耿於懷呢！」

後來范仲淹寫信給呂夷簡，信中說唐玄宗時，郭子儀與李光弼之間有齟齬，見面都不願講話，但安祿山作亂，郭子儀奉命討賊時，兩人都拋棄前隙，握手泣別，以忠義互勉，終於把大亂平定。范仲淹在信末謙遜恭讓地說：「今首相有郭子儀之心、之言，只可惜我范仲淹沒有李光弼之才、之力啊！」

由於致函表示誠意的這個動作，范仲淹與呂夷簡之間的隔閡消失，他們全力以赴，共同對付敵人。

慶曆三年，宋夏和議達成，戰事結束，天下重新趨於穩定。以范仲淹爲首的革新派又把老謀深算的呂夷簡推下政壇。當然，這純粹是從社稷利益出發，他們當時的私交還是不錯的。

呂夷簡退休之後，住在兒子公綽的鄭州官舍。范仲淹曾到那裡拜訪過他，兩人欣然相語終日。後來呂夷簡病逝鄭州，范仲淹祭之以文，說：「富貴之位，進退維艱。君臣之際，始終尤難。」又說：「保輔兩宮，訏謀二紀，雲龍協心，股肱同體。」由此可見，范仲淹對呂夷簡身居大位，周旋於仁宗母子之間，是打從心裡敬佩的。祭文的最後，他也抒發了一個以天下為己任的政治家的淒涼：「得公遺書，適在邊上。就哭不逮，追想無窮。心存目斷，千里悲風。」

十、教子是治家之要，也是對社會負責之舉

范仲淹治家甚嚴，教子有方，他對子侄的教育方法，頗有值得今人借鑒之處。范仲淹共有四子、三女，前三個男孩都是李氏夫人所生，李氏是參知政事李昌齡的侄女，景祐三年，在饒州過世。四子純粹則是續娶的曹氏所生，范仲淹去世時，他年僅七歲。

范仲淹出身貧寒，青年時度過十分艱苦的生活。中舉做官以後，由於位卑祿薄，生活仍不寬裕，不能更好地奉養母親，終生引為憾事。歐陽修為此說他「喪其母時尚貧，終身非賓客，食不重肉，臨時好施，意豁如也，及退而未見其私，妻子僅給衣食。」

富貴以後，范仲淹始終保持艱苦樸素的作風，過著儉約的生活。這不僅是爲了紀念母親，而且有更深刻的用意。他深信「惟儉可以助廉」的道理，認爲一個官員只有生活節儉，才能不收賄賂。作爲一名身負一方之責的朝廷命官，不受賄才能公平斷案，執法不阿；而且也只有保持廉潔，才敢於約束胥吏，不致縱容害民。

富弼說他「曆補外職，以嚴明馭吏；使不得欺，於是民皆受其賜」。范仲淹自己也在家書中說：「老夫平生屢經風波，惟能忍窮，故得免禍」，原因在此。范仲淹對自己和家屬要求十分嚴格，即使在顯貴以後，「門中如貧賤時，家人不識富貴之樂」。二兒子純仁結婚時，范仲淹聽說未過門的媳婦用羅綺做帳子，十分惱火，說：「怎麼拿這麼貴重的東西做帳子，豈不要敗壞了我家素來的清儉家風嗎？她如果敢把這種東西帶過來，我就當柴把它燒掉！」

但范仲淹對別人卻十分慷慨，「人有急，必濟之，不計家用有無。……每撫邊，賜金銀甚多，悉以遺將佐。在杭盡以餘俸買田於蘇州，號義莊，以聚疏屬」。又常用自己的俸祿來養活四方學子。所以到他死後，入殮時連件新衣都沒有，靠友人籌資才辦理了喪事。范仲淹沒有爲子孫留下多少田宅，但卻留下了寶貴的精神財富。

范仲淹的異母兄弟范仲溫，晚年住在家鄉蘇州。范仲淹眷顧家鄉，對侄兒們的成長十分關心，在家書中總是勸他們要勤學和節儉。他擔任考政後，擔心子侄會仗勢爲非作歹，寫信給范仲溫，囑託他一定要告誡侄兒們，勿煩州縣，如敢輒興詞訟，那他是一定要加以追究的。對做了官的侄兒則諄諄勸告，說：「汝守官處小心，不得欺事……，莫縱鄉親來部下興販。自家且一向請心做官，莫營私利。汝看老叔自來如何，還曾營私否？」

對於兒子們的教育則十分嚴格，讓他們在名師門下學習，胡瑗、孫復、石介、李覯都是范仲淹的好朋友，他的幾個孩子在他們身上，都獲益良多。

在陝西任職時，范仲淹把純祐帶在軍中，以便鍛煉他，純祐很有膽識，范仲淹讓他與將士生活在一起，他能夠深入觀察，知道誰有才，誰不行，將這些資訊提供給父親。范仲淹因此得以任人無失，屢建戰功，當范仲淹在慶州築大順城的時候，曾派純祐率兵防守，夏兵來爭，他且戰且守，數日後城牆築成，將士平安。范仲淹就這樣讓兒子在艱苦危險的環境中磨練。可惜後來純祐得了重病，英年早逝。

范仲淹其他三個兒子做官以後，受其父親遺訓，以清廉正直著稱。其中純仁官至宰相，被認爲是最有乃父之風的一個。范純仁在遺表中曾說：「蓋嘗先天下而憂，期不負聖人之學，此先臣所以教子，而微臣資以事君。」有其父必有其子，范仲淹對其子女影響相當大。

在范仲淹身後，范氏家族長期興旺，家世經久不衰，這些都得益於范仲淹治家有方、教子有法。

有道是：「舊時王謝堂前燕，飛入尋常百姓家。」富貴之家自古最易衰敗。曹雪芹的小說《紅樓夢》，便準確、細緻、全面地描述了一個封建大家族如何走向衰落的過程，他筆下的賈府正是封建社會大家族的一個藍本。

清人曾國藩也是非常善於治家的官吏，其官場不敗，家世也不敗。居家過日子，曾國藩強調要節儉。他身居高位，卻要求自己及家人與庶民過同樣的生活。曾國藩每餐只食蔬菜，決不多設。雖身為將相，而自奉之嗇，不異於寒素之家。當時的人以其每餐只吃一盤菜，而稱他做「一品宰相」。

任兩江總督時，曾國藩曾巡視揚州一帶。揚州鹽商因為總督蒞臨，特備盛宴，山珍海味，羅列滿桌。而曾國藩卻僅就面前所設數菜，稍食而已。退席後他告訴別人：「一食千金，吾不忍食，目不忍睹。」

曾國藩平時不添新衣，他三十多歲時，曾製作天青緞馬褂一件，平日居家不輕易穿，只有慶典及過新年時才穿一下，收藏五十年，猶如新衣。他曾說：「古語曰：『衣不如新，人不如舊』，然以吾觀之，衣亦不如故也。」

曾國藩擔任江南總督時，李鴻章請曾夫人和小姐吃飯，姊妹二人，因為僅有一件綢褲，為了赴宴互相爭奪而哭泣。曾國藩聽到，安慰她們說：「明年如果繼續任總督，一定為妳們添製綢褲一條。」姊妹倆聽了，便破涕而笑。

居住方面，曾國藩也非常節儉。湘鄉白楊坪曾家老屋已百餘年，九弟曾國荃因為家中人口增多，另建新屋一棟，耗資頗多。曾國藩知道後很不高興，責備弟弟說：「新屋落成之後，搬進容易搬出難，我此生決不住新屋！」

平常曾國藩的夫人、媳婦，即使住在總督署內，也要績麻紡紗，做針線工作，直至起更後，才能休息。《水窗春囈》記載了一個笑話，是曾國藩對妻女家政工作情形的描述：兒子新婚未久，睡在床上，輾轉反側，心甚焦急，乃大呼曰：「媽，你那個不懂事的媳婦，吱吱呀呀，紡車不停，鬧得我睡不著，請把她那部紡車打碎算了。」公公在隔屋聽到了，也高聲大叫道：「太太，如果要打，最好先把你那部車子打碎，我也睡不著呢！」這則笑話是曾國藩每日晚飯後照例與幕僚輪流閒聊笑話中的一個。當時他一說出這個笑話，大家笑得眼淚都掉下來了，可是曾國藩卻只撫鬚，一笑也不笑。

曾國藩在兄弟中排行老大，有四個弟弟。他對四個弟弟愛護備至，因戰事關係，對九弟曾國荃，尤為關心。

一人做高官，家屬易生事。由於曾國藩在外做封疆大吏，他的父親及弟弟們卻依仗權勢，干預地方官事。儘管曾國藩家教甚嚴，四弟曾國潢卻非常跋扈，惡意殺人，頗遭人所怨恨。曾國藩對此事略有所知，經常寫家書告誡他。咸豐七年（西元一八五七年）曾國藩回家奔父喪，聽說曾國潢在鄉間殺人太多，為人所怨，於是想要懲教他。一天，弟弟在床上睡午覺，曾國藩計上心來，向夫人要了一個錐子，猛刺他的大腿，頓時鮮血直流，染紅了被褥。曾國潢嚇了一跳，高聲直呼：「殘暴！殘暴！痛死我了！」曾國藩又問：「我只用錐刺了你一下，你就痛死了，你殺人家，人家痛不痛？」

經過這一訓誡，曾國潢不僅有所收斂，對待百姓的態度也好轉了。在封建時代，像范仲淹、曾國藩這樣的懂得治家的家長畢竟很少。在今天的社會裡，不管是達官貴人，還是普通老百姓，教子治家依然是生活中的重要課題，因此學習范仲淹和曾國藩的智慧，是很重要的。

十一、文人相尊，鬼敬神欽

文章的好壞並沒有絕對的標準。然而因爲名利，文人們總自以爲是，認爲自己的文章才是天下第一。更甚者，他們雖然手無縛雞之力，卻往往心高氣傲，誰也不買誰的帳，這正是所謂的文人相輕。

初唐四傑之一的楊炯心性高傲，不肯屈居於王勃之後，認爲盧照鄰才應該名列四傑之首，其實他推舉盧照鄰是假，自己想居首位是眞。唐代著名詩人元稹和李賀也是一對冤家。由於李賀很年輕就有文名，於是便對年長卻名還未成名的元稹不屑一顧，不肯接受他的拜訪。後來，李賀去考進士，元稹此時已是主考官，權高位重，於是找了個藉口將李賀的考試資格除掉，使詩人李賀終身落魄，短命而亡。宋代的王安石與蘇軾，雖有師生之譽，又同爲朝中命官，但由於政見不同，蘇軾屢遭貶謫，也與王安石的善妒頗有關連。

不過文人雖往往相輕，但也不乏彼此消除偏見，友好相待的例子。李白與杜甫，這對盛唐時代的詩壇雙璧，彼此之間相互推崇、敬仰，可謂後代文人友誼的楷模。

而范仲淹也是如此，儘管如何權高位重，都待朋友以至誠。他與梅堯臣的交往，是從對方位卑職低、窮困潦倒的時候就開始了，當時范仲淹極力推崇他的詩文，使他能在文壇上得到應有的地位。

借助自己在文壇與政壇的地位，范仲淹竭力提拔無名的文人，梅堯臣就相當感激他，常以詩文相贈。他們兩人精神相通、理念一致。范仲淹被貶饒州時，梅堯臣正好也在隔壁的池州任職，他寄詩給范仲淹，說：「山水番君國，文章漢侍臣，古來中酒地，今見獨醒人。」詩中酒地是指一個誰都會喝得醉醺醺的地方，但范仲淹在這樣的地方卻能獨醒，可見梅堯臣對他為人評價之高、道德傾倒之至了。

他們兩人之間的交往卻異常親密。范仲淹曾約梅堯臣遊廬山；范夫人逝世，梅堯臣特作輓詩為她送行；在饒州，范仲淹請梅堯臣吃飯，聽人說河豚極味美，但若烹調不當，劇毒喪軀，於是賦詩說：「甚美惡亦稱，此言誠可嘉。」范仲淹和梅堯臣正是所謂君子之交淡如水，彼此卻能在精神上相通相知。

在二十世紀上半葉的文學史上，魯迅是個大家，關於這一評價，很少人會有意見，但對於林語堂，人們卻議論紛紛，評價兩極。批評者不但忘了林語堂的幾十部英文著作，忘了他曾是諾貝爾獎的侯選人，更不會記得魯迅說過：「語堂是我的老朋友。」

魯迅和林語堂的確是老朋友。在北大任教時期，北洋軍槍殺學生、教師，林語堂和魯迅就並肩戰鬥，一起寫下了激昂的文字，向當局抗議。為此，他們都榮幸地列入當時北京五十名最激進、被通緝的教授黑名單。

不久，林語堂受聘廈門大學，結了婚，建立了幸福家庭。但他並未忘記在北京時的患難兄弟。經他介紹，魯迅也到廈門大學任教。可是理學院院長劉樹杞卻排擠魯迅，使他連搬三次家，林語堂很不安，魯迅卻沒有一點怨氣。

後來到了上海，他們之間出現了小小的摩擦。一位作家要開書店，請魯迅、林語堂、郁達天等人吃飯，想獲得他們的支持。沒想到魯迅和林語堂卻在飯桌上起了口角。

老朋友之間的小爭吵本來是很平常的事，但此事卻愈演愈烈，到後來，兩人產生很嚴重的嫌隙。林語堂在上海先後辦了《論語》、《人世間》、《宇宙風》幾個刊物，很受歡迎，因為他的刊物提倡幽默，主張閒適，抒發性靈。這本來也沒什麼了不起的，哪裡知道，當時正是左翼文壇獨領風騷的時代，林語堂和他的小品因而顯得不合時宜。魯迅寫信給林語堂，勸他放棄那些「無聊玩藝」，別去鑽「牛角尖」了，應該多翻譯有益的英美名著。林語堂卻回信說，翻譯之事，要等到年老時再做。

魯迅看了，勃然大怒。因為魯迅比林語堂大十四歲，並且非常推崇翻譯，而林語堂這樣說，不正是在諷刺他嗎？他覺得好心不得好報，從此再不理會林語堂。

這件事雖然是個誤會，但魯迅生性敏感、率直，而林語堂也和孩子一樣任性、頑固。對於魯迅和林語堂斷絕交往，人們只能深表遺憾。值得肯定的是，魯迅批評林語堂，只限於文章和文藝觀點，而幾十後後，林語堂仍舊視魯迅爲現代文章大家。

文人相輕，職業使然。但若是能在志同道合的基礎上建立起深厚的友誼，超越競爭，那麼他們將彼此激盪，共同開創更美好的藝術境界。范仲淹與梅堯臣等文友的友誼，就是最光輝的典範。

十二、做人不張狂，盛時作衰時想

人生禍福相倚，愈是順利愈要謹愼。范仲淹就做到了這一點，得志時決不張狂。這是他爲官的一大原則。

畢竟聖人罕有。以常人的本性，連勝之後，就難免會自大起來，然而范仲淹卻不是這樣。他中年得志，在官場上平步青雲，極盛之時他爲人更加謹愼，從不作張狂之語。他能知恩圖報，並非一介狂士，是一個做事謹愼、懂得分寸的人。

做人不張狂，其實就是有耐力。「耐」就是意志，就是信心，是一種高深的道德修養。

古之爲將相者，貴在持重。這種持重就是以大局爲重，剛柔並濟，不浮不躁。孟子說：「天將降大任於斯人也，必先苦其心志，勞其筋骨，餓其體膚，空乏其身，行拂亂其所爲。所以動心忍性，增益其所不能。」范仲淹就是這樣，咬緊牙關，藉著自己憂國憂民的情懷，在政壇上苦苦支撐，作爲中流砥柱。

他在權高位重之際，時常提醒自己自我克制，特別注意與其他臣子之間的關係，儘量不與別人發生摩擦。也要求自己兄弟和子侄時時自我檢討、要求。

「我亦寵辱流，所幸無慍喜。進者道之行，退者道之止。」這是范仲淹在拜訪過山間隱士魏疏之後，直抒胸臆的詩句；十一年前，他在睦州作《嚴先生祠堂記》，極其稱讚嚴子陵，說他的行爲，可使貪夫廉，懦夫立，有大功名於名教。他也相當傾慕隱士林逋，讚美他「風俗因君厚，文章至老醇。」這些人的品格，都很接近范仲淹自己理想的性靈追求。

在多舛的官途中，范仲淹時常表明寵辱不入於心的看法，無論盛衰他都看得相當淡。

老子說：「持而盈之，不如其已；揣而鋭之，不可常保；金玉滿堂，莫之能守；富貴而驕，自遺其咎，功成名遂身退，天之道。」極言功成名就則應隱退，此乃萬世不變的道理。

第七章 軍事家的兵韜

軍事上的兵韜謀略是一種思想策略，是古代文人們必需具備的知識。范仲淹文武兼備，是封建時代士大夫中的表率。

兵韜其實是一種智慧，如果走進它，你會發現它很神奇，但不神秘。

一、熟知周邊軍情，一舉一動盡在意料之中

范仲淹從小就有做宰相為民造福的志向，然而要做一名稱職的宰相，並不是一件容易的事。古代的知識份子以修身、齊家、治國、平天下為己任，因而用來「平天下」的軍事智慧，也是儒生們必須修習的本業。儒生出身的范仲淹，非常重視軍事謀略，尤其看到宋朝重文輕武的弱國現狀，他更加自覺地把注意力放在國家的安全問題上。

常修武備是確保國家安全的最好方法。然而，宋朝從天子到下臣，卻都不重視這一點。自景德元年與遼國締結澶淵之盟後，大宋舉國上下都認為戰事停息，從此可以安享太平，所以放鬆警惕，導致武備廢弛，邊防設施年久不修。就在此時，西北邊上，羌人中的黨項族正在活躍，不久建立了後來宋朝深以為患的西夏國。

作為一名政治家，范仲淹非常熟悉周邊的軍情和國情。他知道，西夏國是仁宗皇帝趙禎即位後，西部各民族以黨項為首，共同創建的國家，是宋國國弱，沒有能力統一西部所造成的後果。西夏的疆域，在全盛時期，東至黃河，西界玉門，南接蕭關，北控大漠。黃河屈曲而流，又有賀蘭山脈作為屏障，有險阻可守。它長期和宋、遼、金鼎足峙立，雖稱臣於這些王朝，卻始終能嚴拒外力深入其境內，保持著實際上的獨立，且因武力強大，深受宋、遼、金各國的重視和畏懼。

西夏雖以黨項羌爲主，統治者卻是鮮卑族的拓跋氏。拓跋和慕容在鮮卑族中都是大姓。五胡亂華期間，慕容氏的一支已侵入黃河上游，在青海建立國家，號稱「吐穀渾」。而在南北朝初期，拓跋氏統一北中國，建立北魏，與南方對峙，且逐漸向外發展。拓跋氏的子弟，由於國力的伸張，隨軍西遷，與原居於西部的羌族接觸。

范仲淹熟悉拓跋氏的歷史。唐太宗時，賜姓拓跋爲李氏，他們的政治地位不斷提高，由於長期掌握地方軍政大權，勢力日益強盛，羌人惟有俯首聽命，任其驅策。所以，西夏的王室雖然是鮮卑族，而其人民則多屬於羌族，黨項羌雖與西夏王室不是同一個民族，卻是西夏建國的基層力量。

黨項族是一個遊蕩不定的民族，在遷徙中，經常與其他民族產生衝突、磨擦，從而養成了一種好戰和掠奪的性格，並在長期爭戰中，累積了自己的作戰實力，成爲北宋西北邊境的一股侵擾勢力。

仁宗天聖九年（西元一〇三一年），西夏首領李德明病死，太子李元昊繼位。李元昊是一個文武兼備，且具有很大野心的人。他一繼位，就開始磨刀霍霍，勵兵秣馬，一面東征西奪，一面加強政權建設，使西夏在疆域和政權上同時強大起來。

仁宗明道二年，李元昊攻佔吐蕃角廝羅部的犛牛城，景祐三年，又北上進攻回鶻，攻佔瓜州（今甘肅安西縣）、沙州（今甘肅敦煌縣）、肅州（今甘肅酒泉縣）。其境域東據黃河，西至玉門關，南臨蕭關（今寧夏境內）。按理說，李元昊搶佔了這麼一大片土地，似乎應該知足了，但他卻慾壑難塡，加上有每戰必勝的雄師作爲支撐，使他有膽量窺視富饒的中原。

李元昊對宋國的態度與其父李德明不同，他認爲西夏佔據河西的形勢，正好適合自立爲帝，何必臣事於異邦？所以常常勸諫其父王不要臣事於宋朝。他指出黨項貴族接受宋朝的賞賜，只歸自己，而其餘衆多部落卻很窮困，這樣可能會失掉部落的支援，不如拒絕朝貢，練習兵事，進行掠奪，使上下都能富裕。

實際上，李元昊在即位後，就在政治、文化與軍事上，都對西夏國進行了改革。他改姓立號，廢除唐朝和宋朝的賜姓李氏和趙氏，改用黨項姓嵬名。又廢去宋朝西平王的封號，改用本族語稱「吾祖」。接著，又改立年號（夏國本來使用宋朝年號）、下「禿髮令」，即推行黨項的傳統髮式，禁止用漢人的風俗結髮。廢姓後的元昊先自己禿髮，然後下令境內人民三日內必須禿髮，不服從命令者都殺頭。元昊再進一步設立官制。一面採取宋制建立官職，一面又設黨項官，兩個系統並列。同時也有了司法官，逐漸出現了法律規章。

西夏政權設置中書省和樞密院，分掌文武兩政，中書、樞密以上設十司，地方設立州郡，州有州立，下有通判、正聽、都察、案頭、司吏、都監等。並建立齊備的刑法。凡屬左右侍從之類的官職，則由黨項的貴族擔任，凡是依照宋朝官制而設置的中書、樞密、宰相、禦史等官，則參用漢人。

文化上，元昊與寵臣野利仁榮創制了西夏字。西夏字是以漢字爲根據，參照本族語言的特點而制定的。西夏字產生之後，被定為「國書」，在官方文書中使用。漢字只用於和宋朝往來的文書中，同時以西夏國字並列，對吐蕃部落、回鶻和張掖、交河等地的各民族，一律用西夏字，用時附列各民族文字。宋景祐四年冬，元昊又命令野利仁榮主持建立蕃學，用西夏字翻譯的《孝經》、《爾雅》、《貞觀政要》等書，供西夏人習誦，選擇黨項和漢族官僚子弟入學學習。學成之後，出題試問，學習精良、書寫端正者，酌情授給官職，蕃學的建立，實際上是模仿宋朝的科舉授官制度，藉以推動夏國文化的發展。

軍事制度上，元昊保持自己戰無不勝的舊傳統，設置十二監軍司，每一監軍司設都統軍、副統軍和監軍司各一員，由黨項的貴族豪戚擔任。下設指揮使、教練使及左右侍禁宮等數十人。軍隊也有一部分是漢人。十二監軍司共有軍隊四、五十萬人，分別佈置在以首都興慶府為中心的夏遼和宋夏邊境，以及河西走廊、賀蘭山和靈州等地的三角線上，能夠迅速集中兵力，大大加強了對外攻防的軍事能力。

元昊推動各方面的改革，目的就是要圖霸中原。對於西夏的圖謀，范仲淹早有覺察，他數度上書，建議朝廷早作防範準備，未雨綢繆。西夏國是西元一〇三八年建立的，而范仲淹早在天聖三年（西元一〇二五年）就已有所警覺。范仲淹一直關切地注意著西夏的動向，意識到戰爭無可避免，為此接連上奏，提醒朝廷做好防備，也充分表現出一名傑出政治家的卓識遠見。可惜朝廷置之不理，導致後來在交戰中一敗塗地，實在是讓做臣子的感到既痛心又遺憾。

二、敵強我弱，應戒急用忍

因現實的需要，范仲淹以一名儒生鎮守邊關，從而發揮了自身全能的文才武略。此時他雖已年逾半百，霜染鬢髮，但報國的滿腔熱忱仍不減當年。宋夏開戰以來，他一直密切關注戰事的發展。

宋夏關係，自寶元元年（西元一〇三八年）以來，日趨緊張。西夏國經過李元昊的整頓，國力日強，由於東侵西奪的戰爭訓練，培養出大批軍事將領，士兵英勇善戰，整個國家就像一隻正處壯年的猛虎。而宋的情形與西夏國卻截然相反。

宋初為了擴大皇權而削弱地方的財政軍權，導致了州縣吏治日趨衰頹。同時由於把地方財富全部都轉運到中央去，地方也日益貧弱。這種局面，到了真宗時，顯得更加嚴重。

據《宋史》記載，當時尊京師、抑郡縣的結果，使諸州的廂兵逐漸變成缺乏訓練，有名無實的兵種。逼近京畿的濮州，滁、揚、黃各州是江淮重防，也都「蕩若平地」，防禦力嚴重薄弱。在這種情況下，當然毫無抵抗外敵的力量，只要首都汴京一失，全國就會土崩瓦解。

在軍事政策上，宋朝更顯露出嚴重的弱點。宋代對統兵將帥限制太多，令「兵無常帥，帥無常師」，將帥的權力減弱、地位下降，以致指揮不靈，戰鬥力減弱，不能有效地抵禦外侮。許許多多戰役，都一再地暴露了這個重大的缺點，早在太宗時期對遼的戰爭中，就曾因爲軍紀不明，號令不嚴，而慘遭敗績。

在兵士方面，由於更戍法的執行，兵士常須調動，長途跋涉，遠至數千里，不少人因水土不服，死在路上。更嚴重的是，兵士時常流動，形成兵將間的隔閡，以致「將不知兵，兵不知將」，兵將無法協調一致，自然導致戰事一再失利。此外宋軍嚴重缺乏訓練，養兵雖多，而戰鬥力卻日益減弱。這種局勢和眞宗時與契丹議和，訂立「澶淵之盟」，導致軍心懈怠不無關係。

兵士養成驕縱的積習，他們終日「嬉遊廛市間，以鬻伎巧繡畫爲業，衣服舉措不類軍兵，習以成風，縱爲驕惰」。體質綿弱的宋兵，一聽說要打仗，就嚇得要死。當時的騎兵不能披甲上馬，有的射出的箭在馬前一、二十步就落了地。這樣的軍隊，當然是不堪一擊的。

北宋與西夏相比，猶如羔羊和猛虎，若主動出擊，無非是自取滅亡。元昊建國以後，形成了宋、遼、夏三足鼎立的局面。西夏對宋朝豐饒的財富垂涎已久，而宋朝則當然不能接受原來稱臣的黨項族，和自己並立爲王。因此兩國的衝突在所難免。

聽到元昊稱帝，宋朝上下大爲震驚。朝中主戰和主和兩派爭吵不休。范仲淹對於當時軍情積弱不振的現象，以及邊備的廢弛和武將的無能，看得很清楚，所以他不同意對西夏大肆撻伐的論調，而分析敵我雙方的情況，提出了一套非常成熟的持久戰策略。

近邊的城寨，僅有五、六分的防禦功能，而關中地區的防禦工事也不過進行到二、三分而已，如何能主動挑戰敵人？所以，他認為首要的工作是採取堅壁清野的防守策略，在關中充實糧餉和武器，加強各邊城的防禦力量，城與城之間構成犄角之勢，使敵人進無可乘之隙，退無可掠之物，士氣自然消沈。宋朝軍隊久未征戰，所以敵人來了就驚慌畏怯，因此當務之急是固守、加強心理防線，以便兵士慢慢適應，將來且訓且守且戰，軍隊越磨練越壯大，再採取主動的戰略。這種持久戰與消耗戰的策略，可以說是針對西夏大軍壓境，而己方力量相對薄弱的情況下，擬定的唯一可行之策。

可惜仁宗執意採納主攻派的意見，對西夏集中兵力，深入進攻，欲圖一舉擊破敵人主力，導致每戰必敗。

三、佔領要塞以制敵，是弱者勝強唯一的方法

兵書《陣紀戰機》中說：「以寡擊衆，務於隘塞，必於暮夜，伏於叢茂，要於險阻；以衆擊寡，……分守要津，絕彼遠道。」

這段話告誡行軍打仗的人，當敵強我弱時，必須搶佔要塞，在夜間行動，潛伏於叢茂之中，在關鍵險阻的地方阻擊敵人，當以大軍擊小軍時，也要堅守要津，切斷敵人的退路和通道。

可見戰略位置在兩軍交鋒中非常重要。宋夏之戰也證明了這個論點。西夏進攻宋朝邊境，首先拿下大宋的城寨，正是因爲搶佔了有利地形，才使士兵進退自如。

范仲淹到達陝西以後，所做的第一件事就是察看邊防，熟悉地形，瞭解、研究、設置戰略要地。他親赴延州，走遍數百里邊境線上的寨、堡、城、鎮等軍事據點，希望能夠「深見邊事」，找到堅固邊關的良策。此番視察，辛苦程度可想而知，延州地勢起伏大，多於山嶺之間，隨川取路，道路十分難走，而范仲淹到延州上任時又正好是秋雨連綿的季節。戰事過後，范仲淹所看到的是一片原野蕭條、城壘頹毀的慘像。

他決定先修復離延州城最近的金明寨。金明寨所處的地理位置很重要，因爲夏軍剛取得勝利，可能乘勢回馬再進攻。同時，他也開始緊鑼密鼓地修築青澗城。他將修復的任務交給種世衡，這個任務相當艱巨，因爲位處夏人佔領區，經常有夏軍前來侵擾，所以築城時常是在「且戰且城」的情況下進行的。築城工作儘管艱苦，但因爲位居險要的地勢，此城修好之後，可以保衛西邊的延安、把河東的粟運過來，並且可以從北邊進攻，是可戰可守、可進可退之地。所以他極力勉勵部下戮力完成。隨後，范仲淹又修復了承平等十幾個城寨。

控制了這些戰略要地之後，西夏兵再也不敢垂涎延州城了。寶元元年，元昊重犯金明寨，結果再也不能像第一次那樣輕鬆得手。

范仲淹到慶州時，恰逢朝廷派往陝西的梁適也在慶州。范仲淹和梁適分析了當時宋、夏雙邊的形勢，提出了攻守二策。根據延州守邊的經驗，范仲淹認爲首先要牢牢地占住金湯、白豹、後橋這三個要寨。這三個寨在延州和慶州之間，地勢最爲重要，當時正被西夏控制，范仲淹認爲應該調兵佔領，攻下城寨後，再增築加固，加倍派兵把守，並愼重挑選守寨軍官。

范仲淹還提出了長期把守戰略要地的方案。他建議邊境上的城寨用弓手和土兵把守。弓手和土兵都是地方兵，如果能在城寨附近屯田，讓他們和父母妻子一起一邊耕作，一邊堅守邊寨，既可減輕糧草轉運負擔，也可使戍邊兵士免去戀土思鄉之苦。

慶州東北有個寨叫馬鋪，是一個深入敵境的地方，范仲淹察看之後，認爲在馬鋪修城，可以使其成爲要塞，阻斷夏與明珠、滅藏等少數民族之間的往來，孤立西夏。於是他親自帶兵進駐，派長子純祐進佔馬鋪，在那裡築城。築城期間，范仲淹親自到馬鋪慰勞士兵，上下同心，工程進度很快，僅十天就完工了。城修好後，西夏以三萬兵馬來爭，范仲淹親自指揮作戰，擊退了夏兵。朝廷頒令，賜馬鋪名「大順」。

大順城的軍事價值很大。修好之後，得到朝廷上下的讚揚，許多參與築城的人都因此升官。范仲淹從大順城回慶州時，曾作了一首五言絕句：

三月二十七，羌山始見花；將軍了邊事，春老未還家。

在出守邊關、抵禦西夏的過程中，范仲淹非常重視戰略要地，一直把搶佔、修繕、堅守戰略要地作爲抵禦西夏的主要策略。事實證明，這一策略非高明，成功地加強了宋軍的防守能力。

四、大敵當前，穩定軍心是第一要務

康定元年十一月初一，范仲淹巡視邊防至延州，遇到巡檢李惟希屬下兵士王義等四人藉故鬧事，煽惑軍心。當時，宋軍剛剛戰敗，士氣不振，人心浮動，面對這種情況，很可能引起內部混亂，導致軍隊潰散。因此他知道要穩住這個局面，必須快刀斬亂麻，否則後果不堪設想。

爲愼重起見，他命令將這四人拘禁至司理院，親自審判。司理院是宋朝的軍法機構。掌握了確鑿的證據後，范仲淹立即將四人押至衆人面前腰斬，以鎭軍威。當月，又爆發了軍官惡意削減士兵糧餉的案件。士兵的生活本來就極爲艱苦，有的士兵甚至因爲無法忍受饑寒而逃亡，如果還這麼做，如何讓將士們征戰戍邊？范仲淹知道後非常生氣，毫不留情地將三人綁至軍前斬首，以安軍心。

在非常時期，軍心定才能士氣足、軍威揚，因此對於軍中一些枉法貪贓、擾亂軍心之徒，范仲淹必殺之而後快，只有這樣才能徹底掃除導致混亂的因素。如果優柔寡斷，很可能會造成無法收拾的局面。

當時宋軍中，獎賞將領、士兵的辦法是依斬殺敵人頭顱的數量而定高低的。殺敵人多者，受獎就多。因此在戰鬥中，常有人冒功邀賞，投機取巧的風氣盛行，軍中怨聲四起，軍心大亂。如此下去必然會導致軍隊沒有戰鬥力，因此范仲淹決心查辦此事。就在這時，虎翼軍第九指揮王瓊，奪取于興斬殺的元昊兵人頭，寫上自己的名字上報，並因此升上正指揮使。于興得知自己的功績被他人巧取豪奪後，心中憤憤不平，於是向上申告。范仲淹得知此事後，立即拘捕王瓊，毫不留情將他處斬。他知道王瓊身爲將帥，若帶頭枉法，必會毀壞軍中風氣，爲了穩定軍心，他僅能如此當機立斷，殺一儆百，重振士氣。因爲軍心的穩定，正是打勝仗的重要前提。

五、克敵致勝，攻其不備

面對宋夏交戰，范仲淹基本上採取防守的策略，雖然也有過一些小小的主動進攻，卻與韓琦等主戰派諸將的想法不同。

韓琦對西夏軍的進攻，是在西夏軍兵臨城下時，出兵決戰。好水川一役就是如此。夏兵有備而來，在這種情況下，韓琦命任福出擊，即使結果是擊退了夏兵，卻也付出相當大的代價。因此范仲淹反對這種做法，認爲應攻其不備，採取突然襲擊的方式，才能輕易取得勝利，減輕自己付出的代價。

細腰城和葫蘆泉兩地位於宋夏交界，戰略位置很重要，因此范仲淹決定在此駐紮精兵。但這兩個地方一直被西夏軍控制，宋軍多次進攻失敗，將領束手無策。范仲淹知道敵強我弱，強攻是拿不下來的，但敵人總有疏忽大意的時候，於是要將領趁夏軍防備不嚴時，突然襲擊，這個方法果然奏效。

《孫子兵法．計篇》中說：「攻其不備，出其不意。此兵家之勝，不可先傳也。」這就是兵家取勝的奧妙所在。范仲淹針對西夏的進攻，正是完全採用了這個策略。準備在慶州東北的馬鋪築城（後來的大順城）時，他便果斷地採用了偷襲的方法，成功取得馬鋪這塊當時被西夏人控制的地方。

爲了不被西夏軍發覺，行動之前，范仲淹封鎖了將在馬鋪築城的消息。因爲當時他領軍的軍隊駐紮在羌族部落區，當時有些羌人與西夏軍有聯繫，並暗中幫助他們。因此范仲淹只是秘密吩咐長子純祐和愛將趙明，先去偷襲馬鋪，守住那裡，而築城的事情，他們兩人也完全不知情。暗地裡，他悄悄派兵送去築城的材料和器具。當一切就緒後，才親自率兵進駐馬鋪附近的柔遠。

西夏軍根本就不知道范仲淹已經在馬鋪動土修城。十天後城築好了，西夏軍發覺，便以三萬騎兵來奪，但范仲淹這時早已作好了應敵的準備，一舉將他們擊潰。出其不意，攻其不備，這個策略范仲淹運用得得心應手，不愧爲一個高明的軍事家。

六、攻防自有訣竅，妙在據實情以下決策

大宋與西夏作戰，之所以每戰失利，除了敵人兵強馬壯之外，地理上的因素也影響很大。西夏軍侵宋是侵邊，大宋征西夏卻是遠征。兩者的主客與勞逸不同。西夏處於「主方」與「逸方」，而大宋則處於「客方」和「勞方」，由於遠離京師，無論在調遷還是補給上，都有莫大的困難。當時擔任陝西經略安撫使的夏竦曾向朝廷分析過這個情形。

他說宋軍遠征，不管是攻是守，都會給元昊可乘之機。因爲西夏軍能以逸待勞，利用廣漠原野，採取敵進則退、敵退則進的戰略。我方若駐戍不出，他則窺伺良機，集中兵力，進行局部的殲滅戰，打得宋軍的疲憊之師狼狽不堪。

范仲淹看清了這種不利形勢，因此主張以防守爲主，加強邊防建設，搶佔戰略要地，修築禦敵的城、寨、堡，以彌補宋軍的劣勢。

「勞師以襲遠」是軍事謀劃中的大忌。在交通工具極爲落後的冷兵器時代，長途行軍足以使兵士疲倦不堪，如果還試圖進攻，根本就是凶多吉少，取勝的機會微乎其微。史上因此而慘敗的教訓不少。

西元前六二八年，秦穆公準備出兵偷襲鄭國，蹇叔勸阻說：「不可這樣。偷襲他國城邑，用

戰車不能超過百里，用步兵不能超過三十里，必須在士氣旺盛、力量強大時到達，才能消滅敵人，又能迅速撤離戰場。現在要穿越好幾個國家，行軍數千里去偷襲，怎麼可能呢？您還是慎重考慮吧！」

但秦穆公沒有採納蹇叔的意見，仍然出兵東進。蹇叔在城門外目送秦師出征，哭著自言自語道：「將士們啊，我看見你們出征，卻看不到你們歸來了！」

蹇叔有兩個兒子，一個叫申，一個叫視，也隨同遠征。他對兩個兒子說：「晉軍擊敗我軍，一定在崤山。你們戰死，不在山南就一定在山北。」

遠征的秦軍經過周國都城時，周大夫王孫滿將城門關好，從門縫裡看到秦軍雜亂不整的樣子，說：「嗚呼！這支軍隊一定出毛病了。堂堂周室分封的諸侯國軍，經過天子都城時，竟然秩序一片混亂。即使他們仍有餘力，然而一支無紀律的軍隊怎能不受挫呢？」

鄭國商人弦高和奚施在周國都城做買賣，途中遇到了這支軍隊。弦高當即斷定：這是一支將去偷襲我們鄭國的遠征軍。於是立即叫奚施快回鄭國報信，自己則假稱奉鄭國國君命令，前來慰勞秦軍。弦高說：「我們國君早就聽說貴國軍隊將要到來，貴軍未來時我們特別擔心，唯恐貴軍士兵疲憊、糧草匱乏，盼望好久了。國君派我用璧犒勞貴軍，並獻十二頭牛讓貴軍用膳。」秦軍三個主帥面對此景哭笑不得，只好謊稱走路誤入鄭境，接受犒勞品後滿懷憂懼，他們商議道：「我們行軍數千里，穿越幾個諸侯國偷襲人家，軍隊未至，而人家已經預先知道，他們一定準備充分，以逸待勞了。」於是只好回師離開鄭境。

故事並沒有完。回師也非簡單之事：這支經過了長途跋涉的疲乏之軍，至此已經深陷在進退兩難的境地。他們回師途經晉國，正遇上晉文公去世未葬。秦軍此時已經極度疲倦、混亂，哪裡還能顧及對晉文公表達哀痛憂傷呢？而晉國執政大臣先軫，便拿這點當藉口，說服國君攻打秦軍，於是晉軍在崤山攔截了秦軍，將之擊潰，並俘虜了秦國的三個主帥。秦穆公至此，才知懊悔。

在沒有強大可靠的交通設備可供使用的情況下，再強大的軍隊遠征作戰，不經過必要休整而立即匆忙上陣，都會因疲乏不堪而難以取勝。即使沒有參與戰鬥，要立即撤回也是不可能的，因爲士氣兵力都已經在遙遠的路程中耗損，當然會不戰自敗。

宋軍出師邊關，準備與西夏交鋒時，也一再出現了帥老兵疲的情況：由於路途遙遠，山路又崎嶇，大車不能行，只能用小車、驢、馬搬運糧草兵器。天氣晴朗的話，一個月尚可來回一趟，若碰上雨雪，日程又得拖延。糧草運送不便，勢必嚴重影響將士們的生活。有些守邊士卒一年吃不到一次肉，生活十分艱難。生了病的，不能打仗，走不動路，就被丟棄，若是死去，通常就地挖坑掩埋。很多士兵不堪其苦，紛紛逃亡。這樣一來，作戰能力自然很差，還不及在邊境招募的羌族士兵來得管用。

所以范仲淹主張：「用攻則宜取其近而兵勢不危，用守則必圖其久而民力不匱。」對敵人進攻宜採用就近原則，攻近不攻遠，這樣就不會使軍隊落入險惡的處境；防守則從長計議，堅持持久戰，這樣民力就不會匱乏，才能逢戰必勝。

七、解決兵力分散的劣勢，製造互聯的優勢

康定元年宋夏開戰以後，宋朝調集了三、四十萬大軍駐守邊境，抵禦西夏。單看數量，宋朝似乎佔盡優勢。但因爲大軍分散駐守於沿邊數千里的戰線上，互不聯絡，兵勢分散，形成漏洞，給了西夏軍很大的可乘之機。西夏每次集中兵力，以精兵攻擊一次，兵數少的劣勢就成了優勢。宋朝則?寡不敵，戰爭一開始，每每被西夏突擊，先後失去不少寨堡要地。

針對此點，范仲淹到邊關後，佈下了「製造網勢」這個良策。也就是將分散於各點的兵力聯繫起來，形成牢不可破的作戰網絡。

宋朝在陝西沿邊佈置了四路軍，分別是秦鳳、涇原、環慶、鄜延。並且設立了都部署司來管轄這四路軍，協調作戰。當時擔任都部署司長官的是夏竦，但他身爲統帥，並沒有發揮統一指揮的作用，所以宋軍連連吃下敗仗。

慶曆元年八月，如水川戰敗後，夏竦被諫官張方平彈劾，說他沒能盡到職責，不如撤銷這個職位，讓四路軍自己選守將，各自爲戰。而其他的朝臣也都認爲兵貴神速，與其因千里稟命而延誤，不如讓四路各保疆域。

這年十月，朝廷解除了夏竦的統帥職務，重新起用韓琦、范仲淹，命他們分掌四路軍中的秦州和慶州。

當初夏竦擔任統帥時，四路的將領必須向他呈報，才能下令，一再拖延，往往失去良機。這時四路主帥各當一道，可以見機行事，主帥又庶務必親，不論練兵選將，都不假他人之手，一年之後，以往對自己掌管的軍隊一無所知的弊病已經消除，而有關堡寨的守禦能力、山川的險易等，主帥也都心中有數，比起以前，軍中情況大有改善。

但四位主帥地位相當，權力分散，缺乏一個統一指揮的主帥來統籌全局，調動各路兵力配合作戰，還是不行的。所以一年以後，朝廷又設立了一個沿邊招討使的官職，來統籌四路的兵事。後來，爲求各路軍馬互相協助作戰，朝廷提高了韓琦和范仲淹的權力，讓他們都有權指揮、調動其餘三路的兵馬。

而范仲淹認爲除了四路的兵力應該集中之外，在各要塞、城堡之間也應該連結成網絡。於是到邊關後，他先後修建了幾十個城、寨。這些城寨首尾相連，互爲犄角，形成了一個堅不可摧的屏障。透過軍事力量的集中，以及防守位置的聯繫，彌補了宋軍分散的弱點，扭轉了劣勢。元昊幾次進攻，都因此損兵折將，銳氣大減，再也不敢輕易進犯了。

士兵還是原來的士兵，將領還是原來的將領，宋軍前後防禦能力的變化，充分說明范仲淹的網絡謀略之高。

八、適可而止，見好就收

世事如浮雲，瞬息萬變。不過，世事的變化並非無理可循，而是窮極則返，循環往復。老子說：「反者道之動」。世事變故，猶如環流，事盛則衰，物極必反。因此，不管是做人處世，還是治理國家、管理一個地方事務，都應處處講究恰當的分寸。凡事都留有餘地，方可避免走向極端。范仲淹從小研習儒學，對儒家的中庸之道自然是了然於心，做事力求恰到好處，見好就收。

康定元年九月，宋軍在鎮戎軍的三川寨又一次失利，鎮戎軍西路都巡檢楊保吉戰死，損失士卒五千餘人，乾河、趙福三堡陷落。仁宗聞報極爲惱怒，企圖一舉殲滅西夏軍，於是下手詔催促主帥夏竦出兵。

當時，范仲淹負責鄜延路的防務。聞訊之後，對朝廷的這個決策非常不滿，因爲這是一著走極端的險棋。鄜延路是舊日蕃族進貢的路線，是聯繫宋與西夏境內各少數民族關係的紐帶。宋與西夏雖然存在著利益之爭，但並非不可調和，若是會同其他三路進兵征討，將把宋與西夏的破裂關係推向不可挽回的境地。他認爲仁宗這個決定有欠考慮，因此請求讓自己把守的鄜延路按兵不動，好爲日後的宋夏和議留一條後路。

雖然朝廷並不採納這個建議，而且強令他出兵征討，但范仲淹頂住來自各方的壓力，堅決不出兵，最後范仲淹勝利了。不久，宋夏和議便透過鄜延路這條紐帶得以實現。

西夏畢竟是個小國，經濟力量薄弱，開戰以來，雖然善於奔襲，屢陷城寨，但並未佔領多少地方，而兵員傷亡近半，消耗很大。夏軍的武器糧食皆由士兵自備，不是由國家供給，政府沒有沈重的軍費負擔，但是士兵被徵召出來，作戰時間一長，農作生產量自然會減低。

夏人習慣於把獲取戰利品當作一種勞動生產，因此每逢入境，就會大肆擄掠。宋朝對西夏取消歲賜，實行經濟封鎖政策後，西夏百姓「飲無茶，衣帛貴」，一尺絹的價格高達數百文，加上境內天災不斷，糧荒更加嚴重，民間流傳「十不如謠」，表示不滿，國內厭戰氣氛濃厚。

正在此時，遼夏關係也發生了變化，元昊本來與遼國交好，以共同對付宋國。慶曆二年春，遼國利用宋屢敗於西夏的機會，趁火打劫，要求宋國割讓關南十州之地。宋國派富弼使遼，拒絕割地要求，以增加歲幣十萬兩、絹十萬匹為代價，才解除了這個危機。遼向宋朝索討到好處，又不願讓西夏過於強大，所以敦促元昊與宋議和。這時，遼國西部邊境，有些黨項族人投奔到夏國，元昊加以接納，引起遼國的不滿，雙方漸生嫌隙。

元昊迫於內外形勢，漸有講和之意。而宋朝也早已被沈重的軍費壓得透不過氣來。慶曆元年十月，知諫院張方平認為夏國已漸困弱，上疏請求乘機進行招納，與西夏講和。仁宗聽了很高興地說：「這正是我的心意！」宰相呂夷簡也表示能夠講和是「社稷之福」。

經過幾年的反覆談判，宋夏雙方終於在慶曆四年達成協定，恢復和平。和約議定元昊削去帝號，稱臣，由宋朝冊封為夏國主；雙方恢復貿易，但仍不開放鹽禁；宋朝以各種名義給予歲賜，每年輸送銀、茶、絹帛共二十五萬五千。

對於議和條件，韓琦與歐陽修都強烈地反對，認為這樣屈從西夏，實在太不公平，和約內容也應包括收復被西夏佔領的失地。然而范仲淹卻認為宋夏兩國爭戰數年，雙方損失都很大，勞民傷財，應該儘快結束戰爭。

因此在談判時，若能達到停戰的大目標，小問題就不必太過計較。至於收復失地的問題，唐太宗李世民也曾「屈事戎狄」，等到國力增強，得到良將，再發動攻擊，「以雪天下之恥」，因此，此事不需急於一時。

但如果戰爭長期拖下去，不僅困耗生民，而且變化難測，將成為「社稷之憂」。他主張只要從名義上和體面上都說得過去的話，便可言和，然後重新整隊邊防，讓老百姓喘口氣，努力耕作，選練將士，使國富民強，「以待四夷之變」。不能夠和「戎狄」爭是非、決勝負，「以耗兆民，以危天下」。

朝廷內部對和議意見不同，爭論亦相當激烈。雖然和范仲淹交誼甚深、關係至密的人，也曾站在與他對立的位置，但他採用的中庸之道，的確使宋夏早日了結恩怨，恢復了正常友好的關係，兩國人民從此免於戰禍。

九、戰爭中不可過高估計自己的力量

宋夏交戰之初，宋廷對西夏的實力有著錯誤的認知，大多數朝臣，包括宰相張士遜和仁宗，都認爲西夏不過是個小國，只要大兵一動，很快就可一舉全殲。因此命令夏竦和范雍經略邊事，籌劃陝西方面的防務，準備對西夏作戰。

但令人意想不到的是，宋夏一開戰，夏兵便把宋軍打得落荒而逃，接連丟失十幾個城寨。宋廷無奈，只好改派韓琦和范仲淹前往駐守。

到了邊關後，范仲淹根據形勢提出意見，反對進討的主張，認爲不該輕易進兵。他分析說：「太宗朝以宿將精兵，北伐西討，艱難歲月，終未收復。緣大軍之行，糧車甲乘，動彌百里，敵將輕捷，邀擊前後，乘風揚沙，一日數戰，進不可前，退不可息，泉不得飲，沙漠無所獲，此所以無功而有患也？況今承平歲久，中原無宿將精兵，一旦興深入之謀，系難制之敵。臣以爲國之安危，未可知也。」只有加強防禦力量，使敵人無隙可乘，才是良策。

就宋夏雙方當時的實力而言，這個主張的確切合實際，宋朝確實無大規模征討西夏的能力。宋軍人數雖多，但力量虛弱；反之，夏兵雖少，但驃悍勇敢，屢經戰陣，作戰能力相當高。

就地理形勢而言，西夏國都有黃河、賀蘭山屏障，距離宋朝邊境很遠，而且中間有大片沙漠阻隔，宋朝若想進兵討伐，搗其巢穴，就必須出動大軍遠征，首先糧餉供應就是個大問題；西夏又慣用騎兵，截斷宋軍的糧草。因此宋軍進攻在形勢上本來就是不利的。

但另一方面，宋朝當時是被侵略的一方，出戰較能得到國內人民的支持，這是政治上的優勢。而宋畢竟是個土廣民多的大國，經濟發達，資源豐富，在西北前線駐有數十萬軍隊，從內地有源源不斷的人員和物資供應，在經濟上的先天條件，比地瘠民貧的西夏小國要來得好。

知己知彼，方能克敵致勝。分析情勢，西夏要取勝必須速戰速決，而宋朝卻只能利用持久戰，拖垮夏國的經濟，再迫使李元昊就範。范仲淹所提出的這個持久戰的戰略方針，是吸取了宋太宗趙光義對夏作戰的經驗，並透過親赴前線，考察山川形勢，廣泛聽取邊將意見，充分考量敵我雙方優劣，經過深思熟慮後，才制定出來的。

但是在當時「邊臣之情，務誇勇敢，恥言畏怯」的政治氣氛下，他的這種主張卻被認為是過於謹慎，無論在西北前線或是朝中，都難以被人所接受，處境相當孤立。

他堅持自己的主張，修寨屯田、選將練兵，為持久戰作好了充分的人力、物力準備。夏竦和范仲淹的理論基本上是一致的，他也主張做好長期作戰的準備，但見到朝中主攻派急於出師，企圖一舉解決問題，仁宗亦是其中之一，他便暴露了個人品格上的缺陷，為了個人的功名利祿，開始見風使舵，違背初衷，轉而支援主張進兵的韓琦，反對希望等春暖之後，夏軍馬瘦人饑時再趁機進攻的范仲淹了。

論見識和才識，夏竦並不一定比范仲淹差多少，但由於缺乏范仲淹那種忠於國事、奮不顧身的品德，因此身爲主帥，在關鍵時刻，不敢堅持正確的意見，以致後來在軍事上造成重大損失，實在難辭其咎。

主動出擊的決策，存在著很大的僥倖心理，沒有充分體認到宋夏的優劣形勢。防守派力爭無效。慶曆元年二月，韓琦巡邊至高平寨，聽到探報說元昊將進攻渭州。韓琦認爲這是出兵的好時機，急忙趕到鎮戎軍，盡出其兵，又募勇士共一萬八千人，交給副將任福率領迎敵。

任福匆忙出戰，被元昊誘至好水川，落入陷阱，被西夏軍圍得水泄不通。宋軍人困馬乏，又猝不及防，倉惶應戰。夏軍其勢銳不可擋，結果宋軍大敗，諸將相繼戰死，任福悲壯地說：「我身爲大將，軍隊敗了，只有以死殉國。」仍挺身戰鬥，最後被刺中左頰絕喉而死。

這次慘敗，完全是急功近利的心態造成的。韓琦回來時，行至半路，遇到數千名陣亡士兵的父兄妻子，捧著死者的舊衣，提著紙錢，擁到馬前，爲死者招魂，一邊哭一邊喊：「你們過去跟著韓招討使出征，今天招討使回來了，你們的靈魂也能跟著回來嗎？」哀慟之聲震天動地，令人不忍耳聞。韓琦內心愧疚掩面而泣，佇馬不前。因爲他曾經說過，大凡用兵打仗，得先置勝負於度外。范仲淹聽到這件事，感歎道：「此時此刻，難以置勝負於度外了。」

好水川就在宋朝境內，大軍尚未出界，就已一敗塗地，可見「進境」進討之說，無異於癡人說夢、紙上談兵。經好水川一役，仁宗終於知道欲速則不達，決定採用范仲淹提出的戰略方針，徐徐圖之，才得以減緩國立的損耗。

綜上所觀，范仲淹既有才謀，更品格高超具備道德觀，集政治家、改革家、軍事家、文學家於一身，既是詩人、畫家也是書法家，可謂是一位不朽的智者，他所立下的功業、傳世的精神，至今仍是爲人處世的完美典範。

【附錄】

岳陽樓記

慶曆四年春，滕子京謫守巴陵郡。越明年，政通人和，百廢具興，乃重修岳陽樓，增其舊制，刻唐賢今人詩賦於其上；屬予作文以記之。

予觀夫巴陵勝狀，在洞庭一湖。銜遠山，呑長江，浩浩湯湯，橫無際涯；朝暉夕陰，氣象萬千；此則岳陽樓之大觀也，前人之述備矣。然則北通巫峽，南極瀟湘，遷客騷人，多會於此，覽物之情，得無異乎？

若夫霪雨霏霏，連月不開；陰風怒號，濁浪排空；日星隱耀，山岳潛形；商旅不行，檣傾楫摧；薄暮冥冥，虎嘯猿啼；登斯樓也，則有去國懷鄉，憂讒畏譏，滿目蕭然，感極而悲者矣！

至若春和景明，波瀾不驚，上下天光，一碧萬頃；沙鷗翔集，錦鱗游泳，岸芷汀蘭，郁郁青青。而或長煙一空，皓月千里，浮光耀金，靜影沈璧，漁歌互答，此樂何極！登斯樓也，則有心曠神怡，寵辱皆忘、把酒臨風，其喜洋洋者矣！

嗟夫！予嘗求古仁人之心，或異二者之爲，何哉？不以物喜，不以己悲，居廟堂之高，則憂其民；處江湖之遠，則憂其君。是進亦憂，退亦憂；然則何時而樂耶？其必曰：「先天下之憂而憂，後天下之樂而樂歟！」噫！微斯人，吾誰與歸！

時六年九月十五日。

國家圖書館出版品預行編目資料

范仲淹——一個政治家、行政院長、企業CEO的典範/師晟、鄧民軒 編著；-- 初版. -- 台北市：高談文化，2004【民93】

面； 公分

ISBN 986-7542-28-2（平裝）

1.（宋）范仲淹 - 學術思想 2.成功法 3.修身

177.2 93000736

范仲淹——一個政治家、行政院長、企業CEO的典範

編 著：師 晟、鄧民軒
發行人：賴任辰
總編輯：許麗雯
主 編：劉綺文
編 輯：呂婉君
行 政：楊伯江
出 版：高談文化事業有限公司
地 址：台北市信義路六段29號4樓
電 話：（02）2726-0677
傳 真：（02）2759-4681
製 版：菘展製版 （02）2221-8519
印 刷：松霖印刷 （02）2240-5000
http://www.cultuspeak.com.tw
E-Mail：cultuspeak@cultuspeak.com.tw
郵撥帳號：19282592高談文化事業有限公司
圖書總經銷：凌域國際股份有限公司
電話：（02）2298-3838 傳真：（02）2298-1498
行政院新聞局出版事業登記證局版臺省業字第890號

2004年02月出版
定價：新台幣320元整

高談文化讀者回函卡

謝謝您購買我們出版的好書！為提供更好的服務，請填寫本回函卡並寄回給我們（免貼郵票），您就成為高談文化的貴賓讀者，可以不定期獲得高談文化出版書訊，並優先享受我們提供的各項優惠活動！

書名：范仲淹

姓名：＿＿＿＿＿＿＿＿ 性別：□男□女 生日： 年 月 日

通訊地址：＿＿＿＿＿＿＿＿＿＿＿＿＿＿＿＿

e-mail:＿＿＿＿＿＿＿＿＿＿＿＿＿＿＿＿

電話：（ ）＿＿＿＿＿＿＿＿＿＿＿＿＿＿＿

身分證字號：＿＿＿＿＿＿＿＿＿＿＿＿＿＿＿

您的職業：□學生 □軍警公教 □服務業 □家管 □金融業
□製造業 □大眾傳播 □SOHO族 □其他

教育程度：□高中以下（含高中）□大專 □研究所

購買書店：＿＿＿＿＿＿＿＿＿＿＿＿＿＿＿＿

您從何處得知本書消息（可複選）：

□逛書店 □報紙廣告 □廣告傳單 □報章書評
□廣播節目□親友介紹 □網路書店 □其他 ＿＿＿＿＿＿

您通常以何種方式購書？

□傳統書店 □連鎖書店 □便利商店 □量販店
□劃撥郵購 □信用卡訂購 □網路購書 □其他 ＿＿＿＿＿＿

請針對下列項目為本書打分數，由高至低（5-1分）。

	5	4	3	2	1		5	4	3	2	1
1.內容題材	□	□	□	□	□	2.編排設計	□	□	□	□	□
3.封面設計	□	□	□	□	□	4.翻譯品質	□	□	□	□	□
5.字體大小	□	□	□	□	□	6.裝訂印刷	□	□	□	□	□

您對我們的建議：

請沿虛線剪下，填妥寄回即可，免貼郵票

廣 告 回 函
台北北區郵政管理局登記證
北台字第12746號

高談文化 讀者回函 收

地址：台北縣新店市中正路566號6樓

電話：（02）2726-0677 傳真：（02）2759-4681

E-MAIL:cultuspeak@cultuspeak.com.tw

請沿虛線剪下，填妥寄回即可，免貼郵票

地址：

姓名：

《范仲淹》